한국
근현대
여성사

정치·사회 1

한국 근현대 여성사
정치·사회 1

초판 1쇄 인쇄 2011년 7월 20일
초판 1쇄 발행 2011년 7월 25일

지은이 · 전경옥, 유숙란, 이명실, 신희선
펴낸이 · 양미자
편집장 · 고재광
디자인 · 이수정

펴낸곳 · 도서출판 **모티브북**
등록번호 · 제313-2004-00084호
주소 · 서울 마포구 합정동 412-7 2층
전화 · 02)3141-6921 ┃ 팩스 02)3141-5822
전자우편 · motivebook@naver.com

ISBN   978-89-91195-45-5 94900
          978-89-91195-44-8 (세트)

• 이 책은 2002년 한국연구재단으로부터 기초학문 연구비 지원을 받았습니다.

한국 근현대 여성사

전경옥 · 유숙란 · 이명실 · 신희선 지음

정치 · 사회 1

개화기~1945년

모티브북

　이 책을 발간하는 데 있어서 무엇보다 의미를 둔 것은 기존의 역사 이해 방식에 문제를 제기하는 것이었다. 기존의 역사 연구 방식과 서술에서 벗어나 역사의 주체로서 여성을 이야기하고 형평성과 공정함을 기준으로 역사를 다시 평가하고 재구성하고자 하였다. 이를 통해 여성의 역사가 가지는 의미와 중요성을 널리 알리고자 노력했다. 자유와 평등이 현실에서 이미 잘 작동하고 있으며 생활화되어 있다는 믿음을 굳게 가진 사람들에게 가려진 것과 왜곡된 것을 드러내고 나아가 발굴과 평가가 미흡한 것들에 대해 정당한 평가와 올바른 인식을 공유하고자 한 노력의 결과물이 바로 이 책이다. 역사를 기록하는 사람들은 자신이 원하고 자기가 아는 것만으로 역사를 재구성하는 사람들인지도 모른다. 그러나 역사를 서술할 때 중요한 것은 편견을 최소화하고 균형과 진실에 최선을 다해 접근하려는 노력일 것이다.

　이 책 『한국 근현대 여성사』는 19세기 말부터 현재까지를 망라한 한국 여성의 기록인 동시에 역사를 다른 관점에서 이해하고 평가한 결과물이다. 19세기 말은 조선이 개항과 외세의 영향 등을 통해 외부로 드러난 시기이자 문화적 충격과 물리적 침략 등으로 정신문화적 혼돈을 겪은 시기였다. 동시에 신분제를 넘어선 인간에 대한 새로운 이해, 즉 자유와 평등이라는 가치에 노출된 시기이기도 하다. 이 과정에서 여성의 자리는 과거에 비해 뚜렷이 드러났으며 여성도 남성과 다를 바 없이 인간성이 존중되어야하는 주체임이 자각되기 시작하였다. 새로운 정치제도 및 규범 그리고 신학문 등이 소개되면서 여성이 경험한 근현대는 기존에 당연시되어왔던 인습적이고 가부장적인 사회를 비판하는 방향으로 나아갔다. 나아가 그러한 비판을 넘어서 다양한 연구자들의 노력을 통해 역사 인식의 대안적 관점을 활발하게 제시하는 방향으로 발전해 왔다. 지각 있는 소수를 통해 소개된 새로운 가치관과 그것을 통한 경험은 점차 사회 전반에 스며들었고 이로 인한 새로운 규범과 제도의 도입으로 소수가 아닌 많은 사람들이 새로운 권리와 의무에 따른 행위를 하게 된 것이다. 21세기 초 한국에서 호주제가 헌법불합치 결정으로 폐지된 것은 말뿐인 평등을 현실 속에서 실제 의미 있는 평등으로 변화시킨 사건이었으며 한국 여성의 역사에서 중요한 전환점이라 할 수 있다. 여성에 대한 인식의 변화를 통해 이제는 여성성femininity 이라는 특징이 열등함의 표현이 아니라 여성의 경험을 존중하고 여성성 그 자체로 받아들여져야 하는 것으로 인식되고 있다.

　여성성은 20세기 말에 이르러 하나의 문화현상이 되었고, 여성의 역할이나 장점 혹은 능력을 적극적으로 평가하는 것이 낯익은 사회적 풍경으로 자리잡아가고 있다. 그러나 여성의 경험과 여성의 관점을 토대로 만들어진 새로운 문화는 자칫 여성을 편협하고 그들만의 집단으로 인식시킬 우려가 있다. 이 같은 평가를 염두에 두면서 이 책은 또 하나의 편협함을 생산하지 않는 것이 중요하다는 인식을 기반으로 보다 열려 있는 여성의 역사를 보고자 노력하였다. 이런 의미에서 여성의 역사적 역할과 기여에 대한 정당한 평가 및 역사로서의 여성사의 정당성에 대한 연구를 통해 특정 주제나 특정 시기 혹은 인물을 연구하는 데서 더 나아가 역사 인식의 대안적 관점을 제시하는 여성사 연구의 중요성은 앞으로도 계속 강조되어야 할 것이다.

이 책은 다양한 학문 영역의 연구자들이 공동 작업했다. 각 분야의 연구자들이 개별적으로 자기 몫만 기술한 것이 아니라 함께 공부하고 토론하면서 서로 평가하고 수정하는 작업을 오래 계속한 협업의 결과인 것이다. 다양한 배경을 가진 연구자들의 시각과 논점이 만나고 흩어지고 섞이는 과정은 그 자체가 훌륭한 공부였다. 이 책을 통해서 독자들의 이해의 폭 역시 넓어지길 바라며 다양한 접근 방법과 연구 내용에 대해서도 생산적인 비판이 나오기를 기대한다.

집필자를 대표하여 전경옥

| 차례 |

1장

다름과 차이의 역사

여성 자신도 다양하게 분화되어

각 층위의 여성 집단은 식민국가와의 권력의 장 속에서

남성과 다른,

또한 식민지 본국의 여성과 다른 경험을 하게 된다.

다양한 여성 집단이 존재하고

여성 집단 내부에도 차이가 존재한다는 인식이

선행되어야 다름과 차이의 역사가 보인다.

1. 전체사를 위한 여성사

지금으로부터 거슬러 올라 100여 년 간의 역사를 여성의 관점에서 재조망하는 작업은 역사가 현재의 시점에서 끊임없이 재해석되고 다시 쓰여지는 살아 있는 이야기라는 인식에서 출발한다. 현재 우리가 살고 있는 시대는 산업사회를 거친 정보화사회이다. 이 시대의 큰 특징은 지구화의 물결로 관념상의 국경이 해체되고 있다는 점이다. 또 다른 특징은 정치적 민주화와 경제적 평등에 어느 정도 진보가 이루어졌으며, 사회의 다원화와 문화의 다양성도 공존 가능한 보편적인 공감대가 형성되었다는 점이다.

그동안 가족 속에 파묻힌 여성도 하나의 개인으로 분화되어 갔으며, 인간의 개념 속에 여성이 인식되는 단계를 거쳐 현재는 하나의 집단으로, 정치·사회·문화·경제의 대표체계에 공식적으로 반영되는 단계에 이르렀다. 이제 여성도 역사의 전면에 등장했으며, 사회적인 성별에서 오는 차별을 극복하기 위한 제반 제도적인 개혁이 이루어지고 있다. 이를 위해 잠정적인 조치로서 정부 및 사회 각 부문에서 여성 할당제가 도입되고, 주요 정책결정 과정에도 여성의 제도적인 참여가 마련되고 있다. 이 단계를 지나면 이제는 여성을 위한 제반 조치가 아니라 양성의 균형을 위한 제도적 기반이 마련되는 단계가 올 것이다. 그 단계의 국가는 젠더화gendered를 극복한 진정한 중립자로서의 국가가 될 것이다.

현재의 진보와 인식은 50년 전의 것과 다르며, 100년 전의 그것과는 더욱 다르다. 각 시기의 역사는 권력 관계 속에서 승리한 지배 집단의 이야기였다. 그러나 역사의 주체는 다양하므로 역사는 지배 집단의 단일한 이야기가 아니라 다양한 집단의 이야기인 복수의 역사가 되어야 한다. 이러한 인식에서 여성의 관점에서 여성사를 써야 한다는 것은 오늘을 살고 있는 우리가 수행해야 할 의무이다.

역사적으로 발전은 그 속에 또 다른 후퇴를 내포하고 있었다. 역사가 권력 관계 속에서 승리한 집단의 이야기라면 역사의 장에서 승리하지 못한 다양한 집단의 이야기는 사장되었다. 따라서 역사 속에서 인식되지 않고, 가부장적 구조 속에 갇혀 있던 여성의 이야기가 사장되어 온 것은 어찌보면 너무나 당연하다.

그러나 '여성의 역사'는 전체 사회 구조 속에서 조망되는 '관계의 역사'이며 동시에 '남성의 역사'이기도 한 점에서 절반의 역사가 아니라 전체의 역사다. 남성의 공식 역사에서 소외되었던 여성을 역사 속에 제자리 매김하기 위하여 여성의 눈으로 본 여성사 연구와 이를 위한 방법론이 활발히 제시되고 있다. 이를 위해 새로운 사료의 발굴과 기존의 사료 다시 읽기 등 다양한 방법론이 사용되고 있지만 현재까지의 여성사는 절반의 역사 중 또 다시 극히 일부의 역사에 국한된 느낌이다.

역사 속의 여성은 단일화할 수 없는 다양한 계층으로 존재해 왔다. 하나의 여성으로서 보편성을 획득하는 것은 남성과 구별되는 '성 의식'이 형성된 이후에나 가능할 것이다. 다양하고 분화된 여성 주체를 드러내면서 '중심을 재구성하여'[2] 한국 여성사를 복원하는 것이 필요하다. 이는 여성 중에서도 엘리트 여성이 아닌 소외되었던 일반 여성의 삶을 통해 전체사를 완성하는 작업이다. 여성을 하나의 독자적인 범주로 설정[3]하는 동시에 여성 간의 다름을 인식하는 것이 필요하다.

이러한 다양한 '여성들'과 이들을 둘러싼 '국가', '민족', '계급', 그리고 '여성 간'의 관계 속에는 가부장적 억압 구조가 내재되어 있다. 이러한 가부장적 억압 구조는 여성에게 중층적 억압 기제로 작용하였다. 가부장적 억압 구조와 그 속에서의 여성 자율성을 동시에 보는 균형되고 역동적인 관계사를 재기술하는 것이 한국 근현대 여성사의 주 목적이라 할 수 있다.

여성사 서술을 위해서는 역사 서술의 다양성을 인정[4]하고, 거대담론을 해체하며[5] 미시사[microhistory]를 통해 전체사를 완성해 가는 작업이 필요하다. 여성이라는 구체적인 주체[6]와 그 주체 내의 다양한 여성층을 중심으로 전체를 보는 관점과 탈식민주의 페미니즘 시각에서 식민시대의 여성의 주체적 삶을 재발굴하는 작업 역시 필요하다. 이러한 관점과 역사 서술은 민족을 중심으로 설명하는 '제국주의적 식민사관'이나 '민족주의적인 엘리트주의적 사관'에서 소외되었던 다양한 하위 주체를 중심으로 기술하는 것을 말한다.

이러한 관점은 새로운 여성사 패러다임에

1 성 의식(gender consciousness)은 성별에 의한 차별을 인식하는 것을 지칭한다.
2 '중심을 재구성하는(pivoting the center)' 단계는 다양하고 파편적인 주체들을 역사 속으로 드러내는 것이다. 김현숙, 민족의 상징, '양공주' 김 일레인(2001), 『위험한 여성』 247.
3 여성은 계급, 인종 문제 등 어느 사회적 범주로도 환원될 수 없는 고유한 경험세계를 지니고 있다. 정현백, 새로운 여성사, 새로운 역사학, 『역사학보』 1996년 15집.
4 우에노 치즈코 (1999), 『내셔널리즘과 젠더』 147~148; 윤택림, 탈식민 역사쓰기를 향하여: 탈근대론적 역사해석 비판, 『역사비평』 2002년 봄호.
5 포스트모더니즘은 기존 역사학이 거대담론에 의거해서 무의미한 것으로 취급했던 것에 그 고유한 의미를 되찾아 줌으로써 '작은 역사들'에게도 의미를 부여하려는 시도이다. 김기봉(2001), 233, 256~258.
6 김택현, 인도의 식민지 근대사를 보는 시각과 서발턴 연구, 『역사비평』 1988년 겨울호; 김택현, 서발턴 역사 서술의 대표적 실례: 식민지시대 인도의 농민봉기, 『역사비평』 2000년 겨울호.

입각한 역사의 재해석을 가능하게 할 것으로 본다. 이 책이 부분사나 보충사가 아닌 시작 단계이지만 여성사이면서 동시에 전체사로 이어지는 전환점이 될 것을 기대한다.

2. 개화기부터 1945년까지

한국 근대사의 시대 구분에 대한 다양한 의견과 논의가 있지만 여기서는 1876년 개항으로부터 1945년까지의 시기를 근대로 보았다. 이 가운데 일제 식민국가와 여성 간의 관계를 중심으로 다루는 부분은 1905/1910년부터 1945년까지의 시기를 주로 다루었다. 일제는 1897년 대한제국 이전 개항기부터 직 · 간접적인 영향을 미쳤지만, 일제가 식민통치 기구의 형태를 갖춘 시기는 1905/1910년부터이기 때문이다.

이 시기의 객관적 특징은 근대화와 식민지배, 기형적 자본주의가 동시에 전개된 점에 있다. 근대화의 추진은 전통적인 가치질서 위에 진행되었고, 식민통치 기구는 조선왕조의 유산 위에 이식되었으며, 제국주의적 자본주의는 토착적인 자본주의의 발전 가능성을 차단 왜곡시키면서 전개되었다. 근대화와 식민지배, 자본주의 체제가 진행되는 속에서 '계몽주의 신지식인', '신여성', '민족주의 세력' 등 다양한 '계급'이 등장하여 전통적인 신분질서와 혼재되면서 복잡한 사회 구성체가 형성되었다.

이러한 시대적 특수성은 그동안 가족 속에 잠재되어 있던 '여성'이라는 새로운 주체를 태동시켰다. 그동안 여성은 개인으로 인식되지 않았다. 조선시대의 '부녀'라는 용어는 개인이 아니라 항상 가족관계 속에서 처, 첩, 모 등과 같은 역할과 연관된 제한적인 정체성만 부여된 용어였다. 1894년 동학운동의 결과 채택된 갑오개혁에서 '과부의 재가'를 허용한 조치는 여성사 발전의 획기적 전환점으로 볼 수 있다. 아울러 개항과 기독교의 전래와 함께 시작된 근대화는 여성의 삶에 큰 변화를 가져다 주었다. 선교사를 통한 계몽 활동과 교육 사업으로 근대 의식이 태동하기 시작하였고 그러한 선교사의 주된 계몽 대상과 교육 대상은 부녀자층이었다. 선교사에 의해 근대적 교육을 받으면서 여성 자신은 가족에서 분화된 '개인'을 생각하기 시작하였으며, 봉건 사회의 폐습인 조혼, 첩 제도, 과부 재가 금지 등에 대한 개혁의 필요성을 인식하기 시작하였다. 식민지배 체제 하의 여성은 법률상 무능력자였지만, 식민국가는 여성을 동원시키고 도구화시키기 위해 국민화 과정에 포섭시키며 국민의 의무를 강요했다. 아울러 자본주의가 진행되면서 전통적인 농촌에서는 농사를 담당하던 '농촌 여성의 분화'가 시작되었다. 토지조사 사업과 농업 공황 등에 의한 농촌의 빈궁화는 농촌 여성을 분화시켰다. 농촌 여성 중 일부는 출가하여 도시의 임금 노동자, 식모 등 가사사용인, 접객업 등의 새로운 직업을 선택한다.

근대화 과정에서 여성은 개성을 발견하기도 하지만, 식민국가에 의해 동원되며, 자본주의 체제 속에서 수탈의 대상이 되기도 하였다. 여기서는 개항 이후부터 1945년까지 여성과 식민지배 체제와의 관계, 민족주의 세력 등 다양한 사회세력 간의 관계가 만들어 내는 가부장적 구도 속에서 여성을 역사의 주체로 놓고 여성사를 재기술하고자 한다.

3. 가부장적 구조와 여성 주체성

'국가', '민족', '계급'에 내재된 가부장적 억압 구조는 '여성'과의 관계에서 중층적으로 재현되어 나타난다. 가부장적 권력 구조는 심지어 '여성'과 '여성' 간의 관계에서도 반복적으로 드러난다. 이런 가부장적 억압 구조 속에서 여성이 주체적으로 선택한 삶의 모습을 재현해 봄으로써 구조적 분석과 관계사적 분석을 접목시켜 보려 한다. 여기서는 국가와 여성 등 다양한 집단 간에 어떤 우위를 전제하지 않고 다만 집단 간의 관계에 초점을 두어 기술하는 입장을 취한다.

가부장적 억압 구조는 일제 식민국가, 국내 민족주의자, 일제 식민자본, 일제와 조선 내의 여성 간의 관계 속에서 지배복종 관계로 나타났으며 이 과정에서 여성은 중층적 억압을 받아 왔다. 이러한 억압은 여성의 지위에 따라 상이하기 때문에 다름 혹은 차이성에 입각한 여성사가 존재한다. 따라서 통제의 대상으로 객체화되고 주변화된 여성만을 기술하는 것이 아니고, 국가와 민족과 계급 간에 형성된 권력의 장에서 주체화되고 중심화된 집단으로서 여성의 삶이 존재했음을 밝혀 보려 한다. '국가', '민족', '계급', '여성'의 상호관계 속에서 균형적으로 역사를 재기술하는 것은 여성을 소외 혹은 주변화시킨 기존하는 공식 역사의 왜곡을 바로 잡는 출발점이라 본다.

여성을 주체로 놓고 재기술하기 위해서는 '다름'에 대한 인식이 전제되어야 한다. 여성의 다름에 대한 인식은 크게 두 가지 입장이 있다. 그 하나는 흑인이나 아시아 등 소수민족 여성학자가 기존의 백인 중심의 페미니즘 이론을 공감할 수 없는 타자의 경험으로 받아들이면서 제기되었다. 또 다른 입장은 포스트모더니즘의 영향을 받아 여성의 사회적 의미는 불안정한 것으로 역사적으로 계속 형성되고 변화하고 갈등하며 해체되는 범주로 보는 것이다.[7]

이렇게 계급, 인종, 민족 등의 위치에 따라 여성의 역사적인 경험이 다르고, 개인으로서의 여성의 경험도 다양하다.

더구나 식민지라는 특수한 상황에서는 남녀가 똑같은 방식으로 식민지화를 겪지 않았다

7 박현옥, 여성, 민족, 계급: 다름과 집합적 행위, 『한국여성학』 1994년 10집.

는 사실때문에 여성의 다름과 차이의 역사를 더욱 복잡하게 만든다. 이는 식민지 본국 남성과 여성이 식민지 여성에 대한 지배관계의 한 축을 추가로 형성하기 때문이기도 하다.

뿐만 아니라 여성 자신도 다양하게 분화되어 각 층위의 여성 집단은 식민국가와의 권력의 장 속에서 남성과 다른, 또한 식민지 본국의 여성과 다른 경험을 하게 된다. 다양한 여성 집단이 존재하고 여성 집단 내부에도 차이가 존재한다는 인식이 선행되어야 다름과 차이의 역사가 보인다. 이러한 인식은 여성을 가부장적 국가질서 내의 수동적인 억압의 대상만으로서가 아니라 주체적인 위치로 재설정할 수 있게 해준다.

가부장적 권력 구조 가부장제에 대한 시각은 다양하다. 가부장은 가족의 부父 혹은 종족의 지도자며, 종교적 지도자를 일컫는 개념이다. 가부장제는 '남성이 여성을 지배하고 억압하고 착취하는 사회 구조와 관습의 체계'라고 정의할 수 있다.[8] 또한 성별이라는 단일 변수로서 남성의 여성 지배로 정의할 수도 있고, 성별과 신분이라는 두 가지 축을 기준으로 정의할 수도 있다.[9] 종합적으로 보면 가부장제란 혈통을 바탕으로 한 정체성의 논리로서, 여성을 통한 남성의 논리며 가족 네트워크를 통한 사회의 논리[10]이고 가족을 통한 국가의 지배 논리로 볼 수 있다.

가부장적 권력 구조는 국가 사회 질서 내의 모든 층위에서 나타날 수 있다. 즉 가부장적 권력 구조는 가족에서만이 아니라 국가와 자본주의 질서 등 다양한 장에서 나타날 수 있다.

8 월비, 달립 등은 가부장제를 사회 구조로 보고 있다. 실비아 월비(1990), 『가부장제 이론』, 이대 출판부, 41~43; 두르드 달립(1989), 개념의 혼돈-현실의 혼돈: 가부장제 국가에 대한 이론적 고찰, 앤 쇼우스틱 사쑨 편저, 한국여성개발원, 『여성과 국가: 국가 정책과 여성의 공, 사 영역의 변화』, 84~122.

9 이순형, 〈경국대전〉을 통해 본 조선 초기 여성의 지위, 『가족과 문화』 2001년 13집, 2호.

10 양현아(1999), 한국적 정체성의 어두운 기반: 가부장제와 식민성, 『여성과 사회』 10호, 48~65.

가부장제와 연관된 국가 이론[11]도 다양하다. 계급 구조의 재생산과 관련한 자본주의 국가capitalist state라는 명칭에 대비해서, 여성 억압과 남성지배의 사회 구조를 유지 혹은 적극적으로 지지하는 역할을 하는 국가를 가부장제 국가patriarchal state라 칭한다. 즉, 가부장제 국가란 남성의 이해에 기능하는 국가 또는 여성 억압을 지지하는 국가다. 반면에 가부장제 국가의 틀로서 여성의 억압을 설명하지 못한다는 견해도 있다. 국가의 성격은 계급 간의 힘의 관계에서 결정된다고 보기 때문에, 자본주의 체제에서 여성의 문제는 국가와 가부장제의 관계가 아니라 국가와 자본주의와의 관계에서 발생하는 것으로 보는 견해, 즉 계급이라는 단일 범주로 국가의 성격과 여성 억압의 문제를 풀려는 시도도 있다.[12]

가부장제의 권력 구조를 자본주의와 관련시켜 정의할 것인지, 아니면 독자적으로 볼 것인지에 대해서도 여성학자 간의 견해가 다르다. 급진적 페미니즘은 여성 불평등의 원인을 가부장제로 본다. 마르크스주의 페미니즘은 성 불평등은 가부장제보다는 자본주의에서 파생되는 것으로 보며, 자유주의는 여성의 예속을 사회 구조의 측면보다는 교육과 고용의 동등권이 결여된 점, 성 차별적 태도 등에서 설명한다. 이중체계론은 마르크스 페미니즘과 급진적 페미니즘의 종합으로서 현대의 성별 관계를 구조화하는 데 이 두 체계가 모두 중요하다고 주장한다.[13]

가부장제는 가족, 자본주의 질서, 국가를

11 국가를 중립적 중재자로 보는 자유주의 국가관, 국가의 자본주의 성격에 초점을 맞춘 맑시스트 국가관, 사적 영역에서 행사되는 국가의 억압적 측면에 관심을 가지는 급진주의 페미니스트, 가부장적 이해로부터 어느 정도의 자율성을 가지는 것으로 보는 사회주의 페미니스트 국가론 등이 있다. 김성경(1997), 여성 정책을 통해 본 한국 국가의 가부장적 성격, 서강대 석사학위논문.

12 이승희(1993), 국가, 자본주의, 여성문제: 가부장제 국가론 비판을 중심으로, 『경제와 사회』 20권, 283~308.

13 이중체계론자 중 아이젠슈타인(Eisenstein, 1981)은 가부장제와 자본주의가 자본주의적 가부장제라는 한 체계 속으로 융합되었다고 보며, 하트만(Hartmann, 1979)은 자본주의와 가부장제는 경험적으로 상호 작용하고 있지만, 분석적으로는 구분되는 두 개념으로 보고 있다. 실비아 월비(1990), 15~22.

아우르는 하나의 사회 구조로서 작용하지만 분석적으로는 분리될 수 있다. 이런 점에서 국가, 계급, 민족, 성별 등 억압의 주체도 다르기 때문에 분리하여 설명하는 하트만의 입장은 타당성이 있다고 본다. 국가, 민족, 계급이라는 각 주체와 여성 간의 관계에서 나타나는 가부장적 권력관계를 살펴보면 아래와 같다.

첫째, 가부장적 구조는 국가 권력 구조 내에서도 재현된다. 근대에 들어와서도 국가는 여전히 여성에 대한 가부장적인 억압자로 나타났다. 여기서 국가는 제도로서의 국가뿐만이 아니라 자본주의 체제, 가부장적 제도, 가부장적 이데올로기를 모두 포괄하는 하나의 체제regime를 의미한다.

기존의 국가론에 대해 페미니스트 국가론은 국가를 사회 내의 다양한 집단의 이해를 반영하는 공정한 중재자로 보아 국가를 적극적으로 활용해야 한다고 주장하는 '자유주의' 여성해방론과 국가를 억압적 기제로 보는 '급진주의', '이중체계론', '맑시스트' 입장으로 분류할 수 있다. 페미니스트 국가론은 사회적인 성gender을 주요 변수로 하여 국가의 역할과 성격을 밝힌다는 점에서 기존의 정치경제학적 국가론이 가지고 있는 몰성적沒性的인 한계를 극복하고 있다.[14]

가부장제 국가론은 젠더화[15]된 국가를 의미한다. 일반적으로 서구의 근대국가 형성은 젠더화와 관련되어 있으며, 이러한 젠더화된 국가는 식민지에서는 유럽에서보다 훨씬 강화된 형태로 재현되고 있다.[16] 근대국가가 형성되기 이전인 조선왕조에서도 가부장제적 질서를 유지하기 위해 정절, 수절 이데올로기와 '재가녀자손금고법', '서얼차대' 등의

14 남윤주, 여성과 국가이론, 『여성과 사회』 1994년 5호; 이재경, 국가와 성 통제: 성관련 법과 정책을 중심으로, 『한국여성학』 9집; 조 형, 이재경(1989), 국가에 대한 여성학적 접근-시론, 『여성학논집』 6집.

15 젠더화란 성별 관계 개념으로서, 남성 혹은 여성 어느 한쪽 성 위주로 국가, 사회 체제가 구조화됨을 의미한다.

16 황영주(2000), 남성의 얼굴을 가진 근대국가, 『21세기 한국정치학의 쟁점과 과제』, 한국정치학회, 6집.

법제를 작동시켰음을 볼 때, 국가의 젠더화는 근대 이전부터 진행되었다.

이렇게 젠더화된 국가의 성격은 정책과 법제, 이데올로기 등을 통해 파악될 수 있다. 여기에 식민국가의 역사적 특수성도 동시에 고려해야 한다. 식민국가의 성격은 조선만이 아니라 일본 본국과 연관한 전체적인 구도 속에서 조망할 필요가 있다. 예를 들어 국가 총동원 체제 하에서도 일본 본국 여성에게는 전쟁 참가의 부담을 지우지 않았다. 전쟁 참가보다는 후방에 남아 가정을 지키는 젠더 분리 전략을 고수하여 일본 여성에게는 어머니의 역할을 장려한 반면에, 식민지 여성은 노동자, 정신대, 군위안부로까지 동원하였다. 이러한 억압 구조와 민족 간의 차이를 전체적으로 보아야 일제 식민국가의 젠더화된 성격을 파악할 수 있다. 이 과정에서 조선인 여성 간의 관계, 일본인 여성 간의 관계, 조선인과 일본인 여성 간의 관계도 규명될 수 있으며, 식민국가의 모습도 조망될 수 있을 것이다.

둘째, 가부장적 권력 구조는 민족과 식민지 본국과의 대립구도 속에서도 나타난다. 여성은 민족 속에서 분화되지 못한 채, 민족이라는 상징적 담론에 의해 가부장적 억압을 받았다.

역사적으로 민족이라는 말이 등장한 것은 근대국가 형성 이후의 일이다. 즉, 민족은 초역사적이고 자연적인 실재가 아니라 역사적 변화에 열려 있는 사회적 실재[17]이다. 이러한 민족 개념은 특정한 시기의 권력집단에 의해 도덕적 정당성이 부여되어 그 시기의 지배이념이 되었다. 따라서 국가의 개념과 마찬가지로 민족의 개념에도 도덕적인 정당성을 제거해야만 그 안에 구성되어 있는 다양한 집단의 고통이 드러날 수

17 임지현(1994), 한국 사학계의 '민족'이해에 대한 비판적 검토, 『역사비평』 26호.

있다.[18] 식민지 지배 하에서 제국주의에 대립되는 민족주의는 민족 내의 다양성을 인정하지 않고, 오직 제국주의 본국으로부터 독립된 국가를 구성하는 데 동원되는 개념으로만 사용되었다. 그 민족 안에는 여성이 존재하지 않았으며, 존재한다면 탈성화된 민족의 상징으로서 숭고한 모성이 존재할 뿐이었다. 이러한 민족주의는 여성에게 해방을 가져다 주지 않으며 여성은 다시 한 번 가부장제 구도 속에서 남성 주도로 상징화된 모성의 개념과 여성의 역할 등에 도구화되어 동원될 뿐이었다.

따라서 식민지 지배를 받고 있는 여성은 가부장적 '국가'의 억압뿐만 아니라 식민지 국가에 대립되는 축으로 형성된 국내 남성 주도의 '민족주의 세력'에 의해 상징화된 '민족'에 의해서도 억압을 받았다. 제국주의 세력과 국내 민족주의자 간에 형성된 갈등 관계는 이들 국내 민족주의 세력과 여성 간의 관계에서 다시 재현되고 있다. 즉 민족주의자에게는 여성해방보다 민족해방이 우선이었기 때문에 여성은 새로운 근대적 가부장제 속에서 아내로서 민족해방을 위해 남편을 내조하고, 어머니로서 장차 민족해방을 위해 일할 자녀들을 키워내는 것이 중요했다.[19] 전형적인 성별 분리에 입각한 여성의 역할, 특히 모성과 가정에서의 여성의 역할을 신여성에게 강요하고 있으며 민족의 이름으로 정당화하였다. 이러한 여성상은 남성 자신들이 식민국가와 같이 근대화를 추구하면서, 여성을 여전히 전통에 가두고 효과적인 여성 통제를 지속하려는 데서 나왔다.[20] 예를 들어 남성 주도의 민족주의자들은 당시 조선의 신여성—현대 교육을 받은 지식 계층—에게 좀 더 명확하게 조선의 현실을 인식해 비판하고 그 필연적 결과로서

18 도면회, 한국 근대사 서술에서의 민족, 국가 문제, 『역사비평』 2002년 봄호.
19 조 은, 윤택림(1995), 일제 하 '신여성'과 가부장제: 근대성과 여성성에 대한 식민담론의 재조명, 광복50주년기념사업위원회.
20 마리아 미즈, 토지를 소유한 자가 토지에 매여 있는 여성을 소유한다: 농촌의 계급투쟁과 여성투쟁: 인도, 벨로프 외 지음, 강정숙 외 옮김, (1987), 『여성, 최후의 식민지』, 33.

신여성에게 부과된 역사적 과제를 그들의 독특한 사회적 입장에서 과감하게 수행할 것을 요구하고 있다. "무지한 농촌의 부녀와 도시의 하층 어멈은 모두 그대들의 충실한 벗이요, 그대들의 지도를 바라는 분산된 군중이다. 그대들은 '사회인'인 동시에 '어머니'로서의 가정인이 된 의무를 잊어서는 아니 된다"[21]고 역설하고 있다.

이처럼 개화기 및 일제 식민 시기에 국가에 대립되는 축으로서 사회체제의 장에서 일어난 초기 개화파의 개화운동과 애국계몽운동 및 구국운동이 민족이라는 거대한 집단에 의해 주도되면서 성별문제와 계급문제 등을 포섭했다. 그렇지만 그 이면의 다양한 여성층의 주체적인 삶도 역사의 장에서 기술되어야 한다. 예를 들어 조선의 최상층 지식인 여성의 일부는 조선 여성도 일본이 벌인 성전에 적극 참여해야 한다는 논리에 동조하면서 조선의 농촌 여성에게 성전에 적극 참여할 것을 호소하였다.[22] 이들은 진심으로 그 당시 일제를 자신의 국가로 내면화했기 때문에, 이들의 각종 계몽활동 등은 민족운동이라기보다는, 근대국가 형성 혹은 국가라는 공적 영역에 남성과 동일하게 적극적으로 참여한 것으로, 일종의 개량주의적인 여성운동의 일환으로도 볼 수 있다.

따라서 여성과 민족의 관계사는 민족 속에 숨은 여성을 끄집어내는 것뿐만 아니라, 여성을 다양한 층으로 세분화하여 그 차이를 보는 것이다. 일반적으로 민족주의 담론은 여성을 민족과 가족이 재현하고 싶은 이미지와 의미의 기표로 상징화시킨다. 그러나 여성은 자기 스스로 인생에 의미를 만들어가는 주체이기도 하다. 따라서 여성은 민족으로서, 어머니로서 혹은 아내로서 살고 있을 뿐만 아니라, 또한 개별적인 욕구를 갖는

21 임원근, 인테리 여성에게, 『만국부인』 제1호, 1932.10.
22 이상경, 식민지에서의 여성과 민족의 문제; 일제 파시즘하의 최정희와 임순득, 『실천문학』 2003년 봄호.

주체성을 지닌 개인으로 보아야 한다.[23]

셋째, 가부장적 억압 구조는 여성과 계급과의 관계에서도 재현된다. 여성과 계급 간의 관계는 1920년대 후반부터 본격화되는 사회주의 운동 및 식민지적 특수성과 결합하여 복잡한 양상으로 전개되었다. 자본가 계급은 일제 식민국가만이 아니라 조선 내의 민족자본가 계급도 존재하였으며, 이들 자본가 계급과 여성의 관계에는 경제적 착취에 더하여 가부장적 억압도 가해졌다.

이 당시 여성과 사회주의 운동 세력과의 관계도 구체적으로 밝혀져야 한다. 사회주의 운동에 참여하는 여성도 그들의 위치에 따라 참여 동기는 다양하다. 농촌 여성은 사회주의 운동에 참여하면서 그 조직 내 남성 주도의 가부장적 억압을 받았지만, 계급운동에 동원된 객체가 아니라 주체적으로 자신의 이해에 의해 참여하기도 하였다. 예를 들어 1930년대 초반 중국 간도 지역에서의 공산당 운동은 초기에는 계급의식과 강제혼, 매매혼 등에 대한 비판 등 여성해방을 주장하였으나, 1934년부터는 가족과 사회 안에서의 전통적 여성상을 강조하였다. 이는 중국 공산주의 혁명운동에서 가부장적 성별 분업 논리가 농민의 신뢰를 얻는 데 필수적으로 인식되었기 때문이다. 그 결과 가부장적 질서는 다시 공고화되었으며, 혁명의 새로운 도덕체계가 되어 여성과의 관계에서 억압 구조로 재현되었다. 그러나 여성 자신은 가족의 재결합이라는 가족 이익 때문에 간도의 공산당 혁명운동에 주체적으로 참여하였다.[24]

여성과 계급 간의 관계에 작동하고 있는 가부장적 억압 구조는 미즈Mies가 분석하였듯이 성 체계의 변화 범위를 제한한다. 전쟁시 여성은 남성의 일로 여겨진 경제 활동과 군사 활동에 참여하지만 전시체

[23] 김은실(1994), 42.
[24] 박현옥(1994), 66~69.

제가 끝나면 다시 성별 분업 체계 내의 원래 자리로 돌아온다. 이는 성별 분업의 변화가 아니라 일시적으로 남성의 일까지를 떠맡는 것에 불과하며 근본적인 변화는 없는 것으로 볼 수 있다. 그러나 여성의 입장에서 볼 때 이러한 남성의 일까지 담당하는 행위 자체는 자신의 이해, 가족의 재결합이라는 이익을 위해 선택한 주체적인 모습으로 평가될 수 있다.

계급적 귀속성은 남녀가 다르며, 성에 따라 계급에 대한 역사적 경험도 다르다. 자본가 계급과 여성의 관계, 가족 내에서의 노동의 성별 분업에 의한 남성의 프롤레타리화와 여성의 '가정주부화'[25], 계급에 대한 국가의 차별 정책, 사회주의 운동세력과 여성 간의 관계, 여성의 계급운동에의 주체적인 참여 계기 등 다양한 국면에서 여성과 계급 간의 관계는 조망될 수 있다.

다층적 억압 구조와 여성 주체성　이와 같이 국가, 민족, 계급 등에서 나타나는 가부장적 구조는 서로 결합되어 여성 억압의 기제가 되었다.

국가의 변화 유무, 민족국가의 성립 여부, 계급해방 여부와 무관하게 여성에 대한 성별 억압 구조는 지속되고 있다. 국가, 민족, 계급이라는 세 주체의 이해가 일치되지 않더라도 이것들과 여성과의 관계는 모두 가부장적 지배 체제로 나타난다. 여성 측에서는 이러한 세 가지 층위의 억압 구조가 반드시 구분되어 인식되었던 것은 아니며, 하나의 억압으로 나타날 수 있다.

예를 들어 일제 하 여직공은 민족적, 계급적, 성적 차별을 동시에 받은 여성층이었다.[26] 종군위안부 역시 민족적, 계급적, 성적 차별을 받았을 뿐만 아니라 가부장제의 이중적 성

25 마리아 미즈(1987), 성별 노동분업의 사회적 기원.
26 신영숙(1988), 일제하 한국여성사회사 연구, 이대 박사학위논문.

기준에 의해 양가집 여자와 구분되는 창기의 역할을 수행함으로써 역설적으로 가부장제의 이데올로기를 수호하는 데 동원된 층이었다. 일제 식민국가에서 식민지 조선 여성은 그 사회의 문화 혹은 동원자원의 일부로서 인식되었고, 민족주의자에게 여성은 보호되어야 하는 민족의 도덕이고, 자신이 보호해야 하는 민족의 자산이며, 이들의 고통은 민족의 고난을 설명하기 위해 동원되는 객체일 뿐이었다.[27] 종군위안부와 같은 성 노동자 계급도 죽음과 폭력을 당한 후에나 민족주의 세력에 의해 하나의 존재로 인식되며, 제국주의, 군사주의에 의해 억압당한 희생자로 범주화되면서 다시 한 번 종속적 · 주변적 존재로 위치 지워진다.[28]

이러한 가부장적 구조 속에서 여성의 주체성을 재현하는 것은 역사에서 소외되고, 주변화되고, 종속적 위치로 묘사된 여성을 역사의 주체로 제자리 매김subject positioning하는 것이다.[29] 이러한 관점은 단순히 여성의 경험을 드러내고자 하는 것이 아니라 여성의 입장에서 전체 역사를 재기술하는 것이다.

4. 다루려는 것

역사를 보는 관점과 역사의 주체가 다양할 수 있다는 인식이 제기되면서 역사가 하나이어야 한다는 기존의 한국사에 대한 입장이 재검토되기 시작했다. 이처럼 역사를 보는 관점과 단일한 역사의 주체에 대한 의문이 제기되는 가운데 여성사도 다양한 역사의 하나로 연구되기 시작했다.

여성사 연구는 1927년 이능화의 『조선무속고』, 『조선여속고』, 『조선해어화사』로 거슬러

27 김은실(1994), 18~52.
28 김현숙(2001), 민족의 상징, '양공주': 진보적 또는 대중 문화 텍스트 속의 노동계급 여성의 재현, 일레인 김 외 편저/박은미 옮김, 『젠더와 한국의 민족주의: 위험한 여성』.
29 윤택림(2001), 한국 근현대사 속의 농촌 여성의 삶과 역사 이해, 『사회와 역사』 59권.

올라간다. 그러나 본격적인 여성사 연구는 1970년대 이후부터다. 현재까지 연구된 여성사 연구는 보충사 혹은 공헌사에 관한 연구, 여성주의적 관점에서 여성 억압 구조에 중점을 둔 연구, 여성에 대한 억압 구조만이 아니라 여성의 주체성을 자리매김하는 연구 등으로 분류할 수 있다.

초기의 여성의 공헌사, 보충사 등에 관한 연구는 기존의 남성 주도 역사에 대한 보충 혹은 공헌한 여성의 활동, 엘리트 여성 중심의 명사 이야기 등을 중심으로 전개되었다. 즉 기존 역사학의 틀 내에서 쓰여지지 않은 여성의 이야기를 기록한 것이다.

1980년대 이후에는 여성주의적 관점에서 여성사 서술이 이루어지기 시작했다. 여성 억압 구조에 중점을 둔 연구들은 억압되고 소외되었던 여성의 삶을 복원시키기 위해 기존 역사와의 관계, 사회사와의 관계, 독자적인 설명 변수로서 성gender 개념의 적용 여부, 성 개념과 계급 개념과의 관계, 여성사 서술에서 기존의 시기 구분의 적절성 여부, 사적 영역 등 생활사와 전체사의 관계 등을 중심으로 다양한 연구가 이루어졌다. 그러나 이 단계는 여성주의적 관점에서 여성사를 다시 기술하려는 인식론에서 출발했다. 그러나 여성 억압의 사회구조적인 측면에 치중함으로써, 여성을 역사의 수동적, 주변적인 위치에 두려는 기존 역사학의 인식론적 틀에서 벗어나지 못한 한계가 있다.

최근의 연구에서는 위의 한계를 극복하고 여성의 주체성을 재정립하여 여성을 역사의 주체로 제자리 매김하려는 시도로 발전하고 있다. 주변화되고 소외된 여성의 모습만이 아니라, 주체로서의 여성, 그리고 다양한 집단과의 관계 및 이들을 둘러싼 전체 사회 구조를 조망하려는 것이다. 이러한 연구를 통해 여성사는 단순히 여성의 역사라는 절반의 역사가 아니라 성별사gender history, 궁극적으로 성을 초월하는 전체사로 나갈 수 있다고 보는 것이다.

기존의 연구는 주로 가부장적 권력 구조의 여성 억압적 측면에 중점을 두었기 때문에 남성 중심의 젠더화된 학문적인 틀을 극복하지 못하고 있다. 향후 여성사가 성별사로서 균형잡힌 역사 서술이 되기 위해서는 기존의 권력구도 속에서 억압받은 측면만 부각시킬 것이 아니라 억압구도가 지속될 수 있었던 시대적인 맥락에 대한 분석과 동시에 주체적인 여성의 모습도 재현시켜야 한다. 이러한 관점에서 다루고자 하는 내용은 다음과 같다.

이 책은 크게 '위로부터의 역사'와 '아래로부터의 역사' 두 부분으로 구성되어 있다. 제3장은 위로부터의 역사인 국가와 여성과의 관계에 초점을 두었으며, 제4장은 아래로부터의 참여사인 여성의 사회운동 부문에 초점을 두어 개화기부터 1945년까지를 다루었다.

제2장 '근대로의 전환점'에 선 여성에서는 조선왕조의 유산인 가부장적 가족제도와 신분제도 속에 여성이 분해되어 있음을 밝혀보았다. 특히 지배 계층인 양반층[30]의 증가를 막기 위해 양반층의 여성에 강요된 가부장적 이념과 규제는 조선 후기로 오면서 하층 여성에게까지 내면화되었으며, 가부장제에서 파생된 사회적 관행은 다음 시기 여성 억압의 토대가 되었음을 기술하였다.

제3장 '식민국가의 동원 정책과 여성 주체성'에서는 일제의 동원 정책과 여성 간의 관계를 조망해 보았다. 첫째, 일제는 가족 속의 여성을 동원하였다. 일본식 가족제도를 도입하고 창씨개명과 일본식 호주제를 이식하는 과정에서 여성의 지위는 더욱 후퇴되었다. 둘째, 일제는 정신

[30] 사족(士族)이란 조선시대 문반을 지향하는 문사적 양반으로서 상인의 대칭 개념. 사족은 16세기 국가가 사족의 범주를 공인해 줌으로써 하나의 신분이 되었으며, 그에 따라 양반과 상인이라는 구분이 이후 확립되었다. 김성우 (2001), 『조선 중기 국가와 사족』, 역사비평사.

적 동화를 위해 일본인과 조선인 간의 결혼을 장려하는 내선통혼 정책을 추구하면서, 조선 여성을 일본 여성보다 하위에 두었으며, 군국의 어머니라는 모성상을 만들어 전시체제를 위해 모성을 도구로 이용하였다. 아울러 동화 정책에 적극적으로 참여하는 친일 여성인 황국여성의 활동상과 그들의 국가관 등을 기술해 보았다. 셋째, 경제 수탈 과정에서 일제는 농업정책, 공업정책, 전시총동원 정책 속에서 여성 노동력을 총동원했다. 이 과정에서 일제는 조선 여성을 궁극적으로는 가정에서 분리해 전장에 동원시키는 참여형 전략을 선택하였음을 밝혀 보았다. 특히 일제의 토지조사 사업과 산미증식 계획, 1930년의 대풍작 등은 농촌 빈궁화의 결정적 원인이 되었다. 그 결과 농촌에서 토지로부터 유리된 많은 실업자들이 도시로 유입되면서 농촌의 나이 어린 소녀부터 기혼 부인 등도 가족의 생계를 위해 도시로 일자리를 찾아 나서는 대열에 합류하였다.

'혼돈 속의 여성 주체성'에서는 일제 식민정책이 농촌 여성의 삶에 미친 영향을 조망해 보았다. 당시 전 인구의 80% 이상이 농민이었고 이 중 반 수가 여성이었음을 감안할 때, 농촌 여성의 문제는 전체 여성의 문제를 대표하였다. 농촌 여성의 삶에는 가족 속의 가부장제, 가부장적 식민 국가와 자본주의 구조, 여성 간의 가부장적 구조가 중층적 억압기제로 작동되었다. 일제의 동원 정책과 농업정책 등으로 농촌은 파탄에 직면하였고, 빈곤에 못 이겨 혹은 징용 때문에 국내외로 끌려간 남성의 빈자리를 채우기 위해, 농촌 여성은 남성의 몫까지 노동하면서 가족의 생계를 책임졌다. 그러나 일부 여성은 일제의 동원을 피하기 위해 혹은 빈곤에 못 이겨 도시로 떠났다. 농촌 여성, 특히 나이 어린 미혼 여성이 도시로 나가 쉽게 얻을 수 있는 직업은 당시 여공, 식모, 기생과 여급 등 접객업이었다. 이러한 이출은 구조적으로 강요된 것이었지만, 이들 여성은 나름대로의 직업 정체성을 통해 주체성을 확보하려 노력하였으며, 경제적 독립과 가족의 생계를 위해 주체적인 삶을 시도해 나간 것으로 볼 수 있다.

제4장 '여성의 사회 참여'에서는 개화기부터 일제시대까지 전개된 여성의 삶을 사회 참여라는 맥락에서 다루어 보았다. 19세기 중반 이후 여성의 사회 참여에 관한 사회적 인식은 이전 시기에 비해 커다란 변화를 보이며 전개되었다. 몇몇 개화 지식인이 강조하였던 여성 계몽과 교육의 필요성은 점차 여성의 의식 속으로 내면화되었다. 이는 단체의 설립과 국채보상운동, 3·1운동, 물산장려운동과 항일무장투쟁에 참여하는 등, 국가와 민족의 위기 앞에서 여성이 보인 적극적이고 다양한 민족운동과 계급운동을 통해 입증되었다. 그러나 당시 언론을 통해 유포되었던 여성 담론은 여성의 사회 참여를 양적으로 확대시킬 수 있는 기반이 되기는 했지만, 실제로 여성에게 요구된 것은 남성과 동등한 권리의 확보가 아닌 의무의 분담이었다. 따라서 여권 확보를 위한 제도적 장치보다는 어머니로서, 아내로서 담당해야 할 의무가 더욱 강조되었고, 여성 자신의 해방보다는 민족의 논리가 선행되었다. 그러나 이 시기 여성의 사회 참여는 그 내용면에서는 민족 속에 억압된 점이 있지만, 민족과 사회가 허용하는 한계 내에서 초보적이나마 양적인 사회 참여가 진행되었고, 이는 해방 후 한국 여성사에서 아래로부터의 참여의 토대가 되었다는 점에서 의미가 있다.

제5장 '주체성 정립을 향한 움직임'에서는 근대화와 일제 식민지배를 받는 과정 속에서 여성은 위로부터는 동원 대상이 되었으며, 아래로부터는 구국운동과 계급운동, 민족독립운동 등에 스스로 참여의 역사를 전개

하면서 여성 자신으로서의 주체성을 획득하게 되었음을 살펴보았다. 국가와 사회관계 속에서 성별, 민족별, 계급별, 여성별 차이와 다름을 인식함으로써 실제 역사 속에 다양한 여성층이 존재하였음을 볼 수 있다.

2장

근대로의 전환점에 선 여성

한 개의 사람으로서

사람다운 교양을 밧아보지 못하고

남의 집 머나리감 소위 현모양처라는 구실아래서

노랑저고리 다홍치마 속에서

인형노릇을 하고

더부사리의 생활을 하는 것이

아즉가지 우리의 살아온 경로가 안이엿든가?

...

1876년 개항 이후 1910년 대한제국까지의 시기에는 조선왕조와 대한제국이란 두 개의 정치 체제가 나타나지만 사실상 하나의 조선왕조 체제가 존속한 시기로 볼 수 있다. 동시에 이 시기는 일본 제국주의가 식민지 지배 체제를 위한 기반을 구축해 나가기 시작한 시기다. 조선 후기 가부장적 가족제도와 신분제를 위해 필요했던 각종 규제 법규와 이데올로기, 물적 기반은 여전히 일제 식민국가에서 여성을 통제하고 동원시키는 데 중요한 통치의 토대가 되었다.

근대 여성에게는 사회적 출신에 따른 속박과 성에 따른 이중의 속박이 따랐다. 1894년 갑오개혁에서 '과부의 재가再嫁를 허락'한 사건은 이러한 이중적 속박의 고리를 끊었다는 점에서 흔히 한국 근대 여성사의 기점으로 인용된다. 국가가 과부의 재가를 허락했다고 해서 과부의 재가가 어느 정도 자유로워졌는가? 과연 과부의 재가를 금지하는 구체적인 법제가 조선시대에 있었는가? 여성의 억압과 관련한 많은 문제 중 왜 과부의 재가 문제가 이 시기 개혁의 요구 조항 속에 들어갔는지에 대한 의문을 제기할 수 있다.

이러한 의문에 대한 답을 찾기 위해 법제 속의 하나의 주체로서의 '여성', '과부의 재가' 등의 조항을 찾아보려면 그것은 보이지 않는다. 기록도 없다. 따라서 신분제도 속에 가려져 해체된 여성을 찾아내고, 강요된 정절貞節 이데올로기 속에서 생계를 위해 수절한 여성에 대한 정당한 기술이 필요하다.

신분 속의 여성, 가족 속의 여성

1. 신분 속의 여성

조선시대의 통치 기반인 신분제도는 양반兩班, 중기 이후에는 士族, 중인, 양인, 천인 등 네 계층으로 구성되었으며, 직분상으로는 사농공상이라는 사민제도四民制度로 구별된다.[1] 신분제도의 확립을 통해 국가는 통치 기반의 안정성을 획득하였다.

15세기에서 18세기 초반까지는 국가의 제민 정책이 약화되고 양반층이 사회의 주인공이 되면서, 반상제가 양천제를 대체하고 양반 지배 구조가 성립되었다.[2] 국가는 양반의 이해를 대변하고 양반은 국가의 권력을 인정하면서 기존의 신분체제를 유지하는 것에 이들 집단의 이해가 합치되었다. 이러한 신분제의 유지를 위해 국가는 지속적인 법제의 보완과 양반층으로의 진입을 배제하는 정책 등을 선택하였다. 이러한 법제와 정책은 경제적인 자원이 허락하는 범위 내에서 선택되고 변화되었다.[3]

이렇게 여성은 개인적으로 인식된 것이 아니라 신분제도 속에 분화되어 존재하였다. 조

1 홍대용, 『湛軒書』 內集 권3, '與人書二首', 신용하(1991), 담헌 홍대용의 사회신분관과 신분제도 개혁사상, 『한국문화』 12집에서 인용.
2 김성우(2001).
3 조 은(1997), 모성, 성, 신분제: 〈조선왕조실록〉 '재가금지' 담론의 재조명, 『사회와 역사』, 1997년 봄호, 조선시대 남편의 직첩과 수신전을 이어 받기 위해 수절한 사대부의 여성을 더 이상 수절하도록 하는 유인이 없어지자 성종에 와서 〈재가녀자손금고법〉을 실시하여 재가녀자손의 관직 등용의 길을 막음으로써 과부의 재가를 간접적으로 제한하게 되고, 이는 도구적인 모성을 창안한 신분제 유지라 지적하고 있다.

선시대의 여성은 양반의 부녀, 상인층의 부녀, 양첩 혹은 천첩 등으로 분화되어 있었으며, 각 계층에 대한 국가의 통제 방식도 달랐다. 신분제도 속의 다양한 부녀층은 국가와 가장과의 관계 속에서 이해될 수 있었다.

법제도 신분에 따라 다양하게 규정되었다. 즉 양반의 가족을 규제하는 법제와 상인층의 가족 및 부녀를 규제하는 법제는 달랐다. 조선왕조는 법 제도 및 이데올로기를 통해 양반층을 강력히 규제하려 하였다. 일반 상인층의 부녀에 대한 통제의 정도는 그리 심하지 않았다.[4] 양반층 부녀에 대한 철저한 통제는 양반 계층의 증가를 막기 위함이었다. 나아가 법제의 일탈자를 양반층에서 배제시킴으로써 양반층의 증가를 억제하여 그들의 기득권을 유지하려 하였다.

따라서 조선왕조가 법 제도, 이데올로기 및 물적 기반을 통해서 여성을 통제 혹은 지배한 과정은 이 시기의 양반이라는 지배집단과 연계되어야 이해될 수 있다. 양반 지배체제는 양반층이 지배 계층으로서 피지배 계층인 상인층을 사회구조적으로 지배할 수 있는 제도적 장치를 확보한 체제를 말한다.[5] 이렇게 양반을 중심으로 양반의 가족과 부녀관계, 그리고 지배 대상인 상인층의 신분제가 확립되어 나갔다.

2. 가족 속의 여성

이러한 신분제도의 기층은 가족이었다. 가족은 국가 통치의 기본 단위이다. 가장은 가족을 공적 영역에서 대표하고 책임지는 주체이면서 가족 내의 사적 영역을 지배하고 통솔하여 가부장적인 질서를 유지하는 주체이다. 반면 이 시기 결혼한 여성은 가족 속에서 부夫와의 관계 속에서만 인식되었다. 가족 밖의 여성은 일탈자며, 결혼 전의 여성은 부父

4 헐버트 저, 신복룡 역(1984), 『대한제국 멸망사』, 평민사.
5 김성우(2001).

와의 관계 속에서 인식되고 있다.

국가의 성격은 법, 제도 및 정책을 통해 알 수 있다. 조선왕조의 법제와 정책은 〈경국대전〉과 〈왕조실록〉을 통해 이해할 수 있다. 〈경국대전〉을 통해 국가가 여성을 어떻게 인식하였으며, 가족 내의 여성을 어떤 식으로 통제해 왔는지를 제한적이나마 밝혀 볼 수 있다. 조선왕조는 특히 결혼과 관련된 영역에 적극적으로 개입하였는데 독자적인 자립 기반이 없고 재산관리권도 주어지지 않은 이 시기의 여성에게 결혼은 생존문제와 직결되었다. 그런데 당시 혼인제도는 이중적인 성별규범 및 신분제도와 연계되어 통제되었다. 혼인관련 법제는 신분제를 유지하기 위한 가장 직접적이고 기본적인 토대였으며, 삼강의 예를 통한 정절 이데올로기 등은 간접적인 신분유지 기제로 볼 수 있다. 아울러 이러한 이데올로기를 통한 지배를 보완할 수 있는 물적 기반으로서 경제적 유인책이 마련되어 종합적인 통제 기제로 작동되었다.

여성이 하나의 개인으로 인식되기 이전, 즉 근대국가 성립 이전 여성의 법 인격은 인정되지 않았으며, 아내의 범죄 행위에 대해 남편이 형을 받는 것은 유럽에서도 보편적인 현상이었다. 영국에서도 1870년 이전 여성들의 법 인격은 인정되지 않았기 때문에 아내의 범죄 행위에 대해 남편이 죗값을 치러야 했다. 프랑스의 경우도 관습법상의 몇몇 조항에서 여성은 면책특권을 가지고 있었다.[6] 조선의 경우도 형법이 가장 중심으로 기술되어 있고, 여성이 주체로 기술되어 있는 경우는 예외적이다.

〈경국대전〉에 기술된 가장의 역할은 제한적이다. 가장은 아내, 부모, 손자녀 등을 관할하는 주체가 아니라 첩, 노비, 고공을 관할하는 주체로서 한정적인 역할을 부여받은 존재였다. 이러한 기술은 〈대전

6 니콜 아르노-뒤크(1994), 법의 모순, 조르주 뒤비·미셸 페로 편, 『여성의 역사 4(상)』, 새물결, 149.

〈대전회통〉 형전 중 장도 조: 강도의 처자까지 처벌하는 연좌제적 조항

회통〉의 형전에서 더욱 뚜렷하게 나타났다. 형전의 '추단推斷', '도망', '포도', '장도', '고존장告尊長', '금제', '소원訴寃', '공천公賤', '사천私賤', '청리聽理' 등의 조항에서는 가장을 중심으로 한 연좌제적인 법제까지 기술되고 있다.

　　이와 같이 가장은 가족을 대표하고 가족의 형법상의 책임도 대신 지는 위치에 있었다. 이러한 가부장제는 국가와 가족이라는 단위 체계 간의 위계성을 전제하고 있으며, 두 체계 간의 관계는 가장이라는 대표 체계를 통해서 유지되었다.[7] 또한 가장은 호구신고의 의무, 가족의 혼인에 대한 의무,[8] 국가법에 의한 금지 위반 사항 감독 의무가 있었다. 이러한 의무 조항

7 이순형(2001).

8 조선시대의 혼인은 가족 단위로 시행되는 가문 중심주의로 귀착된다고 보고 있다. 이순형(1997), 조선조 혼인관계의 유지원리, 『한국사회학』 31집 여름호.

을 통해 공법상 대표자의 지위가 가장에게 있었음을 확인할 수 있다.

특히 연좌제를 통해 국가는 가족을 대표하는 가장을 통제하고, 가족은 가장을 통해 규제되었다. 이러한 연좌제는 가족제도와 국가 및 사회가 만나는 하나의 연결점이었다. 국가는 기본 통치 단위인 개별 가족에 대하여 포용과 배제라는 양면적 시책을 선별적으로 펴나가면서, 국체보전의 최우선성, 유교적 가족 질서에 대한 국법질서의 우위의 원칙을 지켜나가기 위해, 이에 도전하거나 손상시키는 가족 단위에 대해서는 가차없는 처벌과 인위적인 해체를 시도하였는데, 이를 위한 법제가 연좌제였다.

이러한 가부장적 가족 속에서 개성 없이 해체된 여성은 가족관계 속에서 어떤 위치에 있느냐에 따라서 고정된 역할과 특성이 주어졌다. 특히 결혼을 하면, 여자는 며느리, 어머니, 처로 규정되면서 탈성화되기 시작하였다.

조선에서 남성과 대비되는 전체 여성은 인식되지 않았으며, 신분제도 속에 분화된 하위 주체로서의 각 여성층은 가족관계 하에서 인식될 뿐, 독자적인 개성을 가진 주체로 인식될 여지가 없었다. 여성을 주체로 자리매김하기 위해서는 신분제와 가부장적 가족제도 속에 분화되어 있는 여성층을 먼저 인식해야 한다.

차별 구조의 재생산

신분제에 의해 일차적으로 분화된 여성은 가족제도 속에서 다시 한 번 분화되었다. 이 시기의 여성은 보편화된 단일 여성으로 인식되지도 않았으며, 개인적인 하나의 독립된 주체도 되지 못하였다. 각 층의 여성은 신분제를 유지하고 가부장적 가족제도를 유지시키기 위한 하나의 도구[9]로서 대상화되어 버렸다.

조선왕조 후기에는 이러한 법, 이데올로기, 물질적 포상 등을 통해 신분제와 가부장제가 결합되었으며, 이는 근대화 진행 과정 속에서 전근대적 법제의 철폐에도 불구하고 여전히 봉건적인 관습과 제도 등으로 남았다.

1. 제도를 통한 재생산

혼인제도에 대한 개입 현대적 의미에서 볼 때 혼인제도는 원칙적으로 개인과 개인 간의 관계이며 이를 규정하는 법은 민법으로서 국가가 개입할 수 없는 사적 영역이다. 그러나 근대 이전에 국가는 혼인과 가족제도에 적극적으로 개입했다. 이는 가족을 사회질서의 기초를 이루는 가장 중요한 단위로 보았기 때문이다.

조선왕조는 혼인 문제에 적극적으로 개입하였다. 왜 국가는 여성의 재혼을 규제했을까? 아버지나 남편과의 관계, 가족 속에서만 여성의 지위가 규정되던 사회에서, 기혼 여성이 남편을 잃는 것은 생존수단을 상실하는 것을 의미했다. 일반적으로 남성은 사후에 자신의 재산을 가지고 부인이 재혼하는 것을 원하지 않는다. 부계혈통의 계승과 재산을 보존하기 위해 남성은 여성의 재혼은 원하지 않았고, 남성이 주도하는 국가는 각종 법규와 이데올로기 등으로 재혼을 규제하였다. 그런 점에서 국가는 남성 중심으로 젠더화되었다고 볼 수 있다.

신분제도의 유지와 가부장적 가족제의 보존을 위해 조선조는 혼인제도에 적극적으로 개입하였다. 개입의 유형은 '규제'와 '장려' 두 가지였다. 혼인제도를 통

9 조 은(1997).

해 신분제를 유지하기 위하여 '신분별'로 상이한 규제책과 장려책, 그리고 '성별'로 각각 다른 법을 적용시키기도 하고, 남녀에게 동일한 법을 적용하되 처벌의 강도를 달리하기도 하였다.[10]

우선 양반층 부녀의 재가再嫁, 삼가三嫁를 적극적으로 제한한 '규제 법규'를 보면 다음과 같다. 〈대전회통〉에 '실행失行한 부녀 및 재가한 여자의 소생자所生子는 관직에 임명하지 못하고, 증손부터 비로소 상기上記 제관사諸官司 이외의 직에 임용함을 허한다'는 규정이 있다. 여기서 '실행'의 개념에는 부녀가 세 번 결혼하는 것도 포함되었다. 예전禮典에는 '재가 또는 실행한 부녀의 자손과 서얼자손은 문과, 생원, 진사 시험에 응시함을 허락하지 않고'의 규정에서 재가 또는 실행한 부녀 자손이 벼슬길에 오르는 것을 원천적으로 봉쇄함으로써, 혼인의 자유를 제한하고 있다. 이러한 '재가녀자손금고법再嫁女子孫禁錮法'은 이미 〈경국대전〉[11]에 규정되어 있었는데, 이러한 법규 제정의 배경은 수신전守信田의 폐지와 밀접하게 관련되어 있었다. 직전제職田制가 시행되면서 수신전은 소멸되었는데, 이 과정에서 양반 부녀의 재가, 삼가를 금지할 새로운 유인책으로 고안해 낸 것이 이들 자손의 관직 제한 법규였다고 한 연구자는 분석하고 있다.[12]

수절을 '장려한 법규'를 보면 다음과 같다. 예전 장권조의 '효우와 절의가 있는 자는 세초歲抄마다 본조에서 녹계하여 장려한다. 관직 혹은 물건을 상으로 급여하되 특이한 자에게는 정문旌門을 세우고 복호復戶하게 하며 그의 처가 수신守信하는 자도 복호한다'에서 적극적인 유인책을 제시함으로써 수절을 장려하고 있다. 수절이 사대부 부인에 관한 것이라 논하고 있으나, 법전에는 일반 양인층의 부녀 등에도 복호의 면제와 정문의 설치 등 여러 혜택을 줌으로써 장려하고

10 이재경(2000), 조선 전기 혼인 규제와 성의 정치, 『사회와 역사』 58집.
11 성종 16년, 1485년에 완성.
12 조 은(1997).

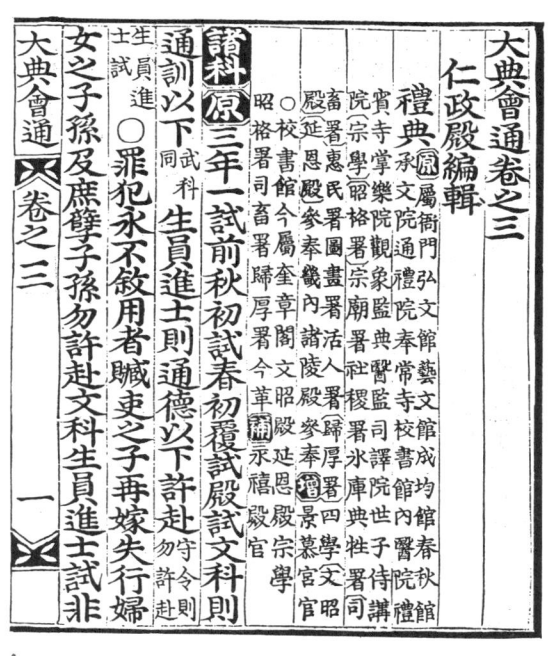

〈대전회통〉 예전 중 제과 조: 재가한 부녀의 자손에 대한 시험응시를 규제한 조항

있음을 볼 수 있다. 그러나 수절 강요의 일차적인 목적은 양반층의 신분 질서를 유지하기 위함이었다.

　이와 같은 양반층 혹은 서민층 부녀를 대상으로 수절을 강요하는 규범이 노비 계층에는 전혀 다른 기준으로 작용하였다. 조선왕조는 양반층 중심의 신분제를 유지하기 위해 서얼차대와 재가녀자손금고법 등을 통해 어머니의 신분이 아들의 벼슬에 영향과 제한을 가하도록 했지만, 노비층에 대한 신분은 가급적 어머니의 역役에 따르도록 하는 '노양처소생 종모종양법奴良妻所生從母從良法'을 실시함으로써 양인 인구의 감축을 막아 양정良丁을 증가시키고 군액이 줄어드는 것을 방지하고자 하였다.[13] 이를 볼 때, 수절의 강요 등은 우선적으로 양반층의 증가를 방지하는 데 있었음을 알 수 있다.

일부일처제와 적서권의 강화　국가는 혼인제도뿐만 아니라 종법제宗法制[14]에 기반한 적장자 중심의 가부장적 가족제도를 확립하기 위하여 가족 영역에 적극적으로 개입하였다.[15] 〈경국대전〉 예전 봉사조에는 '6품 이상의 문관이나 무관은 3대까지 제사 지내고, 7품 이하는 2대까지 제사 지내며, 일반 사람은 단지 부모에게만 제사 지낸다'고 신분과 품계에 따른 봉사 대수를 제한하고 있다.

가부장적 가족제도란 혼인 후 여성을 남성 가족으로 편입시키는 부거婦居, 가족을 통솔하는 가장권의 존재로 가족 간의 관계를 위계서열로 배치하는 제도다.[16] 이러한 가부장적 가족제도를 유지하기 위해 일부일처제의 확립과 적처권嫡妻權의 강화 및 처첩 분간, 서얼 차대 등의 기제가 작동되었다.

일부일처제 확립을 위하여 조선조는 남자와 여자에게 각기 다른 법을 적용하였다. 즉 남자에게는 중혼 금지, 여자에게는 재가 금지를 적용시키고 있다. 유처취처有妻娶妻 금지는 적장자 위주의 종법적 가족 질서를 확립하기 위함이었으며, 이는 가부장적 질서에 혼란을 막기 위함이 일차적인 목적이었기 때문에 그

13 조 은(1999), 모성의 사회적, 역사적 구성: 조선 전기 가부장적 지배구조의 형성과 아들의 어머니, 『사회와 역사』 55집.

14 〈宗法〉이란 '大宗, 小宗之法 혹은 宗子法을 약칭하는 말. 대종, 소종지법은 하나의 대종〔宗家〕을 중심으로 여러 방계 친족〔小宗〕을 결속시키는 독특한 친족 편제의 원리다. 그 핵심은 〈長子相續法〉과 〈立後制度〉의 원리다. 이영춘(1995), 종법의 원리와 한국사회에서의 전통, 『사회와 역사』 45권.

15 왕조실록의 기록을 보면, 강제이혼과 이혼하려는 부부의 합가를 명하는 경우, 家長이 집안을 잘 다스리지 못한 죄를 물어 관직을 박탈하는 경우, 시부모에 대한 불효가 이유가 되어 이혼을 명하고, 조강지처를 버린 이유로 杖80을 때리고 合家를 명하는 등 사적 영역(혼인여부, 이혼, 부인의 투기 등)에 직접 개입하고 있음을 볼 수 있다. 그러나 이러한 개입은 주로 사대부 집안에 관한 것이었으며, 유교 이념을 중심으로 한 규제는 이들 신분을 중심으로 집중되었음을 알 수 있다. 유교 이념의 담지자인 이들 지배집단에게 사회적 신분제와 가부장적 신분제의 유지는 그들의 안정적인 지배기제의 유지와 재생산을 위해 필수적이었다.

16 이재경(2000), 조선 전기 혼인 규제와 성의 정치, 『사회와 역사』 58집.

규제의 내용과 효과는 성 차별적이었다. 여성의 경우는 중혼의 죄가 적용되는 것이 아니라 남편을 두고 도망간 경우 배부개가율背夫改嫁律에 의해 처벌받았다.[17]

이러한 일부일처제는 실제로는 첩을 허용함으로써, 사실상의 일부다처제를 종용하였다. 단지 봉제사 문제, 재산상속 문제, 자손의 관직 임용 등의 문제 때문에 제도상 일부일처제를 장려하고 있을 뿐이었다. 따라서 일부일처제와 맞물린 적처권 보호가 여성의 지위 향상을 위한 것은 아니었다.

처첩 분간을 통해 적처를 보호하는 것은 삼강오륜과 관련한 문제였다. 적처권 강화를 중심으로 조선 중기 이후 부권婦權이 강화되었다는 입장을 취하는 견해[18]가 있으나 이는 어디까지나 가부장적 가족을 유지하는 한도 내에서만 인정되는 부권이며, 여성 내의 또 다른 차별화적처와 첩 간를 유도하여 가부장적 질서를 유지하기 위한 기제에 불과[19]하였다.

처첩제에 기반한 서얼[20]차대 제도는 당사자가 아닌 자손에 대한 간접적 규제다. 〈대전회통〉 예전뿐만 아니라 병전에도 '사대부는 품계에 따라 지사知事까지 될 수 있으되 중인과 서얼은 중극부동지사와 첨지사를 넘을 수 없다'고 규정하고 있다. 서얼 자손은 실행한 부녀의 자손과 마찬가지로 아예 과거시험의 기회 자체를 주지 않음으로써 관직에 나갈 수 있는 길이 원천적으로 차단되었다. 이와 같은 제도는 서얼이 양반이 되는 기회를 막았다. 뿐만 아니라 제사 상속과 가산 상속에서의 차별, 혼인에서의 제약, 가정에서의 천대 등 관습적인

17 이재경(2000), 有妻娶妻죄는 후처와의 이혼과 杖90대이지만 背夫改嫁죄는 絞刑으로 처벌하고 있다.

18 이순형(2001), 〈경국대전〉을 통해 본 조선 초기 여성의 지위, 『가족과 문화』 제13집 2호.

19 이재경(2000).

20 조선시대 서얼은 양첩자와 천첩자를 아우르는 통칭. 서얼에 대한 법적 규제는 1485년 완성된 〈경국대전〉의 '勿許赴擧' '限品敍用' '雜織敍用'으로 완결된다. 지승종(1991), 조선 전기의 서얼 신분, 『사회와 역사』 27권.

측면에서도 차별되었다.[21]

이상 사회적인 신분제에 의한 분화는 가족 내에서 성별에 의한 서열과 함께 다시 한 번 세분화되어 여성 간의 서열을 계서화시킴으로써 가부장적 위계 구조를 강화시키게 되었다. 뿐만 아니라 이러한 질서는 부덕이나 가정의 화목 등 유교적 가치로 미화되어 여성 스스로에게도 내면화되었다.

2. 젠더 이데올로기의 내면화

조선왕조의 유교 통치 이념은 양반의 지배 체제를 강화하는 강력한 이데올로기로서 작용하였다. 이러한 유교 이데올로기는 바로 젠더 이데올로기였으며, 여성은 이러한 유교 이념의 수호자가 되었다.[22] 이러한 젠더 이데올로기는 사적 영역에서 종법 가장제와 결부되어 정절, 모성, 효 등의 이데올로기로 구체화되었다. 이러한 이데올로기는 결혼한 여성의 삶을 가족관계 속에서 지극히 단순화시키고 탈주체화시키는 기제로 작용하였다. 유교 통치 이념은 왕실이나 양반층을 예속하는 규범이었으나 후기에 와서는 일반 민중까지 규제하였다.[23]

아내로 살다 조선왕조와 양반 집단은 부부 간의 절의와 부녀의 정절을 통치이념화하여 국가를 유지하는 근본 질서로 개념화하였다.[24] 부녀의 정절 특히 양반 부녀의 정절은 안정적인 신분제 유지를 위한 주요 관건이었다. 여자가 여러 번 결혼함으로써 부모 봉양 문제, 봉제사, 가문 혈통의 순수성, 재산상속

21 지승종(1991).
22 황영주(2000), (한국)여성이 IMF 프로그램을 만났을 때: IMF 극복 전략의 성차별성과 그 구조화, 한국정치학회 『2000년 하계학술회의』 6.
23 유영춘(1995).
24 이순형(1997), 조선조 혼인 관계의 유지원리: 〈조선왕조실록〉의 이혼 사례 분석, 『한국사회학』 31집 여름호.

문제 등이 야기되는데, 이는 가부장제 사회의 근간을 흔드는 것이었다.[25]

국가에 의한 혹은 양반 집단이라는 남성이 강요한 정절 이념이 이 시기를 살았던 여성에게 얼마나 내면화되었을까? 진정으로 여자의 덕목으로 여겨 과부가 수절을 하였을까? 그 이면에는 경제적인 문제 때문에 정절을 지킬 수밖에 없었던 억압 구조가 있었다. 재산관리권도 없고 공적 영역에의 진출 기회도 없었던 당시, 수절함으로써 얻을 수 있었던 반대급부수신전, 자손의 관직 진출 기회 허용 등가 여성에게 제시되었던 것이며, 여성들은 그러한 구조 속에서 수신전을 받고 자식에게 이익이 되는 관직 진출의 기회를 얻기 위해 정절 이념을 주체적으로 수용하였던 것이다.[26]

어머니로 살다   조선조는 신분제와 가부장적 가족제로 여성을 분화시킨 후 여성의 가장 강력한 특성을 가족 내에서의 모성의 역할로 제한시켰다. 여성을 어머니로 본질화시키는 기제는 여성 억압 또는 가부장제의 강화와 연관되어 있다.[27] 여성의 속성을 정의할 수 있는 많은 요인 중 모성만을 강조하면서 여성의 역할과 개성의 발현을 억압하였다.

'재가녀자손금고법'이나 '서얼차대제도'를 간접적으로 지탱하는 기제가 바로 모성 이데올로기였다. 이러한 모성은 시대마다 그 내용이 다르게 정의되는 이데올로기적인 모성이다.[28] 이는 일제 강점기의 전시체제 하에서 정의되는 '군국의 어머니상'이 또 다른 모성 이데올로기였던 것과 마찬가지다.

착한 자식으로 살다   유교 이념에서 충효 이데올로기는 국가—가족과의 관계에 그대로 대

---

25 김혜숙(1993), 조선시대의 권력과 성: '禮治' 개념을 중심으로, 『한국 여성학』 9집.

26 조은(1997).

27 조은(1999).

28 러너(1993:116)는 모성을 ① 생리적, 육체적 모성 ② 제도로서의 모성 또는 사회적 구성물로서의 모성 ③ 이데올로기로서의 모성으로 구분하고 있다. 조 은(1999:77) 재인용.

입된다. 국가에 대한 충은 가족 내에서는 효의 이념으로 전환되었다. 따라서 효의 위반은 국가에 대한 불충이며, 이는 통치 차원에서 바로잡아야 할 문제였다. 조선 사회에서 이혼을 허용한 두 가지 경우가 부녀의 실행과 불효인 것을 보아도[29] 국가가 이 부분에 얼마나 적극적으로 개입하였는지를 잘 알 수 있다.

그런데 가족 내에서의 효 이념을 수행하는 자가 바로 여성이었다. 가정에서 부모자식 관계는 부부 관계보다 중요했다. 부모에게 효도하도록 강요되었으며, 효는 부부 관계 이전의 문제였다.[30] 조상숭배와 봉제사, 시부모 봉양 등으로 여성은 가족 내에서 효 이념을 구체적으로 실천하고, 자녀 교육과 재생산 역할 등을 담당함으로써 국가 이데올로기 실천의 담지자로서 사적 영역에서 이미 철저히 국가에 의해 규제되고 있었다.

이상 젠더 이데올로기는 부와의 관계에서 정절 이데올로기, 자식과의 관계에서 모성 이데올로기, 부모와의 관계에서는 효 이데올로기로 나타남을 보았다. 이러한 젠더 이데올로기는 여성의 역할을 가족과 연관시켜 단순화시키고, 탈주체화시키고, 탈성화시키는 데 기여하였다. 동시에 젠더 이데올로기는 국가가 사적 영역에서 여성을 규제하는 각종 법제를 정당화시켜 주고, 법규범을 내면화시키는 기제로 작동하였다.

그러나 이데올로기의 내면화는 물적 기반이 보장되지 않으면 한계가 있다. 여기서 그 당시 정치 사회 구조 속에서 여성이 자율적으로 선택할 수 있었던 공간이 발견된다. 즉, 수절은 경제적 유인책—수신전의 지급, 자손의 관직 진출 기회 허용, 복호의 면제, 정문의 설치, 기타 은전의 하사 등—을 얻기 위한 주체적인 선택이었다.

조선은 신분제와 가부장적 가족제도를 유

29 최우영(1994), 조선 사회 지배 구조와 유교 이데올로기: 양반 사대부 계층의 지배적 역할을 중심으로, 『사회와 역사』 43권.
30 이순형(1997), 478.

지하기 위하여 젠더화된 법제와 이데올로기, 물적 기반을 동원하였으며, 이러한 구조 속에서 당시 여성이 수절을 선택하는 데 가장 크게 기여한 것은 이념 뒤에 숨어 있는 경제적인 유인책이었다.

3. 가부장제는 영원하다?

새로운 제도의 도입 1894년 7월 군국기무처가 근 4개월 간에 의결한 208건의 근대적 개혁안 중에는 조선 사회의 근본적 개혁을 목표로 하는 사회적 관행의 개혁도 포함되었다. 이 사회 개혁안에는 '문벌과 양반, 상인 계급을 타파하고 귀천에 관계없이 인재를 선발하여 등용할 것, 죄인에 대해 본인 외에 친족에게 연좌의 규정을 시행하지 말 것이며, 남녀 간의 조혼 금지, 과부가 다시 시집가는 것을 귀천을 물론하고 마음대로 하게 할 것' 등이 포함되었다. 이 개혁안은 7월 30일에 고종에게 보고, 모두 승인되었다.[31]

'사회적 관행'은 왜 잔존하나 관습과 관행의 개혁이 하루 아침에 바뀌는 것은 아니지만, 개혁 조치가 발표된 이후에도 조정에서는 과부의 재가 등에 대한 논의가 여전히 개혁 이전의 시점과 같이 이루어지고 있었다. 즉, 사회 개혁안이 발표된 이후에도 관습은 상당 기간 존속되었음을 볼 수 있다.[32]

---

31 고종순종실록(고종 31년 1894. 6. 28).: 김운태(2001), 『조선왕조 정치, 행정사』 근대편, 박영사, 294~296.

32 지승종(1997), 신분사 연구의 쟁점과 과제: 신분 개념과 신분 구조의 문제를 중심으로, 『사회와 역사』 51집.

〈대전회통〉의 간범조姦犯條의 "사족의 처와 딸을 겁탈한 자는 그 강간의 실현 여부를 따지지 않는다"는 조항에 따라 교형絞刑에 처할 것을 제의하고, 고종은 제의 대로 할 것을 지시하고 김소사金召史가정조를 지켜 자기 목숨을 끊은 것은 표창하는 은전을 베풀어 줄 만하다고 칭하며, 장예원掌隸院에서 그 절개를 특별히 표창하여 풍속과 규율을 추세울 것을 지시하고 있다.[33]

이와 같이 갑오개혁으로 사회의 모든 관습이 타파되었음에도 불구하고 과부의 수절에 관한 기제와 이를 강요하는 관행 등은 그 이전과 동일함을 볼 수 있다. 이미 과부의 재가를 허할 것을 법안으로 의결하였음에도 불구하고 1900년 11월 민치헌은 여자의 재가를 허락해 줄 것을 청하고 있다.

> 과히 멀지 않은 옛날에 재가한 어머니의 아들은 깨끗한 벼슬을 하지 못하게 하였습니다. 재가는 나라의 큰 금물이었습니다. 개혁 이후로 사리를 아는 사람들은 먼저 재가하는 길을 열어 주는 것을 확고한 논의로 삼고 있으면서도 형식을 차리는 것이 버릇으로 되고 옛 풍습에 얽매여서 애통하게 울부짖던 여인을 다시 아내로 데려갔다는 말을 듣지 못했습니다. 청춘과부가 있으면 반드시 좋은 짝을 맺어 주어 안방에 원망하는 여자가 없고 바깥에 홀아비가 없게 되며 세상이 화목한 지역으로 휩싸이게 될 것입니다. 폐하는 신의 글을 의정부와 중추원에 내려보내어 다시 시집가는 규례를 토의 결정하여 중앙과 지방에 알리기 바랍니다. 이리하여 단 한 명의 백성도 모르는 사람이 없게 하고 한 명의 여자도 뜻을 이루지 못하는 일이 없도록 바랍니다. 비답이 내리기를 '제의한 대로 의정부와 중추원에서 의견을 올려 처리하게 할 것이다'라고 하였다.[34]

이러한 내용을 보면 개혁에 관한 내용 자체

33 고종순종실록(고종 36년, 1899. 5. 8).
34 고종순종실록(고종 37년 1900. 11. 30).

가 널리 홍보되지 않았을 뿐 아니라 하위 법규의 미비 등 후속 조치가 뒤따르지 않아 개혁은 명목상의 조치에 불과했음을 알 수 있다.

서얼차대제도 역시 성종대부터 지속적인 사회적 폐단이 되고 있음을 알 수 있다. 서얼의 차별은 성종 16년 〈경국대전〉을 반포하면서 조문에 '자자손손'이라는 주석을 덧붙였는데, 강희맹은 이 조문이 영원히 벼슬길을 막는 폐단이 되었다는 상소를 1877년^{고종 14년}에 아래와 같이 하고 있다.

> 본래 적자와 서얼 간의 차이가 없습니다. 다같이 전하의 백성으로 됩니다. 우리 나라에서 서자를 구별하는 것은 옛날에는 없던 법입니다. 이는 왕조를 세운 초기에 좀된 신하가 기회를 타서 앙갚음한 데 지나지 않는다고 하였습니다. 〈경국대전〉과 〈대전통편〉, 〈대전회통〉에 있는 이조, 병조, 예조, 호조의 규정에 씌어 있는 벼슬길을 막는다는 조항들을 하나하나 고쳐서 정리하기 바랍니다. 비답이 내리기를 '글의 내용은 묘당으로 하여금 문의하여 처리하게 할 것이다'라고 하였다.³⁵

이에 1882년 고종은 서북지방과 송도의 서얼, 의원, 역관, 서리, 군사 출신들을 등용할 것을 하교하고 있다. 법과 사회 관행 간에는 지체현상이 나타나게 마련이다. 더구나 구체적인 실행규칙이나 물적인 기반이 마련되지 않은 경우는 공허한 제도에 불과하다. 여성과 관련하여 여성사를 구분지을 수 있을 정도의 사회 개혁인 청춘과부의 재가를 허용하는 법제는 여성의 경제적 자립보장과 연관되어야만 그 실효성이 있다. 최초의 근대적 의미의 여성 관련 개혁조치였지만 공허하고 사회적으로 제대로 시행되지도 않았

35 고종순종실록(고종 19년 1882. 7. 22).

다. 이러한 가부장적 사회 구조와 관습은 일제 식민국가의 통치 질서가
뿌리내리는 토대로 이어졌다.

3장

식민국가의 동원 정책과
여성 주체성

그러나 그네들의 소위 정조라는 것은

엇던 남자 한사람의 소유권뿐을 말한 것 아닌가?

사랑이 없이 결혼할 경우,

돈으로 매수하는 것은

하룻밤을 십원이나 이십원으로 사는 것이나

천원이나 만원으로

일평생을 사는 것이나 일반이 아닌가?

1910년부터 1945년까지를 일제 강점기 혹은 식민지 시기라 한다. 이 시기에는 나라의 주권을 일제에게 빼앗기고 일제의 식민지배를 받았다. 지금의 서울인 경성에 일제의 총독부가 설치되어 총독정치가 이루어졌다. 이 시기 통치 주체를 일반적으로는 일제 통치기구 등으로 언급하지만 여기서는 국가와 집단 간의 권력 관계를 규명하기 위하여 식민지배 체제를 식민국가로 명명하였다.[1]

여성, 특히 기혼 여성이 한 개인으로서 완벽한 '법적 인격'과 '재산권'을 가질 수 있었던 것은 국가와의 투쟁을 통해서 점진적으로 획득해나간 결과다. 대부분 국가의 법제는 동서양을 막론하고 근대국가 성립 이전에 이미 철저하게 가부장적 구조로 젠더화되어 있었다.

근대 유럽의 경우, 특히 1789년 프랑스 혁명의 결과 여성은 시민권을 획득하였으나 공민권은 인정되지 않았기 때문에 정치 영역에서는 개인이 아니었고 사회적인 영역에서만 개인으로 인정된 반쪽만의 개인의 위치를 얻었다. 그런데 일제 식민국가 당시 조선의 여성은 근대적 의미의 개인으로 인식되지도 않았지만 국민으로는 통합되어 갔다. 이를 어떻게 해석할 것인가? 이것은 시민적 정

[1] 일제 식민국가가 우리 민족의 국가는 아님은 명백하다. 단지 여기서는 식민지배 체제의 객관적인 권력 관계를 기술하기 위한 개념으로 한정한다.

일제 식민국가의 상징 조선총독부 청사

치적 개인으로서는 인정되지 않았지만, 인적 물적 자원을 수탈하기 위해서는 식민지 여성도 국민으로 포함시켜야 동원시킬 수 있었기 때문에 국가에 의해 위로부터 주어진 것이다.

일제 식민국가의 여성에 대한 인식은 법을 통해서도 이해할 수 있다. 이 당시 여성은 '국민화 과정' 속에 적극적으로 편입되었다. 가족제도 속에서의 여성은 개인으로 인식되지 않고 남편과의 관계 속에서만 인식되었으며, 부夫와 관련해서만 법률행위를 할 수 있는 법적 무능력자였다. 그러나 식민국가는 여성을 동원자원으로서 인식하고 가족 속의 황국신민화를 위한 도구로 활용하기 위해서 국민으로서, 곧 국민과 연관된 영역에서만 개인으로의 지위를 인정하였다.

1909년 실시된 민적법에 의하면, 성인 여성의 경우는 민적 실사의 단계에서는 이름을 기재할 필요가 없어서 아버지의 성, 호주와의 관계, 연령만을 기재해도 되었다. 이 역시 종래의 호적을 답습한 것이었는데, 일제에 의해 강점된 1910년대에는 여성도 개인을 식별할 수 있는 이름을 붙여 민적에 등록하는 방식으로 변했다. 적어도 형식상·법제상으로는 하나의 개인으로 인식됨으로써 국민 개념에 포함되는 형태를 취하게 되었다.

이렇게 여성은 가족 속에 묻혀 법률상의 개인으로 인식되지 않았으면서도 실제 권력 관계 속에서는 식민국가의 목적에 따라 국민으로 통합됨으로써, 젠더화된 국가의 억압 구조 속에서 '참여'에서는 배제되고 '동원'의 객체로만 인식되었다.

가족 속의 여성을 동원하다

1. 현모양처적 여성상의 강화

비록 전통적인 신분제도는 갑오개혁과 일제 식민국가의 근대적인 신분질서의 도입으로 형식적으로는 제거되었지만, 가부장적 가족제도와 구조는 그대로 유지되었다. '현모양처'라는 단어는 일제 식민국가 시대에 등장한 용어며, 일제가 요구하는 여성상이었다. 조선왕조실록에는 '현모'와 '양처'가 각각 별개로 사용되었으며, 합성어로서 현모양처는 존재하지 않았다. 오히려 '양처'는 여성의 규범이 아닌 신분, 즉 어진 아내가 아니라 노비와 결혼한 양인良人 신분의 처를 의미하였다.[2]

일제의 '양처현모' 사상은 개국 초기 계몽

2 홍양희(2000), 한국: 현모양처론과 식민지 '국민' 만들기, 『역사비평』 2000년 가을호.

사상가를 중심으로 국민男兒을 교육하는 현명한 어머니로서 여성이 인식되면서부터, 여성이 가정이나 아이를 통해 간접적으로 국가에 편입되는 과정에서 나타났다. 이러한 양처현모 사상은 유럽 여성을 모범으로 하여, 가정에 폐쇄되어 있던 일본 여성의 힘을 국가로 확대하여 이용할 필요성이 요구됨에 따라, 생활개선운동, 광신적 모성예찬 등의 사상으로 확대 변형되는 등, 국가의 목적에 따라 그 내용도 변화되었다.[3]

이러한 양처현모 사상은 일본과 조선 두 곳 모두에서 주창되었다. 일제 식민국가의 입장에서 주장한 현모양처 상은 내선일체를 위한 황국신민의 재생산이었으며, 민족주의적 입장의 현모양처 상은 민족의 독립을 위한 2세의 재생산이라는 점에서 차이가 있지만, 여성을 '근대 국민을 재생산하고 자녀를 교육해야 하는 기능을 담당하는 여성'으로 인식했다는 점에서는 동일하였다. 여기서 국가 형태에 관계없이 가부장적 질서가 여성에게 요구하는 역할은 동일함을 볼 수 있다. 식민권력과 대립관계에 있는 민족주의 세력 역시 여성에게 요구하는 역할은 성별 분업에 입각한 가정에서의 재생산과 자녀교육이었다.

결국 일제의 양처현모관은 국민국가를 수립하는 과정에서 여성을 국민의 개념에 포함시켜서 여성을 도구화시키고 동원의 목적으로 활용하기 위한 개념이었다.[4]

2. 일본식 가족제도의 도입

일제 식민국가 지배 정책의 근본 기조는 동화주의다. 이러한 동화 정책은 각 시기마다 탄력적인 변형, 수정을 거치면서 강화되었으며, 이 과정에서 여성은 동원되고 도구화되었다.

3 가와모토 아야(2000), 일본:양처현모 사상과 부인개방론, 『역사비평』 2000년 가을호.

4 근대 국민국가 건설을 위한 국민화 프로젝트 과정 속에 여성이 포함되지만, 이 과정에서 국민화와 젠더의 경계를 놓고 '참가형(integration)'과 '분리형(segregation)'을 중심으로 '평등파'와 '차이파'의 대립이 벌어지며, 이는 오늘날까지 여성의 지위와 관련된 논쟁의 중심을 이룬다. 우에노 치즈코 (1999), 25~29.

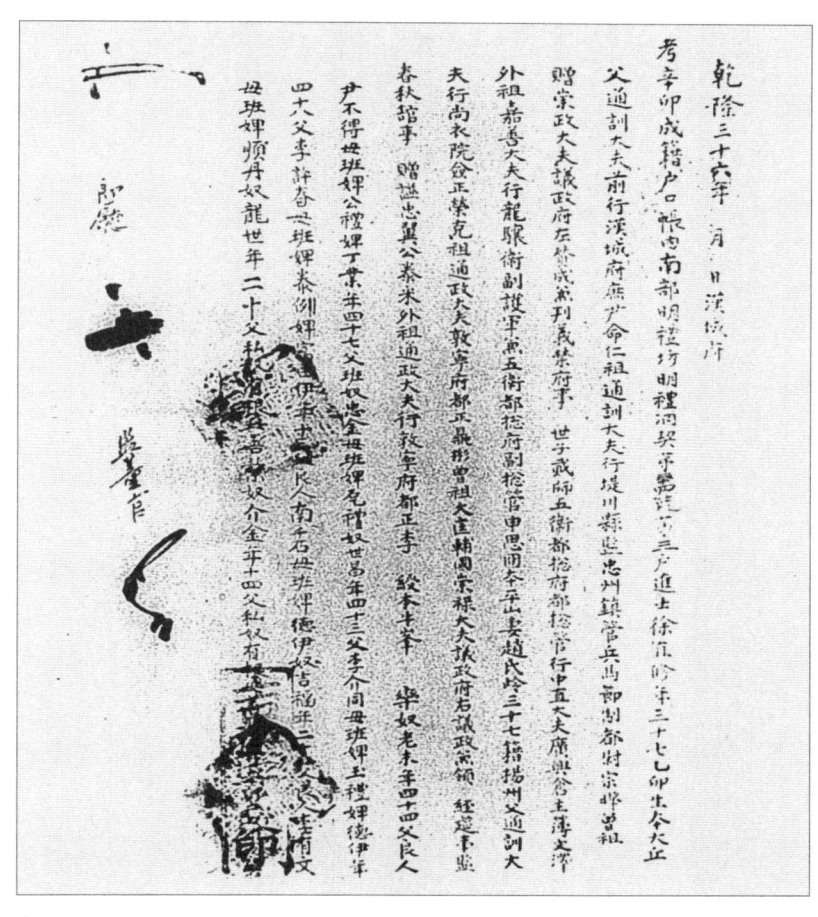

한성부 호적: 서직수 가족의 호구를 기록한 호적대장(1771)

일본식 호주제의 이식　조선의 가부장제는 가문과 조상에 대한 효를 중시하는 '대가족'이며, 일제의 근대 가족은 국가에 직결되는 친자^{父子}나 부부 단위의 '소가족'으로 구성된 근대 가부장제라는 점[5]을 인식해야 가부장제의 변형을 이해할 수 있다.

일본의 가家는 '집'을 중심으로 한 추상적인 공동체며, 조선의 가는 '혈통'을 중심으로 한 혈연공동체인 점에서 근본적으로 상이하다. 일본의 가는 국가에 편입된 통치의 기본 단위였다. 즉, 가는 작고 사적인 세계가 아니라 공적인 국가의 한 기관으로 역할하며, 이러한 가와 국가를 연결시키는 고리가 호주제다.[6]

조선시대의 호적은 자연적으로 발생된 가 그 자체가 아니라 〈경국대전〉 호구식에 의해 파악된 법제호法制戶를 경제적인 분등에 기초하여 일정한 규모로 편제한 편호編戶였다고 한다. 즉 호적의 호는 호역과 군역의 부과를 위해 국가에서 위로부터 배당된 역종役種에 합당한 자원만을 한정적으로 작성하였던 것이다. 호적법에 의해 국가는 종합적으로 호구의 현황을 파악하여 식년마다 작성하였다. 그 내용은 읍, 면, 리의 기재, 호주와 호주의 처를 기재, 솔거인子, 자부, 질 등을 기재하고 노비 등에 대한 기록으로 구성되었다.[7]

그러나 갑오개혁으로 신분제도가 철폐되고 호세제도가 변화됨에 따라 새로운 호구조사를 하였다. 이에 따라 동거하지 않는 부자형제의 호를 호적상에서 각 호 단위로 분리하였으며, 이로써 1896년 호구조사규칙 반포 이후 기존의 편호 체제가 어느 정도 해체되었다.[8] 이때부터 호적 호는 하나의 가옥을 단위로 한 생활단위로 작성되어 자연 호와 어느 정도 일치하게 되었다. 또한 호주, 호수인, 가장 등으로 불렸던 것이 '호주'로 고정되어 호적 지면에 표기되는 법률상 칭호로 되고, 가호의 대표자, 주재자로서의 명

5 송연옥(2001), 민족주의와 페미니즘의 불행한 결렬—1930년대의 한국 '신여성', 『페미니즘 연구』 창간호.

6 1871년 공포된 일본의 호적법은 남성 호주를 필두로 하여 그 친족도 가족으로 간주하고, 존속 · 직계 · 남성을 상위로, 비속 · 방계 · 여성을 하위로 규정하였다. 강선미 외(1993) 68; 이만열 외(2000), 309~310.

7 김현영(1996), 호적제도, 『조선시대 생활사』, 역사비평사.

8 정진영(2002), 조선 후기 호적대장 '戶'의 편제 양상: 제주 대정현 하모슬리 호적 중초(1840~1907년)의 분석, 『역사와 현실』.

확한 지위가 표출되고 호패에 의하여 공시되었다.[9]

그 후 일제의 본격적인 간섭으로 1909년 민적법 및 민적법 집행심득에 의해 호구조사규칙이 폐지되고 전통적인 호적제도가 일제식 가家제도를 근간으로 하는 호적제도로 변형되면서, 호주가 가부장으로서 사법상 가의 주재자로 등장하였다. 이로써 일체의 신분 행위가 호주의 관여 하에 호주의 명의로 행해졌고 호주는 가의 '주재자'임이 법률상 선언되었다. 민적 기재의 순위는 호주, 호주의 직계존속, 호주의 배우자, 호주의 직계비속 및 배우자 등의 순위였다. 조선시대의 기재 순위와 차이가 나는 것은 배우자가 호주의 직계존속 다음 순위라는 점이다. 이는 종법적 가족제도가 강화되어 처보다 직계존속의 순위가 앞선 것으로 볼 수 있다. 아울러 호주는 출생, 사망, 호주 변경, 혼인 등 제반사항을 그 사실 발생일로부터 10일 이내에 본적지 관할면장에게 신고할 의무가 주어졌다.

1912년 3월 조선민사령에 의해 민사에 관해서는 일본 민법이 의용되었으나 친족상속에 관해서는 관습에 의하였기 때문에 호적도 종전의 민적법이 그대로 시행되었다. 1923년 7월 1일부터는 새로이 '조선호적령'을 시행하여 해방 후까지 시행되었는데 이는 기본적으로 1914년의 일본 호적법과 동일하였다. 1923년 호적령이 그 전의 민적령과 다른 점은 이 개정으로 인하여 '집'이란 것과 신분의 실체 관계가 명백해졌다는 점이다. 또한 행정사무는 부윤, 읍면장이 담당하지만 그 감독은 소재지 지방법원장이 담당하여 각종 개정 사항 등을 허가할 때 행정권의 남용을 방지하였다.[10]

아는 일견 종래의 호적제도를 그대로 계승하여, 가족제도의 내용은 호주제도를 중심으로 한 일본식 가 제도를 조선에 이식함으로써

9 박병호(1992), 일제시대의 호적제도, 『고문서 연구』 vol. 3 no. 1.

10 매일신보 1923. 7. 1(3면).

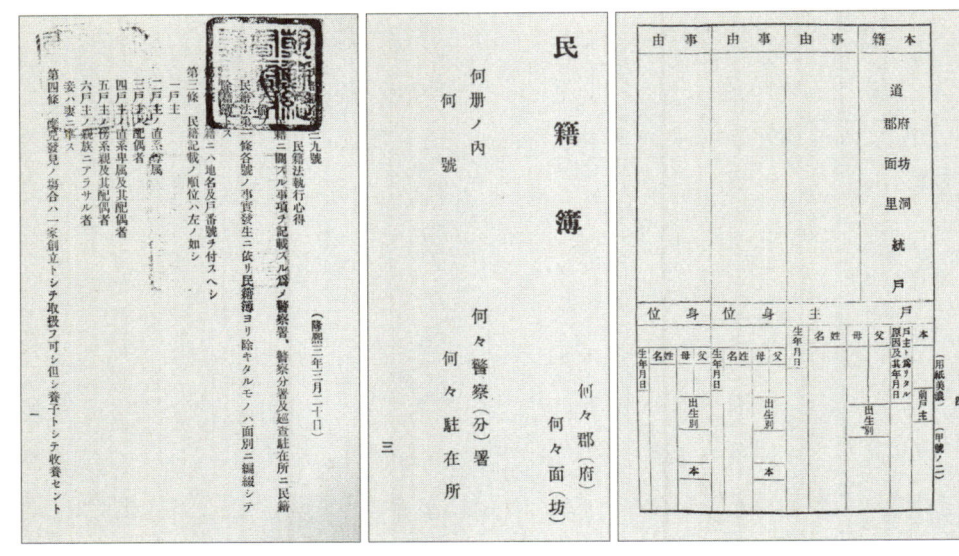

민적법 집행심득 중 호적에 관한 사항(1909. 3. 20).

기본적으로 가부장제를 유지하고 있다는 점에서는 큰 차이가 없는 것처럼 보인다. 그러나 실제 거주가 아니라 추상적인 가 중심으로 호적이 편제되고, 재산 계승의 법적 단위가 호적상의 가며, 가족의 재산상속이란 동일 가적 내에 있는 가족에 한정된다는 당시 법원의 판결 등을 볼 때, 조선에 이식된 일본의 가 제도는 조선의 부계계승주의와는 다른 것이었다.[11] 즉 조선시대 재산상속은 여자의 결혼 여부와 상관없이 이루어졌으나, 추상적인 가의 편제에 의해, 결혼한 여자는 '가' 속에 있지 않기 때문에 재산상속에서 제외되었다.

또한 호주제도와 가독상속家督相續을 이식하는 과정에서 일제는 조선에서 상속의 세 가지 유형인 제사상속, 호주상속, 재산상속 중 제

11 양현아(2000), 호주제도의 젠더 정치, 『한국여성학』 16권.

사 상속권은 법적인 권리가 아니라 도덕적인 권리라 하여 1933년부터 이를 부정하였다.[12] 이렇게 일제가 제사권의 의미를 '상속 재산'과 '호주 지위'의 수준으로 파악했던 것은 조선 재래의 제사권을 약화시킴으로써 호주를 중심으로 편제된 일본의 가 제도와 가깝게 만들기 위해서였다.[13] 1939년 민사령 개정으로 '성姓 불변의 원칙'과 '타성양자他姓養子의 원칙'이 폐기됨으로써 종법제도에 기반한 조선의 가족제도는 완전히 와해되었다.[14]

후퇴하는 여성의 지위　여자 중에서도 특히 혼인한 여자의 법률상 지위는 만 20세 미만의 미성년자, 금치산자, 준금치산자 등과 마찬가지로 법률상 무능력자였다. 따라서 중요한 법률 행위민법 14조 소정 행위를 하려면 반드시 남편의 허가가 필요했으며, 남편은 처의 재산에 대하여 관리권이 있었다. 그리고 부인은 그 자녀에게 친권을 행사함에 있어서도 일일이 친족회의의 동의를 얻어야 했다. 즉 여성에게는 행위 능력뿐만 아니라 권리 능력, 의사 능력, 민사책임 능력, 형사책임 능력 등이 전반적으로 결여되는 등 법인격 자체가 인정되지 않은 것이다. 오직 부부동체주의 하에 주부는 남편에 의해서만 대표되는 상황이었다.

호주상속과 재산상속에서는 종전과 어떤 차이가 있었는가? 호주상속은 당시 일본에서는 원칙적으로 여자가 호주가 될 수 있었다. 즉 남자 자식이 없는 경우와 남자 자식이 적출자가 아닐 경우 적출자되는 여자가 먼저 호주가 될 수 있었다. 그러나 조선의 경우 여자 호주는 원칙적으로 인정되지 않았다. 예외적

12 이태영, 160, 김영덕 외(1972), 『한국 여성사: 개화기—1945』.
13 일제가 조선 관습의 변화를 수동적으로 반영하기만 했던 것이 아니라, 능동적으로 변형시켰다고 보고 있는 입장으로는 이승일(1999), 양현아(1999, 2000) 등이 있다.
14 이배용(1999), 일제하 여성의 전문직 진출과 사회적 지위, 『국사관 논총』 83집.

으로 호주에게 남자 상속인이 없는 경우에 한하여 호주가 되는 수가 있었으나, 그것도 호주 상속인 남자가 나타날 때까지 잠정적인 것에 불과했다.[15]

재산상속의 경우 조선 중기까지만 해도 자녀균분상속이 이루어졌다. 즉 〈경국대전〉의 재산분배 조항에도 서얼차대의 특징은 두드러졌지만, 아들 딸에 대한 차별은 전혀 볼 수 없었다.[16] 후기로 갈수록 종법에 입각한 장자 우대, 장자의 제사상속 등이 강화되면서, 여성의 재산상속권은 위축되었다.

이렇게 약화되는 여자의 재산상속권은 일제시대의 법제에 의해 공식적으로 확립된다. 여자에게는 분재청구권을 인정하지 않았으며, 피상속인이 호주나 호주의 장남인 경우 여자는 제외되고, 일단 장남이 전 유산의 반을 차지하고 나머지를 차남 이하 아들 간에 평분하게 되었다.[17] 피상속인이 가족인 경우는 여자도 재산상속인이 될 수 있었지만, 출가한 여자에 대해서는 친정에 대한 상속권을 인정하지 않는 판결을 내림으로써 재산상속에서 여성의 지위는 조선시대보다도 후퇴하였다.[18]

그러나 일제시대 후반으로 갈수록 호주 상속할 남자가 없을 때 여자에게도 재산, 호주, 제사의 상속을 인정하고 양녀 상속도 가능하다는 판결 등을 내려 여자의 법적 지위의 일부 향상이 있는 듯 하지만,[19] 법적 무능력자로 보고 재산관리권을 인정하지 않는 등 기본적인 변화는 없었다.

여기서 일관된 것은 국가 지배 권력의 형태가 바뀌어도 남성은 공법상의 대표자, 사법상

15 김영덕 외(1972), 『한국 여성사: 개화기─1945』, 147.

16 이순구(1996), 여성생활, 『조선시대 생활사』, 역사비평사.

17 차남이 1인인 경우는 장남이 2/3를 차지한다. 박병호, 한국 가부장권법제의 사적 고찰, 『한국 여성 연구』 1.

18 한국여성연구소 여성사연구실(1999), 『우리 여성의 역사』, 278~300; 1913년 5월 13일, 조선고등법원판례, 동판례요지집, 714, 이태영, 한국여성의 법적 지위, 김영덕 외(1972).

19 매일신보, 1941. 6. 12(3면).

의 가족통솔권을 가진 가장^{일제시대 호주}으로 인식되었으며, 여성에게는 분재권과 상속권이 인정되지 않았다는 점이다. 가족 내의 가부장과의 관련 속에서만 정체성이 주어지는 여성의 지위 등을 고려할 때, 가부장적 가족 구조는 기본적으로 변화되지 않았으며 오히려 일제 식민 시기에 강화되었다고 볼 수 있다. 즉, 일본식 '가 제도'와 '호주제'가 이식되면서 호주권으로 대표되는 새로운 형태의 가부장권이 창출되었다.[20]

창씨개명의 의도　동화 정책을 강화하는 과정에서 더욱 강력한 내선일체를 도모하기 위하여 1939년 11월 10일 '조선민사령 중 개정의 건^{11조의3차 개정}'[21]과 '반도의 씨명에 관한 건'이라는 두 개의 제령을 공포하였다. 이로써 동성동본 불혼, 이성 불양, 성 불변의 관습을 인위적으로 없애고, 일본식 씨제도인 창씨개명을 단행하여 성 불변의 원칙을 폐지하고 일본식의 이성^{異姓}양자제도와 서양자^{婿養子} 제도[22]를 도입하였다. 이는 내선통혼 및 내선연조^{內鮮緣組}에 남아 있는 유일한 장벽을 철폐하여 일본인 남자가 조선인의 양자로서 그 가^家에 들어갈 수 있고 조선인과 일본인 간의 통혼을 장려하기 위해 취해진 조치였다. 창씨개명과 이성양자제도는 관련이 컸다. 이성양자가 양가에 들어갔을 때 상속이 개시된 경우 피상속인과 성이 다르면 상속되지 못하므로 이를 시정하기 위해 서양자 제도와 창씨개명이 같이 시행되었다. 이 개정에 있어서 각 가에 그 칭호인 씨를 정하여 호

20 조혜정, 1986; 신영숙, 1994; 조 은, 윤택림, 1995; 양현아, 이효재, 1990; 이만열 외 (2000), 325.
21 1939년 11월 10일 제령(制令) 19호로 조선민사령 11조는 3차 개정에 의하여 우리나라 종래의 이성불양의 철칙은 파괴되고 서양자제도가 이식되었다. 이 개정들은 종래 관습법에 맡겨 두었던 부분을 축소하고 그 대신 일본 구민법의 해당 규정을 적용하기 위한 것이다. 이태영, 한국 여성의 법적 지위, 김영덕 외(1972).
22 서양자제도는 한 집에 남자손이 단절되었을 때 그 집의 여자와 혼인시킴과 동시에 여자의 父인 호주의 양자로 입양하여 그 사이에 출생한 자로 하여금 장래에 가계를 이으려는 것이므로 여자에게 이로운 제도. 그러나 일본의 서양자제도가 이입되면서 초서(招婿)라 불리우는 입부혼인(入夫婚姻)의 관습은 폐지되었다. 이태영, 160, 김영덕 외(1972).

창씨개명 시행 관련 기사(매일신보 1940. 2. 11)

주와 그 가족은 전부 그 '씨'로 칭할 것을 규정하고 있으므로, 부인도 그 가족이므로 호주의 씨로 바뀌게 되는 것이다.[23]

창씨개명 이전 식민 당국은 일본인의 이름과 구분하기 힘든 이름静子, 愛 子 등을 사용하는 것을 금지 혹은 환영하지 않는 정책을 취했다.[24] 식민지 배 초기에 일본인과 조선인 이름에 '차이'를 두는 정책이 1930년대 후반까지 유지되었다. 그러나 이러한 조선인과 일본인과의 차별 정책은 1937년 10월 27일 조선 총독부 법무장관으로부터 각 지방법원장 등에게 보내진 '내지인과 혼동하기 쉬운 이름을 쓴 출생신고의 취급방법에 관한 건'이라는 통첩[25]에 의

23 김영천(1940), 개정 조선민사령 해설, 『家庭之友』 28호; 매일신보, 1940. 2. 11(5면).
24 1916년 10월 10일 사법부장 회답, 1925년 11월 17일 법무국장 회답, 1934년 개정 조선호적예규 483항; 정광현(1940), 26~27.
25 "…이후로는 내지인과 혼동하기 쉬운 이름을 붙인 출생신고를 하더라도 그대로 수리하도록 한다는 것을 귀관하의 부윤(府尹) 또는 읍면장에게 통지하게 되어…".

			본적
15일受附（印）	氏ヲ甲野ト届出昭和15년1월		경성부봉익동100번지
主戸			前호주
田野	母	父	前戸主トノ續柄
李圭撤	劉彩鳳	亡李丙換	李丙換
	男長		亡李丙換
	咸興李	姓本貫	

⋮

본관란이 기재된 개정된 호적란

해 창씨개명으로의 정책전환을 보았다. 내선일체의 결실을 위해 종래의 방침을 변경한 것이다. 따라서 1911년 제정된 총독부령 124호 '조선인의 성명 개칭에 관한 건'은 창씨개명의 실시를 위한 총독부령 222호의 시행과 동시에 폐지되었다. 그동안 식민지의 지배권력이 이름을 '차이화'한 것은 조선인의 '민족성'을 존중하려 했던 것이 아니라, 어디까지나 식민지 지배 질서를 유지하기 위한 것이었다. 그러므로 전시체제 하에서 조선인을 체제에 통합시켜 동원하는 것이 최대의 목표로 설정되자, 이름에 대한 차별을 고수하던 정책도 변경되었다. 이름을 차이화하는 것과, 반대로 이름으로 동화를 꾀하는 것^{동화의 증거를 보임}은 모두 식민지주의의 폭력적 본질을 보여주는 것이었다.[26]

그러나 여기서도 근본적인 차이는 끝까지 견지하고 있다. 창씨개명은 국민총력운동을 전개하는 과정에서 초기 일제가 조선인과 자국민 간의 차별성을 유지한 정책을 형식상 포기하는 것으로 보이나, 실은 호적에 씨란^{氏欄}을 신설해도 성란^{姓欄}, 본관란을 그대로 두었기 때문에 자국민과의 차별은 철저하게 제도적으로 유지되도록 하였다.[27]

26 미즈노 나오키, 水野直樹(2001), 조선 식민지 지배와 이름의 차이화: 내지인과 혼동하기 쉬운 이름의 금지를 중심으로, 『사회와 역사』 59권.
27 문정창(1967), 『군국 일본 조선강점 36년사』 하, 353.

창씨개명을 등록하기 위한 줄

　당시 조선에서는 성과 씨를 구별없이 사용해 왔으나, 성은 아버지의 혈통을 표시하는 명칭이며, 씨는 자기가 소속된 가적을 표시하여 서로의 가적을 구별하기 위한 제도였다. 즉 '성'은 부계 혈통에 따라 계승되는 친아버지와 친아들, 친딸이 공유하는 혈통의 표지이며 개인을 따라 다니는 것이다. 이에 비해 일제의 '씨'는 하나의 가家＝호戶에 귀속하는 사람에게 부여되는 법적 동일성이다. 따라서 성은 특별한 경우를 제외하고는 평생 불변이지만 씨는 호적을 이동하면 그에 따라 변경된다.[28] 조선인의 성이라는 것은 일본인의 씨와는 다른바, 조선인에게는 씨가 없으므로 성은 그냥 두고 새로이 자기가 소속된 가적을 표시하는 씨를 가지

28 元眞一, 사카모토 신이치(2000), 일본: 〈씨〉와 〈家〉, 『역사비평』 2000년 겨울호.

게 한다는 것이 당시 창씨개명의 취지였다고 주장한다.[29]

씨를 가지는 것을 적극적으로 원치 않는 자는 기왕의 '김'이나 '이' 같은 성을 씨의 명칭으로 할 수 있게 하였다. 즉 씨의 등록기간1940년 2월 11일부터 8월 10일까지 6개월간을 그냥 경과하면 그러한 사람의 성자인 김, 이 등이 '씨'로 자동 전환되었다.[30] 김 성을 가진 사람이 '씨'를 '나까무라中村'로 등록한 경우와는 달리 정해진 기간 동안 등록하지 않은 사람의 성김, 이 등은 성을 표시하는 명칭도 되고 '씨', 즉 그 사람의 소속된 가적을 표시하는 명칭도 되어 이중의 성질과 이중의 사명을 가진다는 것이었다. 창씨개명 수수료는 한 집당 50전이었으며,[31] 창씨개명 시행 후 4개월 간 7.6%가 창씨개명을 단행하였다.[32]

씨 제도 실시 후에는 기혼 여성의 성 내지 씨는 성은 변하지 않고, 씨만 변하는 경우라고 다음과 같이 지적하고 있다.

① 보통 혼인에 있어서 남편의 가적에 들어가게 되는 경우 시댁의 씨를 따르게 되어 남편과 동일한 씨를 갖게 되는고로 표면상 남편의 씨를 따른다고 볼 수 있다. 예를 들어 윤현숙이라는 여자가 박봉길이라는 남자와 결혼해도 윤현숙으로 통용되었지만 금후부터는 정식 결혼인 경우 박현숙으로 통용되게 되었다. 만일 그러지 않고 여전히 윤현숙으로 통용하면 정식 부인이 아닌것 같이 보이게 될 것이며, ② 서양자나 가녀양자양자가 된 후에 그 가녀와 결혼한 남자의 법률상 칭호, 초서양자적 요소는 전혀 없이 처의 호적에만 들어가있는 남편인 경우는 그 남편이 처가댁 가적에 들어가게 되는고로 박봉길로 행세하게 되며 처 윤현숙은 여전히 윤현숙으로 행세하게 된다.[33]

29 정광현(1940), 조선여성과 씨 제도, 『여성』, 1940. 1.
30 조선민사령개정부칙.
31 매일신보 1940. 4. 5.
32 조선총독부(1940), 755~756. 4개월간 총 4,282, 754호 중 총 326,105호가 창씨개명을 단행하였다.
33 정광현(1940), 27.

남편 성을 따르는 문제에 대해 당시 신여성의 입장은 민적상 소요되는 성명은 따로 만들어 두고, 그리고 예전 이름을 아호 모양으로, 별명 모양으로 그렇게 사회적으로 그냥 유통하자는 것이었다. 비록 호적상에는 정식 씨명이 따로 있을 것이지만 널리 사회에서 통용되는 성명으로는 그 관습을 용납하기를 원하고 있었다.[34]

당시 미나미 총독은 관련 국장 회의에서 창씨개명의 기회를 줄 뿐 강제실시하지 말라고 하였으나[35] 당시 창씨개명을 하지 않을 경우 모든 기회에서 불이익을 받을 뿐만 아니라,[36] 일정 기간 동안 신고하지 않을 경우 자동으로 기존의 성이 일본식 씨로 전환되었기 때문에, 사실상 전 국민이 자기의 의사와 상관없이 창씨로 변경된 것과 같은 효과를 가져왔다. 더군다나 진정한 내선일체를 추진하기 위해 창씨개명을 한다고 하였지만, 호적에 성란과 본관란이 그대로 있었기 때문에 일본인과 조선인은 기본적으로 구별되었다. 따라서 미나미 총독이 사법상의 내선일체를 구현하기 위해 씨명의 공통, 내선통혼, 내선연조를 주장했지만, 그 내용은 철저한 내선차별 정책의 연장이었다. 즉 동화주의를 위해 창씨개명을 주장한 그들의 내면과 외면은 서로 달랐던 것이다.

3. 근대적 혼인제도의 시행과 한계

혼인제도와 관련하여 혼인 연령의 법제화, 축첩금지, 법률혼주의, 협의이혼과 재판상 이혼청구권 등이 도입되는 등 어느 정도 근대적인 법제가 마련되었다.

1922년 개정 민사령에 의거하여 남자 만 17세, 여자 만 15세 미만인 경우 혼인 신고를

34 가정생활부좌담회, 1940.
35 매일신보 1939. 11. 10, 1940. 3. 9(2).
36 북지(北支)에 있는 화북교통공사와 전전공사 두 회사에서 1941년 봄 조선인 졸업생을 알선해 달라고 총독부에 의뢰하여, 경성부 내 전문학교 이상 졸업생에 대하여 엄선하였는데 창씨개명이 그 첫째 조건이었다. 매일신보 1941. 4. 12.

수리하지 못하게 함으로써 조혼을 법적으로 규제하였다.[37] 축첩제도 1915년 8월 관통첩 249호에 의거 첩의 입적신고를 금지하였으며, 1922년 제령 13호에 의해 '혼인은 부윤 또는 읍면장에게 신고함에 의하야 기 효력이 생함'이라 하여 사실혼주의에서 신고혼주의로 전환되었다. 이로써 제도적으로 중혼이 금지되고 법률상 일부일처제가 확립되었다. 따라서 아무리 성대한 의식을 거행하고 장구한 세월을 동거하여 자녀를 낳았다 할지라도 신고가 없는 한 법률은 그들을 부부로 보지 않았다. 특히 이혼의 자유를 남녀에게 같이 주는 협의이혼 제도를 인정하였으며, 재판상 이혼[38]에 있어서도 여성에게 이혼청구권_{일본 민법 813조에 규정된 이혼 원인을} _{의용}을 인정하였으며, 처의 법률행위에 대한 부의 허가를 받아야 할 범위를 특정하는[39] 등 혼인제도와 관련한 여성의 지위는 형식상 약간의 진전을 보았다.

일본 민법을 거의 그대로 적용함으로써 조선시대의 그것보다는 개선되었으나, 처를 무능력자로 보는 근대적인 민법의 근본적인 한계는 극복되지 못하였다. 즉, 처의 고유재산에 관한 남편의 관리권을 인정하고, 종합적으로 고찰하면 재판상 이혼 원인도 한정적, 유책적이고 남녀에게 현저한 차별이 있었으며, 처의 부정은 이혼의 사유 및 간통죄의 대상이 되나 부의 부정은 그것만으로는 이혼의 사유 또는 간통죄의 구성요건이 되지 못하도록 하는 등 실질적인 향상은 별로 없었다.[40]

이혼청구권이 동등하게 주어진다 할지라도 여성이 경제적으로 독립되지 않고 여성에게 재산관리권이 주어져 있지 않은 법제 아래에

---

37 1915. 8. 7. 민적사무의 취급에 관한 관통첩. 1922년 제령 13호에 의해 일본 구민법 765조, 780조 및 781조가 적용되어 남자 만 17세, 여자 만 15세로 하였다.

38 협의이혼에 필요한 요건은 이혼 사유를 필요치 않으나, 재판상 이혼 사유는 민법에 규정된 10개 사유에 해당해야 한다. 일본 민법 813조를 조선 민사령 11조 1항에 의해 차용. 정광현, 조선여성의 법률상 지위, 『춘추』 1941. 5.

39 처는 민법 14조 소정의 재산상 법률행위를 남편의 허가없이 하면 취소당한다.

40 이태영, 158~159, 김영덕 외(1972).

서 그 권리는 아무런 효력도 없었다.[41] 실제로 남자가 외도할 경우 아내
는 경제적으로 독립적이지 못하므로 고발할 수 없고,[42] 아울러 이렇게 제
한적으로 허용된 법적 권리도 사회적 여건이 미비하여 실제 현실에서 행
사되지 못했으며, 법보다는 관습이 여전히 우위에 있었다.

정신적 동화, 내선일체의 구조

식민국가의 조선 지배 정책의 근본 기조는 동화주의에 입각한 조선인
과 조선 민족의 완전한 말살이었다. 동화주의는 각 단계별로 내선융화론
우가키宇垣一成 총독, 내선일체론[3·1운동 후 부임한 미나미南次郎 총독] 등으로 강화되어 전개
되었다.[43] 이러한 동화주의에 의한 국민 통합의 과정 속에서 여성은 정신
적, 인적, 물적 자원으로 동원되었다.

1. 내선인 통혼 정책, 조선 가정에 일본 정신을

일제는 조선인과 일본인 간의 혼인을 내선인 융화정책 가운데 가장 중
요하고 근본적인 수단으로 보았다. 일제가 가장 이상적인 모습으로 상정
한 통혼의 모습은 조선인 남자와 일본인 여자
간의 결합이었다. 이러한 정책을 위에서부터
상징적으로 보여 주기 위해, 왕세자 이 은과
일본 황족 이방자마사코는 1918년 12월 1일 정
식으로 통혼의 절차를 행하고, 1920년 4월 결
혼하였다.[44]

이는 내선일체를 위한 황국신민을 육성하

41 경제조직과 여성의 지위, 『실생활』 1934. 1;
　　양탄실, 여인논단, 『비판』 1936. 3.
42 확장되는 여자의 권리와 조선 안에서의 실제,
　　『혜성』, 1931. 3.
43 일시동인주의 하에 일선인의 차별은 무차별
　　로, 식민지주의는 내지연장주의로, 동화는 융
　　화로 변식한 명칭에 지나지 않는다. 일선융화
　　에 발광된 永川倖, 『개벽』 1923. 1.
44 매일신보 1918. 12. 2(2면).

| 표 1 | 한일 간 통혼 수

년도	1925	1926	1927	1928	1929	1930	1931	1932	1933	1934	1935	1936	1937
통혼 총수	404	459	499	527	615	786	852	954	1,029	1,017	1,038	1,121	1,206
조선인남자/ 내지인여자	197	219	238	238	277	350	367	364	377	365	391	430	472
내지인남자/ 조선인여자	187	222	245	26	310	385	438	533	589	602	601	625	664
조선인이 일본인가정에 입부혼	19	18	14	21	27	46	41	48	48	43	40	47	48
일본인이 조선인가정에 입부혼	1	—	2	2	1	5	6	9	15	7	6	19	22

출처:조선총독부 『조사월보』, 1930. 5, 1936. 9, 1938. 11에 의함

는 것이 가정에서 주로 어머니 손에 달려 있다는 전제에서 도출된 정책이었다. 따라서 일본식으로 동화시키기 위해서는 조선인 가정에 일본인 여성을 투입시켜야 했다.[45] 이를 위해 법률적 조치로서 총독부는 민적법의 중요 부분인 '혼인에 관한수속법'을 개정하였으며,[46] 1921년 6월 조선총독부령 99호로 '내선인혼인법안'을 반포함으로써, 조선인과 일본인 사이의 혼인 수속을 통일하였다. 이로써 종래 조선인과 일본인 간 결혼을 해도 호적상 입적이 되지 않아 그 관계가 내연의 관계에 있었던 문제를 해결하였다.

〈표 1〉에서 보는 바와 같이 조선인과 일본인 간의 통혼 수는 지속적으로 증가하여 1937년 말 약 세 배에 이르렀다. 조선인 남자와 일본인 여자 간의 혼인 수보다는 일본인 남자와 조선인 여자의 혼인이 더 많이 이루어졌는데, 이것은 일제가 사실상 의도했던 이상적인 모습과는 반대였다. 입부혼入夫婚의 경우도 일본인 남자

45 이배용 외(1999), 『우리나라 여성들은 어떻게 살았을까?』, 청년사, 241~243.
46 매일신보 1926. 6. 16(1면).

가 조선인 가정에 들어오는 경우
보다는 조선인 남자가 일본인 가
정에 들어가는 경우가 더 많았음
을 볼 수 있다.

이들 통혼자의 직업을 보면 조
선인 남자와 일본인 여자 가정은
상업 및 교통업 종사자가 가장 많
으며, 일본인 남자와 조선인 여자
가 결혼한 가정의 경우는 공무·
자유업과 공업 종사자가 가장 많
다. 즉 일본인 남자와 조선인 여
자가 결혼한 경우는 주로 공무원
이나 회사원으로 조선에서 근무
하면서 조선인 여자와 결혼한 경
우가 대부분이다.

일제가 이상적으로 생각한 조
선인 남자와 일본인 여성 간의 혼
인 형태에는 인종주의에 입각한

조선인 여성과 일본인 남성의 통혼 모습

우생학적 사상도 내재해 있다. 조선 가정에 일본 여성이 들어가 2세를 생
산하여 일본식 교육을 실시함으로써 전 조선을 일본인으로 황민화시키
려는 의도였다. 이 과정에서 조선 여성은 일본인 여성에 의해 밀려남으
로써 다시 한 번 '소외'[47]된다. 일제 식민국가는 한편으로는 조선인 여성
을 교육시켜 가정에서 황민화 교육을 담당해 줄 것을 요구했으며, 다른
한편으로는 일본인 여자가 조선의 안주인이 됨으로써 그들의 자녀를 일

본식으로 교육하여 자연스럽게 조선인을 일본인화할 수 있는 정책을 추진하였다.

통혼 정책의 대상이 된 것은 조선인 여성이 아니라 일본인 여성도 마찬가지였다. 물론 이 정책은 양국의 여성이 모두 피해자였지만 그 피해의 정도와 내용은 상이하였다. 조선인 여성이 가정에서 담당하는 역할에 회의적이었던 일제는 그 자리를 일본인 여자로 대신하고, 조선인 여자를 노동력과 군대 위안부와 같은 성적 동원의 대상으로 전환시켰다.[48] 아울러 조선인 남성과 결혼한 일본 여성의 대부분이 하층 여성임을 볼 때 계층별로도 일제 식민정책의 경험은 상이하였던 것을 알 수 있다.

2. 학교 교육과 가정에서 조선인 동화 정책

가정이 사적 영역에서 식민통치의 기본 단위였다면 학교는 공적 영역의 최일선에서 조직적으로 인적자원을 동원하고 식민지배 이념을 침투시킬 수 있는 장이 되었다. 학교는 식민지배 체제를 유지하고 정당화시킬 수 있는 기제로 이용되었다. 즉, 학교는 내선일체와 같은 식민정책의 기본 원리가 다양한 방식을 통하여 직·간접적으로 주입되는 통로였으며, 식민지 토착 민족의 정체성과 대조시켜 지배민족의 우월성을 강조·부각하는 장소로 이용되었다.[49]

학교를 동화의 주요 수단으로 이용한 일제는 특히 그 정신적 동화의 주요 매개체로서 가정에서의 여성에 주목하였다. 여성 교육에 대한 일제의 태도는 일본인 참사관이 1910년대 중반 무렵 경성여자고등학교를 시찰한 후에 쓴 글에서 잘 나타난다.

47 '소외'는 '동원'의 개념 속에 내재된 반대 개념으로 볼 수 있다. 따라서 소외되었다는 것은 부정적으로 역시 동원되고 있음을 말한다.
48 최유리(2000), 일제하 통혼 정책과 여성의 지위, 『국사관논총』.
49 김경일(1995), 근대성과 헤게모니의 역사적 변화: 식민지 시기의 경우, 『사회와 역사』 47권.

조선인 여자 교육은 남자 교육에 비하여 뒤지지 않는 중요한 의미가 있다. 경제적 융합과 사회적 융합은 식민정책의 근대根帶가 되지만 그 중에도 뒤의 것 곧 사회 감정의 융합이라는 것이 몇 층 더 곤란한 것이다. 그러나 일단 성공을 하면 경제적 융합보다도 더 힘 있는 사회의 근대를 굳게 하는 씨멘트가 된다. 이것은 어떻게 하여서든지 부인을 감화시키는 데서부터 들어가는 것이 첩경이다. … 주아심主我心, 자각심自覺心이 적은 감정적인 부인이 남자보다 훨씬 감화시키기가 쉬운 것은 말할 것도 없는 것이다. … 조선인의 가정을 풍화하는 것은 곧 전 사회를 들어 풍화하는 것이니 이와 같이 하여야 비로소 저들과의 감정적 융합이란 것이 영구히 될 수 있는 것이다. 따라서 선생도 될 수 있는 대로 일본 부인을 써서 생도가 학교를 나아갈지라도 자유로 가정에 출입하면서 영원히 풍화의 원천이 되도록 힘쓰지 아니하면 아니 될 것이니 여자 교육의 의미도 또한 심히 중요하고 심원한 것이라고 믿는다.[50]

동화 정책을 추진하는 데 있어서 감정의 융합이 가장 근본이며, 이를 위해서는 학교 교사도 일본 여교사를 쓸 것을 권장하고 있다. 황민화 과정 속에 동원시킨 여성은 주체적인 여성이 아니라, 동원의 목적을 위해서만 하나의 개체로 인식되는 한정적 의미에서의 개인이었다.

교육령을 통해 본 여성 교육의 내용　조선교육령은 1911년 제정된 이래 식민정책動員정책의 변화에 따라 세 차례 개정되었다.[51] 1911년 제1차 조선교육령의 주 내용은 "무단정치를 배경으로 이루어진 '충량한 국민화'와 일본어의 강요를 위하여 '시세

50 이만규(1998), 『조선 교육사 (下): 신교육편』, 국학자료원, 327~328.
51 1922년 2차 개정, 1938년 3차 개정, 1943년 4차 개정.

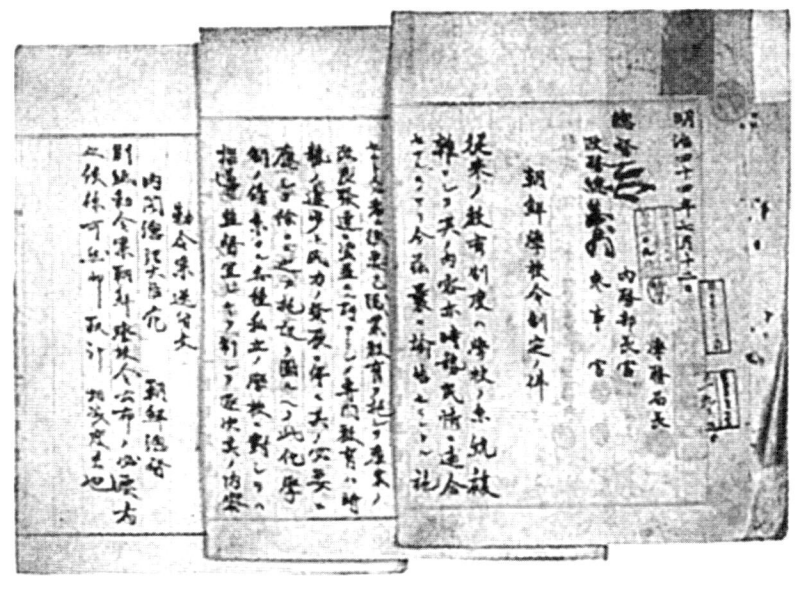

제1차 조선교육령 초안

와 '민도'에 적합한 교육"이었다. 1922년 제2차 교육령 개정의 내용은 "문화정치의 이름 하에 '일시동인一視同仁'을 내걸어 국어를 상용하는 자와 국어를 상용하지 않는 자를 차별하는 내지준거" 교육이 주요 골자다. 나아가 1938년 제3차 개정의 목적은 "군국주의 정치 하에서의 황국신민 교육으로 즉, 교육을 동화 내지 황민화의 수단으로 적극 활용하는 내선일체" 교육이었으며, 학제를 소학교, 중학교, 고등여학교 등 일본과 동일한 명칭을 사용하도록 하였다. 1943년 제4차 조선교육령의 개정에 의해 중등학교 과목에서 조선어를 삭제하고, 국어상용자와 비상용자의 구분을 철폐하여, 적극적으로 내선융화를 도모하였다. 연이어 '국어일본어상용령'을 발포하여 학교, 기타 관공서 등 모든 곳에서 조선어의 사용을 일체 금하였으며, '학도전시동원체제확립요강'을 발포하여 모든 교육은 전체주의 국가 체제에 따라 학도동원의 이름 하에 완전히 군부에 의하여 통제되었다.[52]

조선교육령의 내용을 중심으로 식민국가의 여성 교육을 평가한다면, 교육 목적의 변화는 없었다. 여자 교육의 목적을 수신과목을 중심으로 볼 때 성별분리에 의한 부덕의 함양으로 일관되어 있다. 그러나 제1차와 제2차 교육령이 적용되는 전반기[1911~1938]와 일제 식민국가의 교육령이 그대로 적용되는 제3차, 제4차 교육령이 적용되는 후반기[1938~1945] 간에 도덕 과목을 중심으로 비교해 보면 내용상 약간의 차이가 난다.

전반기에는 '황국신민'과 '황국여성'이라는 단어가 보이지 않으나, 후반기에는 내선일체 방침에 따라 일본의 교육령이 그대로 적용됨으로써, 황국신민이라는 단어가 등장한다. 즉 조선인을 황국신민 속에 법규상으로는 포섭하고 있다. 그러나 이 '황국신민' 속에 여성은 포함되지 않았다. 여성은 남성 신민과 구별되는 '황국여성'으로 표현되었다. 또한 후반기에는 황국여성의 양성과 함께 '가정'을 다스리는 여성의 역할에 중점을 두고 있다. 1938년이 전시체제임에도 불구하고 여전히 성별 분리형에 입각하여 가정을 고수하는 여성의 역할이 교육 내용으로 견지되어 있다. 전시 군사 목적을 위해 1943년 개정된 교육령에 의해 고등여학교에도 체련과와 수련과가 신설되어 '굳센 여성, 억센 어머니'를 양성하는 것에 중점을 두어 강건함을 강조하고 있으나, 여전히 가정 내의 전통적 여성상을 견지하는 것은 일관된다.

이상과 같이 근대식 학제의 도입과 교육의 양적 팽창 등에도 불구하고 여성 교육의 내용 면에 있어서 조선조의 그것과 큰 차이가 나지

52 鈴木敬夫(1989), 『법을 통한 조선식민지 지배에 관한 연구』, 고대 민족문화연구소, 114~176; 정재철(1985), 『일제의 대한국 식민지 교육정책사』.

않는다. 식민국가는 동화 정책에서 여성 교육의 중요성에 주목하고 "부덕婦德의 함양"을 강조하여, 남성에 대한 여성의 종속성이나 수동성을 강조하는 전통적 여성상을 식민지 상황에서 재현하고자 하였으며, 이런 점에서 가부장적 구조 속에서의 여성 교육은 그 내용면에서 연속성이 있다.[53] 즉, 식민국가와 국내 민족주의 세력이 근대화를 추구하면서도, 여성에게는 여전히 전통적인 여성의 역할을 수행할 것을 강조하고 있다는 점이다. 그런 점에서 식민국가가 식민지 남성 지배 세력과 이해가 합치될 수 있는 영역이 여성 억압 혹은 가부장적 구조를 유지시키는 영역이라 볼 수 있다. 따라서 식민지 여성은 그 교육 내용과 역할에 있어서도 식민국가와 대내적인 남성 주도 민족주의 세력이라는 두 개의 층으로부터 억압을 받았다.

부덕 함양과 2세 생산을 위한 신체의 발달　일제 식민국가의 여성 교육 목적은 조선의 가정에서 어머니들이 일제의 황국신민화 교육의 담당자가 될 수 있도록 하는 데 있었다.

고등보통학교의 목적을 비교해 보면 남자와 여자 간에 차이가 난다. 1911년 제1차 교육령의 11조와 15조를 비교해 보면, 11조에는 '남자에게 고등한 보통교육을 하는 곳으로서, 상식을 기르고 국민된 성격을 도야하며'로 기술되어 있음에 반해, 15조에는 '여자에게 고등한 보통교육을 하는 곳으로서, 부덕을 기르고, 국민된 성격을 도야하며'로 규정되어 있다. 이러한 규정은 1922년 제2차 개정에서도 큰 차이 없이 지속된다. 1922년 개정된 제2차 교육령 8조와 6조를 비교해 보아도, 여성 교육의 주 목적은 부덕의 함양이며 신체발달은 2세의 재생산을 위한

53 김경일(2000), 88; 이윤미(2001), 근대 여성 교육과 교육받은 여성에 대한 사회적 규범화 담론, 『한국교육』 vol. 28 no. 2.

것이었다.

실업학교를 비교해 보면, 1911년 공포된 조선교육령[18조]에 따라 기예과가 설치되었는데, 이는 남자고보의 실업과에 대응하는 것으로 재봉·수예·가사 등의 실기에 역점을 두고 있다. 그러나 이러한 실용 위주의 교육도 남성과 여성 사이에 차별적으로 적용되어 여학생은 남학생에 비해 상대적으로 전체 교과목 중 실용 교육 위주로 교육받았다. 남성과 달리 실용이란 사회진출을 위한 지식이 아니라 가정 중심의 교육을 의미하였다.[54]

전시체제로 전환되면서 여학교의 교과내용도 그에 맞게 조정되었다. 1941년 4월 신학기부터 새로 쓰는 『가사독본』에는 방공시설과 훈련에 관한 것을 포함하여 부녀자에게도 가정 방호 전문 기술을 가르쳤다.[55] 『가사독본』은 일주일에 1～2회 실제 훈련도 하게 하였다. 아울러 일제는 그들의 대동아공영권을 실현하기 위해 조선 어머니의 계발은 대단히 중요한 일이라 보고, '부인계발운동'을 추진하면서, 부덕 함양과 자녀 육성, 생활 쇄신의 세 가지 목표 아래 전국 각지에서 부인 등을 대상으로 강연회와 좌담회 등을 열었다.[56]

전쟁을 위한 동원 식민지 전반기의 여성 교육 내용은 가정을 위한 의무에 역점을 두었지만 후반기에는 전쟁을 위한 동원까지 확장된다. 전시체제로 전환되면서 조선인도 일본인도 모두 황국신민다운 교육을 한다는 취지 아래 각급의 학교령을조선에서 특례가 있을 경우 제외 학제를 일본식으로 개편하였다.[57]

1943년 제 학교령과 관련하여 제4차 조선

54 김경일(2001), 근대성과 헤게모니의 역사적 변화: 식민지 시기의 경우, 『사회와 역사』.
55 매일신보 1940. 9. 25; 1941. 1. 14.
56 안태윤(2000), 일제 말기 전시체제 하의 조선 여성에 대한 모성동원, 한국여성학회 제17차 추계학술대회 자료집.
57 이에 따라 1938. 3. 15. 일본지 본토에서 적용했던 각급의 학교령을 적용한다. 정재철(1985), 『일제의 대한국 식민지교육정책사』, 일지사, 417.

억센 여성, 굳센 어머니를 장려하기 위한 훈련(동아일보 1938. 5. 3)

교육령이 제정 · 공포되는 바, 각급 학교의 교육 목적은 소위 "황국의 도에 기초한 국민의 연성"에 있었다. 그리하여 근로와 직결된 소위 '황도 정신'을 근간으로 한 '연성 교육'이 학교 교육에서 강요되었다. 전시 교육 체제 하에서 학교 교육은 크게 '학교의 연성 교육 체제화'와 '학도 동원 체제화' 등의 두 방향에서 추진되었는데, '학교의 연성 교육 체제화'란 지원병제에서 징병제로 군사제도가 전환되는 과정에서 학교가 군대의 하청기관으로 전락하는 것이며, '학도 동원 체제화'란 학생을 학교로부터 생산현장으로 강제 동원하는 것이었다.

학교의 연성 교육 체제화를 위해 당시 일부 여학교에서는 여학생에게도 군사훈련을 실시하였다. 훈련의 목적은 직접적인 전쟁 참여라기보다는 정신 무장을 위해 실시되었다. 1942년 여학교 교장의 설문을 보면 아래와 같다.

> … 여자에게도 군사훈련의 절대필요를 느낍니다 … 지금과 같이 국가가 비상시에는 국체적 국가관념을 인식식키는데 필요하거니와 아직까지 전시 생활에 경험이 없는 조선가정에 여학생을 통하여 훈련을 철저히 시키고 싶습니다송금선, 성신여자실업학교장. ; … 여학생들에게 군사훈련을 과한다는 것은 군사적인 점보다는 정신적인 점에 있다고 생각되는데 그보다 여성으로서 감당할 수 있는 각 부문의 실무훈련을 시키는 것이 더 효과적이 아닐까요배상명, 상명실천여학교장. ; … 여학생에게 군사훈련은 필요합니다. 무력적 훈련이라기보다 심신연마에 시국적 의무라고 생각합니다이숙종, 성신종정여학교장.

학도 동원 추진 과정에서 고등여학생은 방직공장 등에서 근로 동원이라는 이름 아래 육체노동을 하였다. 일제는 1944년 8월 23일 '여자정신근로령'을 공포하여 만 12세 이상 40세 미만의 국민등록을 한 배우자 없는 한국 여성을 징용하여 일본 본토 및 전장으로 보냈다. '국민등록을 한 여자'란 학도동원령의 적용을 받는 자를 제외하는 것이다. 즉, 국민등록은 여성의 경우 기능자12세 이상 40세 미만으로 중등학교 정도의 광공계 졸업자, 또는 실력과 경험에 의하여 광산 기술자, 전기 기술자 등으로 현직에 취업하고 있는 자 또는 일한 적이 있던 자만 가능하였다. 여기에 조선 여성의 경우 이 법령이 적용될 대상은 극히 소수였기에 지원할 경우에도 대원이 된다고 하였다.[58] 그런데 일본과 달리 정신대와 군위안부가 조선에서는 구분 없이 혼용되고 사실상 군위안부로 동원되었다는 점과 조선 내에서 주로 하층 계층을 대상으로 정신대의 징용이 이루어졌다는 점을 감안할 때, 민족 차별과 성 차별만이 아니라 계층 차별이 동시에 조선인 여성의 동원 과정에서 이루어졌음을 볼 수 있다. 따라서 식민 교육의 이념과 내용은 식민지 여성에게는 남성과는 또 다른 차별과 억압을 강요하는 것이었다.

3. 새로 만들어지는 모성

모성은 국가의 성격이나 필요에 따라 만들어지며, 동원되었다. 조선에 이어 일제 역시 여성의 모성을 이용하였다. 1920~30년대의 '과학적 모성론'은 전시체제로 들어가면서 인적 자원을 확충시킬 필요성이 대두되면서 '다산 정책'으로 전환되고, 뒤이어 전시체제가 강화되면서 '군국의 어머니' 혹은 '황군의 어머니'가 찬양되고 말기에 가서는 직접 '근로동원'을 하기 위해 '근로 여성상'을 추가하였다.

이처럼 동원의 양태는 다양하게 변환되었지만 기본적으로는 가족제도를 유지하는 여성상에는 변함이 없었다. 여성의 많은 속성 중 모성만을 강조하여, 여성을 어머니로 본질화시키는 기제와 구조는 여성 억압 혹은 가부장제 강화와 연관되어 있다.[59] 식민국가가 강요하는 여성상, 남성 주도의 민족주의 세력 혹은 민족 담론에서 그려내는 여성상은 가정에서 '국민혹은 2세'의 재생산과 근대 국민의 자질을 갖추기 위한혹은 민족 국가와 민족의 독립을 위한 교육을 담당하는 역할을 상정하고 있다는 점에서 같다.

58 한국여성연구소 편(1999), 『우리여성의 역사』, 374~375.
59 조 은(1997), 모성의 사회적, 역사적 구성: 조선 전기 가부장적 지배구조의 형성과 '아들'의 어머니, 『사회와 역사』.

일제는 근대 국민을 재생산해야 한다는 사회적 국가적 의무를 중심으로 현모양처가 이끌어가는 가정을 중시하였으며 가정을 '국민' 양성의 제1차적 교육기관으로 보았다.[60] 당시 일본에서는 국민화 과정 속에서 '국민'의 재생산과 관련하여 여성을 하나의 국민으로 인식하기 시작하였으며, '가족심家族心'을 생명으로 여겨 세계의 가족화를 갈망하는 국가주의 이데올로기를 주창하였다. 가족심은 출산병사의 출산과 가정을 지키는 것, 즉 국가주의의 근본인 가족의 기반을 굳건하게 지키는 것을 본분으로 여기는 여성의 마음가짐이었다.[61] 일제는 총력전 체제로 들어가는 후반까지도 일본 내에서는 여성의 전쟁 참여를 놓고 '분리형'과 '참가형' 사이에 대대적인 논쟁이 있었으나 결국은 '분리형' 전략을 채택하였다. 이로써 국가가 후방의 여성에게 기대한 것은 '병사를 출산'하는 역할과 '경제전의 전사'로서의 역할, 즉 다산 장려와 근로 동원, 소비자생활개선, 절약과 공출로서의 역할 등이었다.[62] 당시 추축국枢軸国 동맹은 모두 '분리형' 전략을 채택하였다. 나치 역시 여성을 어머니와 동일시했으며, 아내와 어머니로서 친족과 전통을 지키는 이들로 강조하고, 인종적으로 건강한 아이들을 많이 낳고 그들의 마음속에 나치 국가에 대한 흔들리지 않는 사랑을 심어주는 이상적인 가족을 만들어나가도록 요구하였다. 물론 전쟁이 강화되자 여성은 가족을 위해 봉사하는 동시에 국가의 부름에도 적극적으로 응답하는 여성상으로 수정되지만 기본적으로는 가족 내에서의 역할이 우선이었다.[63]

여성의 가정에서의 역할을 그려내는 모성 이데올로기는 자국뿐만 아니라 조선에도 그대로 이식되었다. 다산 정책은 전시체제로 들

60 홍양희(2000).
61 당시 일본의 다카무레는 가족심(家族心)이라는 일종의 국가주의 이데올로기를 주창한다. 우에노 치즈코(1999), 박종철 출판사, 1999, 47~48.
62 우에노 치즈코(1999), 58~76.
63 유정희(2000), 독일: 나치 정권의 여성 정책, 『역사비평』 가을호.

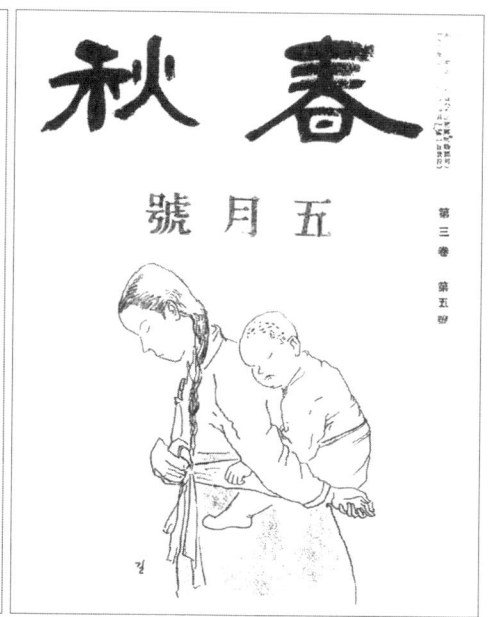

군국의 어머니상을 표현하는 표지(1942. 5, 6월호)

어가면서 특히 강조되었고 일본 본국과 조선 내에서 모두 장려되었다. 아울러 전시체제의 기본 단위인 가정 통제를 강화하기 위해 절대적인 인종과 헌신, 강함의 상징으로서 '모'를 요구했고[64] '모성애'의 봉사와 희생 정신의 확충으로 가족원의 국책 순응의 심리를 유도하고자 했다. 이러한 헌신과 희생의 미덕을 강조함으로써 여성으로 하여금 현실을 감수하면서 가부장적 사회 구조와 식민지 체제 및 전시체제를 지탱하도록 도모하였다.[65]

차세대의 황국신민을 육성하는 데 있어서 가정 교육의 중요성도 강조되었다. 군국의 어머니가 담당하는 가정 교육은 남자의 출전에

64 최정희(1942), 군국의 어머니, 『삼천리』 1942. 1.
65 이만열 외(2000), 1930, 40년대 조선 여성의 존재양태, 『국사관 논총』.

결코 지지 않는 국가에의 최대봉공일 것으로 간주되었다.[66] 중일전쟁 이후의 시국은 점차 많은 노동력을 가정 밖으로 끌어내었으므로 자녀의 교육과 양호가 한층 더 중요해졌으며 결국 이를 수행하는 어머니의 수양과 부덕의 함양에 노력할 것을 강조하였다.

전쟁이 더욱 격렬해지자 이제는 가정에서의 자녀 교육뿐만이 아니라 징병제의 실시에 따라 적극적으로 자식을 전장에 보내는 어머니의 역할이 강조되었다.[67] 전쟁에서 자식을 잃은 어머니를 군국의 어머니 등으로 예찬하고 일본의 다른 전사 군인과 같이 야스쿠니 신사(靖國神社)에 안치하면서, 일반 조선 여성들로 하여금 자식을 전장에 보내도록 선동하였다.[68] 1942년에는 조선에서의 징병제 실시를 발표하였다. 그 결과 병역 의무가 조선의 남자에까지 확대되었고, 징병제도 실시에 따른 선전의 주 대상이 징병의 대상이 될 청소년을 직접 길러 내는 '부녀자층'까지 확대됨으로써 여성의 모성은 국민총력운동에 동원되었다.

이와 같이 가정 내의 모성의 역할을 강조하다가 전쟁의 심화로 노동력이 부족하자 근로동원을 위한 여성의 역할 등 후방을 지키는 여성의 의무를 강조하면서 동원체제 속으로 더욱 강력하게 여성을 포섭하였다.

4. 동화 정책에 편입되는 황국여성

전쟁이 심화되면서 일제는 점차 비상시국임을 주장하면서 비상시국 하의 부인의 힘을 강조하였다. 국민된 자의 책무는 시국 인식을 철저히 하여 국가의 초석이 되는 데 있고, 국가의 초석이 되는 길은 멸사봉공하는 것이며, 여기에 남녀의 다름이 없겠으나 그 봉사의 방

66 박영숙(1940), 22.
67 평북 지방의 다나시로 여사는 남편이 세상을 떠난 후 2남2녀를 키워오던 중 병세가 악화되어 사망 직전 자기의 죽음을 입영 중인 아들에게 알리지 말고 나라의 일을 소홀히 하지 말아달라는 유언을 남기는 미담을 보였다(매일신보 1942. 9. 1.) 등의 기사로 내선일체를 위해 여성, 군국여성 등을 동원하고 있다.
68 안태윤(2000), 일제 말기 전시체제 하의 조선 여성에 대한 모성동원, 한국여성학회 제17차 추계학술대회 자료집.

법은 차이가 있어, 남자는 보국운동에 참가하고 여자는 내조의 역할을 하는 것이었다. 그런데 여자의 내조는 생활의 전부이기 때문에 총후 여성銃後 女性[69]의 임무가 막대함을 인식시켰다.[70]

황국여성이 된 일부 여성은 이러한 일제의 시국 인식과 총후 여성의 임무를 적극적으로 수용하고 내면화하여 일제의 동원정책에 주도적으로 참여하였다. 이들은 진정으로 내선일체가 되어 조선과 일본이 하나가 되기를 바랐고, 대동아공영권 구축에 참여하고 봉사할 수 있는 것을 영광으로 알았다. 이러한 친일 여성은 조선 내의 하층 여성을 계몽하고, 이들에게 정신대·군위안부 등에 헌신해야 한다고 설득하는 것을 자신들의 임무 중의 하나로 인식하였다.

대다수의 여성이 농민과 노동자로서 착취와 억압의 직접적인 대상자로 놓여 있는 상태에서 여성운동의 일부는 노동운동이나 농민운동으로 흡수되거나 무장투쟁·지하운동으로 나아간 반면, 다른 일부는 친일로 전향하며 소극적 동조 혹은 적극적인 친일로 나서 내선일체와 황민화를 앞장서는 부류로 나뉘었다.[71]

이들은 내선일체를 추진하기 위하여 국방부인회나 애국부인회 같은 단체를 조직하여 내선의 부인이 서로 만날 기회가 있게 된 것을 환영하면서 다음과 같이 주장하였다.

69 '총후(銃後)'란 전장(戰場)이 아닌 후방을 의미한다. 따라서 참전은 하지 않았지만 후방에서 국방의 의무를 담당하는 여성을 '총후 여성'으로 지칭하였고, 이 개념은 1930년대 이후 지상(紙上)에 자주 등장한다.
70 『여성』 1940. 5.
71 장하진(1990), 여류명사들의 친일행적: 김활란, 모윤숙, 배상명, 이숙종, 송금선…… 『역사비평』 1990년 여름호.

고유한 조선의 풍속을 알리고 또 내지부인으로부터 내지의 고유한 풍속을 가리켜 받어 내지의 풍속과 조선의 풍속과를 서루 이해하는 가운데 … 동내와 동내가 서루 합하고 가정과 가정이 서루 거래를 시작하야 감정의 융합이 되어야 될 것입니다.[72]

전시 애국부인에 주어진 다중적인 부담

대동아질서의 구축을 위해서 동원된 '인종주의'는 여러 방면에서 나타났다. 황국여성이 된 조선 여성은 다음과 같이 주장하고 있다.

> 그들이[영미] 개인주의 찰나주의 이기주의인 생물학적 인생관에서 자멸을 공작하는 동안 아세아 한 모퉁이에서는 전체주의의 횃불을 들고 그들의 사상에서 혹은 그들의 정치 밑에서 신음하는 황인종을 구하려 나선 것입니다. … 이번에 영미국의 죄상을 들고 알보고니까 참으로 황인종으로서는 견디지 못할—한심하고 분한 일이 여간 많지 안습니다. … 이 대동아의 전쟁은 우리 여성에게 그 승부가 달렸습니다. … 모두가 대일본제국의 평등한 국민이면 그만입니다.[73]

72 이숙종, 내선일체와 부인, 『여성』 1940. 4.
73 모윤숙, 여성도 전사다, 『삼천리』 1942. 1.

세계는 지금 두가지 파로 난호였습니다. … 이 땅우에 사는 모든 민족이 다같이 유무상통하면서 공존공영하자는 일본과 추축국 독일과 이태리가 그 하나이고, 또 한파는 과거침략의 결과인 영토와 권익을 그대로 유지하자는 소위 현상유지파 영국과 미국이 그 하나입니다. … 이 대동아전쟁에 있어 황군에 감사할 줄 알고도 미안히 생각지 않어서는 아니될 줄 앎니다.[74]

즉, 비상시국에 있어서 남녀 역할 구분과 여성 내의 계층 구별 없이 모두가 국가를 위한 책무에서 평등함을 강조하고 있다. 하지만 일본 내부에서는 끝까지 분리형 전략을 고수하여 가정 내에서의 여성의 역할에 중점을 두고 있어 대비된다.

지원병훈련소를 방문한 당시 상층 여성은 규율과 질서, 정돈 등을 찬양하면서 조선의 과거 구습을 한탄하고 진작 이 땅의 젊은이에게 이런 훈련을 시켰어야 했다고 아쉬워 했다. 아울러 여성에게도 이러한 훈련이 이루어지기를 희망하면서 지원병제도를 찬양하였으며,[75] 징병제 실시에 대한 극찬과 감격을 나타내고 있다.

일제는 대동아질서 구축을 위해 가정부인의 '시국 인식'과 '내조'를 강조하면서 정신적인 동원의 초석으로서 가정부인을 적극 활용함과 동시에 이들의 동원을 위한 친일 여성의 협조를 도모하였다. 이들 친일 여성은 대동아건설을 위한 여성의 역할을 강조하면서 '가정에서의 소비절약'과 '국가를 위한 다산' 등의 필요성을 아래와 같이 주장하고 있다.

… 각기 가진대로 대동아건설에 밧쳐야 할 것입니다. 기 중에도 반도 여성으로서는 이 대동아건설에 어떠한 역할을 할 것인가, 남자들에게는 경제

74 임효정, 대전과 여성의 길, 『삼천리』 1942. 1.
75 부인부대와 지원병, 『삼천리』 1940. 12.

적, 정치적으로 대동아건설을 하는 때에 우리 여자들은 정신적 역할을 맡어야 할 것 이외다. … 대동아건설에 우리의 좋은 뇌, 튼튼한 몸, 붉은 정성, 가진 돈은 다 요구될 것입니다. … 반도의 일천이백만 명 여성은 유감없이 대동아 건설에 한목을 단단히 봅시다

… 우생학적으로 장차의 제국 신민은 세계에 어느 민족보다도 가장 우수하게 되어야 하겠습니다. 이 점 특히 착안하여 특출한 어린이들을 개인 본위를 떠나 국가를 위하여 많이 생산하고 양육하여야 겠습니다. …[76]

… 총후를 지키고 있다는 소극적 관념으로부터 한걸음 나아가서 총후에 있어서의 전사라는 기분을 가지고 있어야 할 것이라 생각합니다. … 우리 여성의 무장입니다. 이러한 혼 없이 그저 물자절약, 헌품, 헌금 등의 외형적인 봉공은 마치 인산의 형체는 가추었으되 혼이 없는 인형과 같은 감을 갖게 합니다.[77]

… 우리 반도여성들로서 이때 천직을 다하고 가정살림에 극도로 소비절약을 하여 공채를 살 수 있는대로 많이 사고 물자생산확충에 적어도 하로 한 시간씩 받치고 농장에서 우리가 농사를 짓고 공장이나 광산에 노력을 제공하고 필요하면 제일선에 나가서 군수품을 나르는 일 또는 총을 메고 직접 싸우는 일까지 하는 것이 전승의 길이라 하겠습니다.[78]

1943년 '정신근로령'에 의해 군위안부를 동원하는 과정에서도 그 대상은 주로 조선의 하층 계층이었으며 여기에 상층 친일 여성박마리아, 모윤숙, 고황경, 노천명, 김활란, 허하백, 배상명 등이 동원에 협력함으로써 여성 계층 내에 균열이 생겼다.[79]

76 박인덕, 전승의 길은 여기 있다, 1941. 11; 동아여성과 반도여성, 1941. 11.
77 김활란, 반도 지도층 부인의 결전보국 대사자후. 『삼천리』 1942.
78 박인덕, 1941.
79 정진성(1998), 식민지 자본주의화 과정에서의 여성노동의 변모, 『한국여성학』 4.

이들 친일 여성은 일제 식민통치 체제는 주어진 것이고 국가 차원에서의 협력은 당연히 필요한 것으로 인식하였다. 이들은 전시체제 하에서 국가주의 이념을 완전히 내면화하였고, 진심으로 대동아건설을 위해 헌신할 각오를 하고 이의 전파를 위해 앞장섰다. 즉 이들 친일 여성은 정치적 권리의 획득보다는 여성의 사회적 존재양식에 관심을 가진 계몽주의적 입장에 서 있었다. 사회제도 내의 성차별적인 제도―공창제도, 정조 문제, 결혼한 부인에게 재산권이 없는 등의 법적 지위 문제, 정조에 관한 왜곡된 관념, 변호사직에 대한 장벽 등―를 충분히 인식하고 이에 대한 개혁의 필요성만 주장하고 있다.[80] 즉 이들은 일제 식민국가를 주어진 것으로 여겨 국가의 정통성을 인정하였던 것이다. 따라서 그 개혁론에는 단지 국가 내에서 사회제도상 여성과 관련한 문제에 대한 한정적인 인식과 개혁의 필요성만이 주장되는 한계를 드러내고 있다.

경제적 수탈과 여성 노동력 동원

일제는 식민정책을 수행하는 데 있어서 여성의 중요성을 인식하였으며, 정신적 동원 과정뿐만 아니라 인적 자원의 동원 과정에서 여성 노동력을 주요 자원으로 주목하였다. 기본적으로 가족제도는 천황제 국가를 유지하는 기반이 되므로 일제 식민정책의 대상 여성은 가족을 기준으로 하여 미혼 여성과 기혼 여성으로 대별되었다. 농업정책의 주 대상은 농촌의 기혼 여성층, 공업화 과정에서의 주 대상은 20세 전후의 미혼 여성층이었다. 일제는 농업정책과 공업정책을 추진하는 과정에서 이 두 여성층의 노동을 적극

80 『삼천리』 1940. 3.

적으로 동원하였다. 기혼 여성은 주로 일제의 가족제도를 유지하고 모성 이데올로기를 견지하는 역할을 수행하도록 동원되었다. 그러나 전시 경제 체제로 전환되자 미혼 여성만이 아니라 기혼 여성도 가족제도의 유지보다는 적극적인 근로 동원에 광범위하게 이용되었고, 미혼 여성의 경우 근로 동원만이 아니라 성적인 동원에까지 이용되는 지경에 이르렀다.

이렇게 여성 노동력은 일제 식민시대 초기부터 통제와 동원의 주요 대상이었지만, 일반 여성은 수동적인 정책의 대상만이 아니라 가족의 생계를 담당하기 위해 행위하는 합리적인 선택자이기도 하였다. 따라서 국가, 민족, 계급 구조 속에서의 동원 대상으로서의 여성이라는 거대 구도 속에서, 여성의 행동과 삶은 그 나름의 합리적인 선택의 결과─가족의 생존을 위한 노동 등─로도 설명될 수 있다.

일제의 농업정책과 공업정책 및 전시 동원 체제가 전개되는 과정에서 다양한 여성층이 동원되었지만 그 대부분은 인구의 80%를 차지한 농민 가운데 그 반수를 차지한 농촌 여성이었다.[81] 일제가 실시한 '토지조사사업'과 '산미증식계획' 등 각종 농업정책은 농촌의 해체를 가져올 정도로 농촌에 지대한 영향을 미쳤다. 여기서 가장 크게 영향을 받은 계층이 농촌 여성이었다. 농촌 여성의 노동력은 일제에 의해서도 동원되었으며 가족을 먹여 살리기 위한 가부장적 가족제도에 의해서도 동원되었다. 그럼에도 농촌 여성은 보이지 않는 노동자로 존재했다. 실제 남성 농업자에 대한 여성 농업자 비율은 1 대 0.8로서 여성은 남성과 거의 비슷한 비율로 농사일을 하였다.[82] 그럼에도 노동자 속

81 1930년 현재 총인구 20,256,563명 중 조선인은 19,685,587명이며, 이 중 농업인구가 15,853,332명으로서 80.5%를 차지하고 있다. (이여성 외, 4집, 60~62쪽). 1910년 당시 조선은 인구 구성, 각 산업 부문의 생산, 무역 등 그 모든 것이 90% 이상 농업에 의존하고 있었다. 문정창(1965), 상, 184; 조선총독부(1940), 35; 1875~1905년 30년 사이 농촌과 도시의 인구 분포는 95:5의 비율이었다. 권병탁, 「이조 말기의 농촌직물수공업 연구」, 영남대 경영연구, 1969.

82 조선총독부, 『조사월보』 1944. 2.

에 농촌 여성은 분류되지 않았으며, 농부 속에도 이들 농촌 여성의 노동력은 연상되지 않는다. 이렇게 여성 농촌 노동력은 정당한 노동을 평가해 주지 않으면서도, 노동력 동원의 대상으로는 가장 먼저 인식되고 있었다.

1. 농업정책과 농촌 여성의 동원

일제의 토지조사사업은 농촌 여성의 삶에 가장 큰 영향을 미쳤다. 토지조사사업은 농촌과 가족을 해체시켰다. 1920년대 진행된 농촌 해체는 도시로의 이출^{移出}을 가속화시켰지만 1929년 세계공황의 여파로 도시의 공장이 문을 닫기 시작하면서 다시 귀농이 시작되고, 그 과정에서 농촌의 노동력은 과잉 축적되었다. 그러나 1930년대 후반부터 다시 일제 징용과 징병이 이루어지면서 농촌의 남성 노동력이 부족해지고 이 빈자리를 농촌 여성의 노동력으로 채워야 했다.

조선시대 일반 여성이 가정 내에서 농사일과 부업 등 가족을 위한 생산과 재생산을 반복한 것과 같이 일제시대의 일반 농촌 여성은 가정에서 가사와 농사뿐만 아니라 기타 부업을 해야 생계를 꾸려갈 수 있었다.

1905년 보호조약 체결 이후 일제는 조선에서의 토지조사사업을 실시하고, 면작물 재배 등을 강조하면서 농촌 사회에 직접적인 영향력을 행사하기 시작하였다. 농촌 사회에서 일제가 추진한 농업정책은 크게 미작 등 곡류의 생산을 장려하는 '보통 농사'와 '면작', '양잠', '축산' 등으로 대별될 수 있다. 이러한 일제의 농업정책이 농촌 일반 여성에 미친 영향은 연령층별 혹은 혼인 여부에 따라^{주로 20세 전후의 미혼 여성과 부녀자층} 상이하였다.

농민은 빈궁민으로   농촌의 가족 해체 현상에 결정적으로 영향을 끼친

정책은 일제의 '토지조사사업'과 '산미증식계획'이다. 이로 인해 농촌은 해체되고 농민은 분화되어 자작농은 소작농으로, 대부분의 소작농은 다시 머슴이나 품팔이꾼이라는 농업 노동자 계급으로 전락하였다.

'토지조사사업'은 1908년 설립된 동양척식회사가 중심이 되어 1910년에 시작되어 1918년 완성되었다. 이로 인해 근대적인 소유권제도 등의 확립이 이루어졌다고 하나, 일제의 본래 의도는 토지의 강탈이었으며 그 최대의 희생자는 농민이었다.[83]

1910년 당시 조선 내 농가 총수는 200만 여 호며, 경지 총면적은 450여 만 정보에 달하였다. 그

토지조사사업 시행 당시 토지신고서 양식

러나 1918년 토지조사가 완료된 후, 일본인은 조선인 농민 150여 만 호로부터 이들이 세습적으로 농사를 지어온 약 200만 정보에 달하는 토지의 점유권을 탈취하여 그 중 약 50만 정보는 조선총독부와 일본인 자신들이 차지하고 나머지를 조선인 신생 지주에게 넘겨 주었다.[84]

그 결과 농민은 토지로부터 유리되어 영세

83 인정식(1949), 『조선농업경제론』, 48~19.
84 토지조사사업보고서 조선총독부 통계년표, 문정창(1965. 상)에서 재인용.

:
:
지적도 작성을 위한 계산을 하고 있는 모습

소작농 혹은 농업 노동자로 전락하였으며, 일부는 도시의 임금 노동자가
되었다. 반면 일본 대지주층과 일부 조선인 지주 중심으로 토지의 집중
소유가 이루어지면서, 자작농과 자작 겸 소작농은 모두 감소하고 경작농
민의 대부분은 소작농 혹은 농업 노동자, 심하면 부랑민이 되었다.[85] 이
과정에서 농지 경지 규모의 영세성은 더욱 가속화되었다. 그리하여 논의
70%를 지주가 소유하고 30%만이 자작농이 소유함으로써 중간 계급이
몰락하고 소수의 지주와 다수의 소작농이라는 양대 계급으로 분화되었
다(〈부표 1〉 농민의 계층적 분화 참조). 그 지주 중
에는 일본의 재벌이 상당해서 조선의 농촌은
계급적으로뿐만 아니라 민족적으로까지 이중
의 억압을 받게 되었다.[86]

85 김경재(1926), 농촌문제의 전개 경향(1),
　(2), 『개벽』 1926. 5 ; 1926. 6.
86 馬鳴, 농업공황과 농민의 몰락과정, 『동광』
　1931. 4.

토지수탈의 중심기관인 동양척식주식회사

　　1929년 일본의 대풍과 1930년 조선의 대풍으로 쌀값이 폭락하자 이
부담은 고스란히 조선의 농민이 떠안아야 했다. 산미증식계획의 실시로
매년 쌀이 증수되고 1929년 일본의 대풍[87]으로 쌀값이 폭락하자, 일본은
조선미의 '월별평균이출제한'을 가하였다. 이 제한으로 대부분이 빈농인
조선 농민은 수확기에 급히 돈을 변통할 수 없어 이들의 빈궁화는 가속
되었다.[88]

　　그나마 생산한 이익의 2/3는 소작료와 기타 농작 자금, 비료 대금, 농
업 자금 등의 부채 및 각종 부담금으로 지불
해야 했다. 그러나 쌀값 폭락으로 부채 상환
은 커녕 지세나 수세, 각종 공과금조차 지불
할 수 없었다. 1930년 쌀값 폭락 결과 전국의
금융조합원 한 사람 당 평균 200원의 빚을 진
상황이었다. 그러나 이 빚은 곡가가 폭락하면

87 1930년 대풍작으로 인해 조선미 생산량은 전
　　년 대비 48% 증가, 일본미는 12.3%가 증가되
　　었다. 申泰翊(1930), 증수로 인한 미가폭락과
　　조선농촌경제의 凋落, 『별건곤』 1930. 11.
88 馬鳴, 조선 사람의 운명을 制하는 당면의 농
　　촌 정책 문제, 사회는 모름즉이 큰 주의를 이에
　　던지라, 『별건곤』 1930. 11.

서 갚을 길이 없어졌고, 중농층의 태반은 파산하였다.[89]

빚을 진 것은 소작 농가만이 아니라 대중소의 지주도 거의 마찬가지다. 식산은행, 동양척식회사, 금융조합에 문권이 저당권 설정이란 형식으로 들어가 있고 이에 대한 이자 혹은 변상은 추수 후 하게 되었다. 그러나 쌀값이 폭락하여 쌀을 팔아도 빚을 충당하지 못하자 그나마 가진 토지를 팔 수밖에 없는 상황에 직면하게 되었다.

과잉노동력의 축적과 농촌 공동화, 그리고 여초 현상　농민의 경지 규모가 영세화되는 과정에서 농촌의 노동력은 과잉 축적되었으며, 그 결과 생계를 위해서 토지에서 유리된 농민은 도시로 혹은 북부나 해외로 이주하였다. 즉 농민이 노동자로 전락하고, 산에서는 화전을 금하니 화민이 떠나고, 들에서는 소작을 하려 해도 최저의 임금도 못 얻으니 가족 생활을 유지할 수 없을 뿐 아니라, 그것조차도 얻어 부칠 수가 없어 소작인이 떠났다. 그리하여 만주나 시베리아로 농터를 찾아가는 사람이 많았고, 혹은 동경, 대판, 북해도 등지로 일하러 가는 사람도 적지 않았다.[90]

이에 더하여 식민지 조선에서 일제가 추진한 공업은 파행적·기형적으로 성장하여 조선조 말엽 농가의 부업적 공업인 기직업, 요업, 제지업, 양조업, 금은가공업 등의 가내 수공업을 해체시켰다. 가내 수공업의 해체 과정도 농가의 몰락 과정을 가속화시켜 농민의 유랑화를 촉진시키는 데 기여하였다.[91]

공업화 과정에서 대다수의 소작 농민은 도시 노동자 또는 농업 노동자로서 흡수되지 못했고 예나 다름없는 봉건적인 영세농적 생산

---

89 1930년 미가폭락으로 전국 금융조합원 621,922명의 부채는 116,238,816원이며, 이 중 이들의 예금과 적립금을 제하면 40,957,947원이 부채 실액이었다. 매일신보 1930. 12. 6(2면).
90 김병제, 근로자화하는 조선의 농민, 『조선농민』 1929. 12.
91 김문식(1971), 일제 하의 농업, 아시아문제연구소『일제의 경제침탈』, 민중서관.

양식 하의 순수한 소작농으로 재편성되거나, 도시와 농촌의 화민 혹은 궁민이 되고 말았다.[92] 그 결과 농촌에 과잉노동력이 존재하면서도, 이들이 토지와 연결되지 않아 사실상의 농촌 공동화라는 모순적 현상이 공존하였다.

농촌 여성의 노동, 농사와 부업 농촌 여성은 노동의 성별 분업 때문에 마치 농사일을 하지 않은 것 같으나 실은 가사노동에 농사일, 밭일, 그리고 농가 부업까지 수행하였다. 농가 부업정책은 총독부가 농한기를 틈타 가계 수입을 올리기 위한 농가 갱생정책의 일환으로 추진하였다. 그러나 농촌 여성의 생활이 한가한 적도 없었으며, 농사는 기본적으로 가족 단위로 이루어졌기 때문에 여성이 농사일을 하지 않은 적도 없었다. 이는 순전히 기존의 농촌 여성에게 추가 노동 부담을 지우는 것이며, 남성 노동력을 대거 동원하기 위해서 가계의 생계를 여성의 책임으로 돌리기 위한 것에 불과했다. 그러면서도 여전히 여성은 집안일만 하는 것으로 인식되었다. 실제로 가계를 위해 직물을 짜는 등의 부업에 종사해도 그 상품을 내다 파는 것, 즉 시장과 연결된 자는 남성이기 때문에 상품 생산의 결과에서 농촌 여성은 항상 소외되어 왔다.

1920~1930년대는 농촌 해체와 공업화가 맞물려 도시로의 이주가 가속화된 시기였다. 도시와 농촌 인구의 증가율을 보면, 1925~1930년, 1930~1935년 동안 농촌 인구는 각각 5%, 8.3% 증가한 데 비해, 도시 인구는 각각 38%, 48%가 증가하여, 농촌의 인구분

[92] 1935년 당시 전조선의 화전민수는 151,000여 명(『조선중앙』 1935. 1. 26). 궁민 총수는 177,000여 명(『조선중앙』 1935. 3. 3)에 달하였다. 실업자 수는 97,050명으로 이 실업자수는 만주 이민으로 전년 대비 약 9% 감소한 수치지만 농촌(경남북과 전남북이 제1위)에서는 상대적으로 실업자수가 증가, 이는 농촌의 피폐가 상대적으로 더 큼을 보여 주는 것이다(『조선중앙』 1935. 6. 29). 현해탄을 건너는 빈농이 540,000여 명을 돌파하였고 그 중 약 반이 남조선의 빈농이었다(『조선 중앙』 1936. 3. 10).

산과 도시 집중화 현상이 뚜렷했다. 이런 현상은 1930년대 후반에도 뚜렷하여 총인구에 대한 도시 인구의 비율도 1930년 4%에서 1944년에는 12%를 차지하였다.[93]

이렇게 도시로의 이동이 진행되면서 농촌에서는 남녀 성비의 변화가 나타난다. 전국 기준으로 1935년 여성을 100으로 할 때 남성이 차지하는 비율이 103이던 것이 1940년 101.7, 1944년 98.9가 되었다. 1944년의 남부 4도를 보면 전북이 95.9, 전남이 94.6, 경북 96.5, 경남 96.8로 생산 연령층의 남녀 비율에서 여초 현상이 나타났다.[94] 이것은 대부분의 농촌 남성이 일자리를 찾아 도시와 북부 지방으로 나가고, 전시체제가 강화되면서 징용된 남자를 대신해 농촌의 빈자리를 여성이 채웠던 사실을 말해주는 수치다. 따라서 농촌에서는 가정에서의 노동뿐만 아니라 남자가 담당했던 몫까지 농촌 여성의 노동으로 충당될 수밖에 없었던 것이다. 그 결과 농촌의 노동력은 여성화·노령화되었다.

대다수가 소작농화 혹은 궁민화된 농가의 안정 대책은 일제 식민체제의 유지를 위해 절대적으로 필요하게 되었다. 이를 위해 일제는 농가의 안정을 위한 농가 부업을 적극 장려하였다. 1940년 조선총독부 농림국의 〈조선농가경제의 개황과 그 변천〉에 의하면, 농촌 수입의 반 이상을 부업에서 얻었다. 즉, 대부분의 농가에서는 면화 재배와 양잠, 양축, 가마니 짜기 등의 생산에 종사하여 생계를 유지하였으며, 이러한 부업의 주 담당층은 바로 농촌의 기혼 여성이었다.

이처럼 농촌의 부업은 기본적으로 농가 수입의 증대를 위하여 행해진 것이었으나 여성의 노동을 부차적·주변적인 노동으로 간주하는 가부장적 농업정책이었다. 이러한 농가

93 이상의(2000), 일제 하의 노동력 이동과 구성, 하현강 교수 정년기념논총, 『한국사의 구조와 전개』, 혜안, 852~853.

94 김성례(1995), 일제말기 노동력 수탈 정책, 광복50주년 기념사업위원회, 『일제 식민정책 연구논문집』, 39.

부업은 여성 노동 착취의 또 다른 단면으로서 가계 부양의 책임을 여성에게 지우는 자본주의 생산양식과도 결부되어 있다.[95]

가부장적 구도 속에서 농촌 여성은 가족의 생계를 위해 추가 노동을 담당했으며, 이는 자발적이고 주체적인 선택이기도 했다. 이 당시 농촌 여성에게 가장 중요한 것은 가사노동과 생계를 위한 농사일 밭일 등이었으며, 농촌 여성 자신도 스스로를 일꾼으로 생각하면서, 이러한 일꾼으로서의 역할이 어머니의 역할보다 중요하게 생각했다.[96]

산미증식 계획의 중단, 남면북양 정책으로의 전환　일제가 추진한 농업정책은 일본 국내의 제반 사정, 특히 독점자본의 수출이라는 식민지 본국의 자본주의적 이해와 조선에서의 농촌 사회의 안정을 어느 정도 유지해야만 했던 총독부의 입장과의 역학관계 속에서 결정되었다. 조선을 상품 시장, 원료 공급지, 식량 공급지로 인식한 일제는 쌀과 면화, 잠사 등을 중심으로 한 농업 진흥정책을 농촌에서 추진하였다.

일제는 농가를 갱생한다는 명목 하에 면화 재배, 잠견 등 농가 부업을 장려하면서 농촌 여성의 노동력을 대대적으로 동원하였다. 농촌 여성이 사실상 가계 부양자 역할을 담당하고 경제의 중심적 역할을 수행함에도 불구하고, 여성의 가사 외 노동은 부업으로 격하되었다. 뿐만 아니라 부업이라는 것은 한가함을 전제로 하는데 사실상 농촌의 여성은 한가한 적이 없었다. 이는 노동력의 추가 착취로서 남성의 두 배 혹은 세 배의 노동을 농촌 여성이 실제로 담당하게 만드는 정책이었다.

일제는 1910년 실시한 미작개량정책에 이어 1920년대는 산미증식계획을 추진하였으

95 정진성(1988), 식민지 자본주의화 과정에서의 여성노동의 변모, 『한국여성학』 4, 88.
96 윤택림(2001), 『한국의 모성』, 미래인력연구원, 48.

쌀 증수 600만 석과 일본으로의 이출 제한(『별건곤』, 1930. 11)

며,[97] 이를 위해 미곡 증산을 중심으로 하는 산업구조의 재편성에 착수하여 1929년 이후 쌀 중심의 단종경작형 산업구조를 확립하였다. 그러나 1929년 일본의 대풍작으로 일본 국내에서도 쌀값이 폭락하자 일제는 조선 쌀의 일본 이입을 통제하였으며, 1934년에는 조선에서의 산미증식계획을 일단 중단하였다.

산미증식계획에 대신하여 1933년에는 본격적인 남면북양南棉北羊 정책을 전개하였다.[98] 양잠업 역시 통감부 설치 이래 일제가 권장한 업종 중의 하나인 바, 각종 잠업전습소, 잠업강습소 등의 장려기관을 설치하였고, 1919년 잠사령 등 각종 훈령을 발하여 잠업의 개량 장려를 도모한 이래 잠견 생산을 강요하는 등 기존의 농업정책을 바꾸었다.[99]

일제가 이처럼 1930년대 전면적인 농촌 수탈 정책의 일환으로 면화 증식정책을 세운 이유는 조선의 풍토가 면화 재배에 호적지라는 조건 이외에 이미 약 100만 호의 농가가 면화의 재배지였다는 점, 면화 재배는 농가 부업으로서 가능하다는 점, 면화는 부녀자의 노동

97 착목할 일본의 이민 정책(『개벽』, 1926. 8). 즉, 산미증식계획이 국내 수요를 충당키 위한 것은 아니었고 쌀이 증산되어도 국내의 빈곤은 여전했다.
98 조선총독부(1940), 『시정 30년사』, 317; 김문식(1971), 식민주의를 위한 기초 조건의 구축, 『일제의 경제침탈사』, 민중서관.
99 김운태(1999), 『일본제국주의의 한국통치』, 박영사, 491~492, 505~506.

에 적합하며 수입이 많아 농가 경제상 유리한 작물이란 점이 고려된 것이었다.

면화의 대대적인 재배를 장려하고 대량으로 수탈할 목적으로 1933년부터 면화공동판매제도 및 면화취체규칙이 제정되어 면화의 철저한 수탈이 강행되었다. 이 면화공판제가 실시되면서 전통적인 농촌 가내공업으로서의 수직 공업이 해체되고 방직 제품의 농촌판로가 개척되었으며 그로써 조선 농업은 자본주의 경제 체제 속으로 편입되기 시작하였다. 부녀자의 노동은 면화 재배에 투입되었다. 이 과정에서 여성의 노동은 식민지 자본주의 체제 내로 깊숙이 동원되었다. 그러나 이러한 상품 경제로의 편입은 일제의 공판제라는 수탈 장치에 의해 왜곡되었다.[100] 즉 생산된 면화는 저렴한 가격으로 강제 공동판매되었고 농민은 필요시 시장에서 이보다 높은 가격으로 다시 구매해야 했다.

> 요사이 경상남북도에서는 면화의 판매를 생산자인 농민에게 강요하는 일이 잇다. 그리하야 자긔집에서 소용할 조면을 방지하기 위하여 수조기와 베틀 등을 공동보관이란 이름 밋혜서 도청 기수와 군청원들이 가져갓다 한다 … 자가용 조면까지 금하는 것은 그 진의가 산업행정의 구실 밋혜 소수의 장사배와 암암한 가운데 결탁하는 비난의 혐의를 면하기 어려울 것이다.[101]

일제 식민국가는 면화 재배는 장려하였지만 일본 면방 기업의 이익을 보호하기 위해 면화의 조면繰綿은 금지하였다.
따라서 면방 기업의 이익과 관련이 없는 면화 이외의 직조는 장려하였다. 여성의 노동력을 동원하여 공동 직조를 하는 과정에는 총독부

100 권태억(1989), 『한국 근대면업사』, 일조각, 166.
101 김도현(1930), 미가폭락시절을 당한 궁농민의 이중적 곤란과 궁핍, 『농민』 1930. 12, 4~6.

：
일본으로의 이출을 위해 목포항에 집적된 면화

가 깊숙이 개입되었다. 1929년 강원도 홍천군에서는 도의 지방비 보조로 공동 작업장을 설치하여 일반 조합 부녀자들이 명주 등속과 일본인용 옷감 하부다이珝二重 등을 짜서 타지방으로 판매하게 했다.[102] 춘천군의 경우도 농민 구제책의 일환으로 "명주와 뵈베를 짜서 옷감을 맨드는 등 가정 공업을 부활" 할 예정이었으며, 총독부 식산국에서는 농촌진흥운동의 일환으로 농촌의 잉여 노력을 공업화한다는 견지에서 농촌의 직물업 장려 방침을 수립하였는데, 농촌 여성 특히 부녀의 노동력이 동원의 일차 대상이었다.

일제는 농촌 피폐의 최대 원인이 야외 노동을 하지 않기 때문이라고 지적하면서 정책적으로 부녀의 옥외 노동을 강조하면서 12세 소녀로부터 70세 노인까지도 동원하였고,[103] 양잠도 적극 장려하여 1930

102 권태억(1989).
103 정진성(1988), 억압된 여성의 주체 형성과 군 위안부 동원, 『사회와 역사』 60권.

목화 고르기 작업에 동원된 농촌 여성

년 당시 잠업 인구는 전 농업 인구의 3%에 이르렀다. 그 중 여성이 95.6%를 점하고 있는 것을 볼 때 농가 부업은 거의 여성의 손으로 이루어졌음을 볼 수 있다.[104]

강제공출을 위한 농촌 진흥정책 1930년대 말부터 농촌은 다시 식량 공급 기지로서의 역할과 노동력 공급기지로서의 역할 두 가지를 동시에 수행해야 했다. 그동안 농촌에 과잉노동력이 존재했지만, 1930년대 말 이후에는 조선 농촌 내에서도 노동력이 부족하여 추가 노동력 공출

104 한국여성연구소(1999) 『우리 여성의 역사』, 청년사, 320.

은 한계에 봉착하였다. 전시체제로 들어간 이후 조선의 농업생산을 증대시키는 것도 시급한 과제가 되어 1940년 중단되었던 산미증식계획이 다시 실시되었다.

이 시기 일제는 강제공출을 위해 1940년에서 1945년 6개년 간 650만 석의 증산을 목표로 하는 '신산미증식계획'을 수립하였다. 강제공출 대상은 미곡뿐 아니라 기타 각종 잡곡, 면화, 마류 등 특용작물, 채소 심지어 송탄, 송지, 고사리 등에 이르기까지 40여 종의 농림산물 전부가 그 대상이었다.[105]

'식량공급기지'와 '노동력 공출 원천'으로서의 역할이라는 이중적인 책무가 동시에 조선 농촌에 떠맡겨졌다.[106] 그런데 농촌에 대한 이중적인 책무의 부과는 대부분의 남성이 도시로 일자리를 찾아 나서고, 징용 등으로 농촌을 떠난 상황이었기 때문에 고스란히 농촌 여성의 몫이었다.

농촌진흥정책과 농공병진정책을 추진한 1930년대는 일제 농업정책의 전환점으로 볼 수 있다. 1930년대 초반 농촌의 경제 피해가 극심해지자 소작쟁의, 수리조합 반대투쟁, 호세 반대투쟁, 강제농정 반대투쟁 등 생존권 옹호 투쟁이 격렬해지는 상황에서, 1931년 만주사변이 발발하자 총독부 측은 체제 위기를 극복하기 위한 비상대책으로 1932년 7월 농촌진흥운동을 입안하였다.[107] 이 정책은 1920년대 말 세계공황과 1930년대 조선의 농업공황 등을 타파하기 위한 체제 안정화 정책으로 일제가 채택한 것으로 볼 수 있다.

1934년 조선농지령 시행의 기본 목적도 중농층의 육성으로 농촌의 안정을 통해 농촌 사회의 정치·경제적 위기를 극복하면서 농촌

105 인정식(1949), 『조선농업경제론』, 박문출판사, 90~91.
106 허수열(1985), 조선인 노동력의 강제동원의 실태, 차기벽 엮, 『일제의 한국식민통치』, 정음사, 305~307.
107 지수걸(1999), 일제의 군국주의 파시즘과 '조선농촌진흥 운동', 『역사비평』 여름호.

의 과잉노동력주로 하층 빈농층을 일제의 공업화와 만주침략을 위해 이용하려는 의도를 가지고 진행된 것이었다.[108] 즉, 농촌의 안정이 유지되지 않고는 식민지 체제의 위기가 도래할 수 있다는 인식 하에 총독부는 지주층의 이해를 반영한 식민지 본국의 입장과는 달리 중농층의 안정을 선택하지만, 이것도 근본적으로는 지주 자본가의 이익이 침해되는 정도는 아니었다. 동시에 이 농지령은 다수 빈농의 이익은 고려하지 않고 있었다. 1933년 3월 발표된 '농가

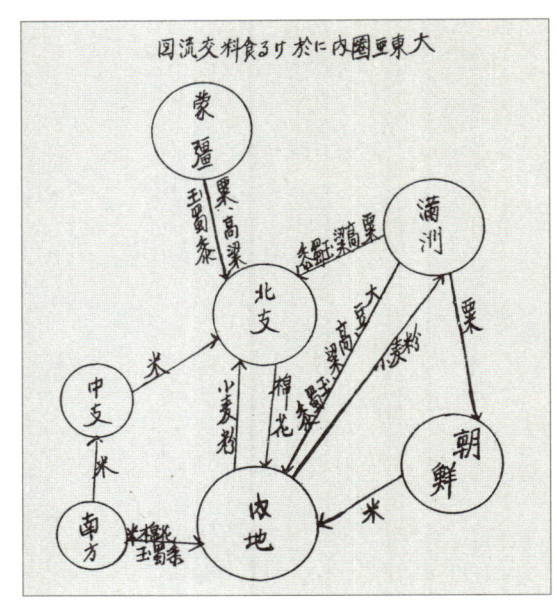

일제가 구상한 대동아권 내의 식량교류도
(조선총독부 『조사월보』 1943. 1)

경제갱생 계획 수립에 관한 건'의 기본 목적도 자력갱생을 표방하고 있지만, 기본 목적은 농민수탈을 보다 효과적으로 강행하려는 데 있었다.

전쟁의 위기가 고조되고 1937년 중일전쟁이 발발되자 일제는 농공병진정책을 더욱 적극적으로 추진하였다. 총독부는 '자력갱생'보다는 '내선일체'를, 개별 농가의 '안정'보다는 부락 단위의 '증산'을 중시하면서 조선의 농촌을 재편성하였다. 1941년에는 부락별 공동 노동을 장려하기 위한 '농촌노동력조정요강'이 발표되었다. 이 요강은 공동 작업에 관한 일반적 방침, 부인 작업에 관한 방책, 학생, 생도 및 아동의 동원 방책 세 부분으로 구성되어 있다. 부인 작업과 관련해서는 공동취사

108 정연태(1995), 1930년대 일제의 식민농정에 대한 재검토, 『역사비평』 1995년 봄호.

표백공장에서 일하는 사람들

등 '가사공동시설을 확충할 것', '부인작업반을 편성할 것', '부인공동 작포를 확충할 것', '부인지도원의 활동을 촉진할 것'[109] 등이 주요 내용 이었다. 생산 조직을 개별 농가 단위에서 부락 단위별로 재편성함에 따라 부인 노동력도 훨씬 조직적으로 동원되었다. 1941년 전국 농촌에 편성된 공동작업반의 수는 약 45만 여 개였으며, 부락당 평균 세 개씩의 남녀 작업반이 있었다. 이러한 수치는 농촌의 전 가족이 이 공동작업반에 편성되었으며 부인 역시 남자와 거의 동일한 수준으로 동원되었음을 보여 준다.[110]

이와 동시에 설치된 계절 탁아소는 종래의 사회사업의 일부로서가 아니라 전쟁의 상황

109 조선총독부, 『조사월보』 13권 4호, 1942.
110 조선총독부, 『조사월보』 1941. 4.

에서 농업 노동력 대책의 일부로서 여성 노동력을 동원하기 위해 추진된 것이었다. 탁아소의 수도 확대되어[111], 1940년 11,979개, 탁아 수 311,648 명이던 것이 급격히 증가하여 1942년에는 34,711개소, 탁아 수는 915,003명으로 세 배 이상 급증하였다.[112]

2. 독점자본을 위한 여성 노동의 동원

보이지 않는 노동자 18세기 이미 자본주의가 진행된 유럽에서도 집안에서의 여성 노동은 결코 돈으로 환산된 적이 없었다. 시골 여성들이 가내 수공업이나 농업 또는 노상에서 돈을 벌기 위해 일하는 경우에도 이들은 돈을 버는 사람이 아니라 보수가 지불되지 않는 가사를 처리하는 사람이라는 생각이 지배적이었다.[113] 조선의 상황도 마찬가지였다.

조선에 이식된 제국주의의 기형적 자본주의는 반#봉건, 반#자본주의 형태로 나타났다. 공업화가 진행되면서 대규모 공장이 건설되고 가내 수공업이 해체되기 시작하였지만, 여전히 가내 수공업에 종사하는 호수는 600만여 호에 달하였다.[114]

가내 수공업이 여전히 존속할 수 있었던 요인은 농촌의 잉여 노동력이 많고, 생활이 빈궁하며, 수공업의 기계화가 이루어지지 않았기 때문이다. 1939년 기준으로 가내 수공업은 공장제 생산을 포함한 총 생산액의 22% 정도를 유지하고 있었다.[115] 〈표 2〉에서 보는 바와 같이 가내 수공업 중 식료품 공업은 가내 수공업 총생산액의 45.8%를 점하여 1위를 차지하고 그 다음에는 방직 공업이 총 생

111 1941.11. 총독부 내무, 농림 양 국장은 도지사에게 탁아소 설치 장려통첩.

112 조선총독부, 『조사월보』 1942. 3, 40~41; 1944. 11, 20~23.

113 나탈리 데이비스 외 편, 조형준 역(1994), 『여성의 역사 3(상): 르네상스와 계몽주의의 역설』, 새물결, 63.

114 이여성 외(1929), 『숫자(數字) 조선연구』 5집(영인본), 세광출판사, 8.

115 1939년 기준 공장생산액 1,498,277,426원 중 가내 수공업은 328,560,875원을 점하여 총 생산액의 22%를 차지하고 있다. 조선총독부, 『조사월보』 1941. 3.

| 표 2 | 가내 수공업 업종별 생산액

(단위 : 원)

	방직	금속	기계기구	요업	화학	목제품	식료품
생산액	44,860,395	4,376,970	4,613,320	7,080,465	39,791,048	10,290,599	150,546,591
%	13.7	1.3	1.4	2.2	12.1	3.1	45.8

출처:조선총독부 『조사월보』 1941. 3.

산액의 13.7%, 화학공업이 12.1%를 차지하였다.

이러한 식료품 공업이나 방직 공업은 대부분이 값싼 여성 노동으로 이루어졌다. 이 분야에서 대부분의 농촌 여성 노동이 흡수되었지만 공식적인 통계에서 잡히질 않았다. 이러한 상황은 유럽에서도 마찬가지다. 19세기 말 마지막 30여 년 간 분업화되고 합리화된 의복 제조업 분야가 가내 노동이라는 방식으로 집 안에 있는 거대한 서민층 주부로 구성된 여성 노동 시장을 포섭했다. 이들은 공장과는 분리된 자기 집에 틀어박혀 보조 임금을 얻기 위해 가내 노동을 담당한 층으로 인식되었다.[116]

이 시기 가내 수공업과 공장제 기계공업의 공존은 농촌의 해체와 과잉 노동력의 축적 등 사회 제반 요인과 결합함으로써, 기혼 여성은 여전히 농촌에서 가내 수공업의 생산을 담당하고, 20세 전후의 미혼 여성층은 도시로 나가 공장 직공으로서 노동을 하는 양상으로 나타났다.

그러나 이렇게 전통적인 가내 수공업에 종사하는 여성 스스로도 그들이 노동자라는 인식을 하지 못하였다. 뿐만 아니라 일제도 여성 노동은 여가를 선용하기 위한 부차적인 것으로 평가하였기 때문에 이러한 농촌 여성이 정식 여성 노동자로서 인식되지 않았다.

116 필립 아리에스·조르주 뒤비 편, 전수연 옮김(2002), 『사생활의 역사 4: 프랑스 혁명부터 제1차 세계대전까지』, 새물결, 228.

공장 노동력의 여성화 자본주의의 일반적인

여성의 가내 수공업

특징은 이윤을 극대화하기 위해 값싼 노동력에 의존하는 생산 형태다. 이윤을 창출하기 위해 미숙련되고 부차적인 노동으로 간주되는 여성이 대량 고용된다. 이 시기 조선에서도 예외 없이 나이 어린 미혼 여성이 공장 직공으로 고용되었다. 당시 공업화를 주도한 일본의 대자본은 중공업을 중심으로 기계 설비를 갖춘 대규모 공장 위주로 진출하였기 때문에 공업화가 진행되었음에도 불구하고 노동 수요가 그리 크지 않았다. 따라서 공업 부문의 고용 규모는 상대적으로 작았다. 이 과정에서 농촌의 과잉 노동력은 도시 공업 노동자로 흡수되지 못하고 여전히 실업자로 존재하였으며, 그나마 도시로 나가 노동을 한 대부분의 노동자들도 1930년대 초 공황의 여파로 공장이 문을 닫자 다시 귀농하여 농촌의 과잉 노동력

⋮

경상도 내동 면덕동 제지장에서 일하고 있는 농촌 여성

문제는 더욱 심각해졌다. 1930년 실업자 30,000명에 귀농자가 25,000명이었으며, 조업을 중단한 공장은 129개에 달하였다.[117]

노동력의 수요가 급증하는 전시통제 경제기에 들어서서 남성의 노동력은 징용, 징병 등의 비정상적인 형태로 고용되어 국내 혹은 국외로 강제 이동되었다. 즉, 생산 연령의 남성 노동력이 전시체제 하에서는 군수인력으로서 일본, 만주, 남양군도 등으로 강제 동원되었기 때문에 여전히 이들이 국내 노동력에서 차지하는 비중은 크지 않았다.[118]

이런 상황 하에서 여성은 다양한 공업 분야―주로 방직 공업, 화학 공업, 식료품 공업 등―에 종사하면서 임금 노동자가 되었다. 1930년 초반 기준으로 남녀 포함한 전체 노동자 중 여성 노동자가 차지하는 비율은 32%였다. 그리고 전체 여성 노동자 중 방직 부문 여공이 차지하는 비율은 52%로서 방직 부문이 제1위를 점하고 있다.[119]

여공이 방직에 집중 취업되었던 이유는 당시 면방 대기업이 전부 링 정방기를 사용하고 있었기 때문에, 유년의 비숙련 여성 노동자를

117 중외일보 1930. 9. 9(2면).
118 이상의(2000).
119 이여성 외(1931) 2집, 72~74쪽 참고, 재작성. 5인 이상 공장 수 기준.

대량 고용한 데 기인한다. 화학 공업의 경우도 여성 노동자는 높은 비중을 차지했다.[120] 연령층별로 볼 때는 유년 남자 직공보다는 여성이 더 많은 비중을 차지하고 있었다. 이는 남공보다 여공은 "여자라는 명사가 잇는 까닭에 같은 일에도 월급을 적게 줄 수 있고, 일을 부즈런히하고 그리고 온순하여서 사용하기가 편리하다'는 이유에서였다.[121]

16세 이하의 층에서는 그 이후의 연령층과는 상이하게 여공의 구성 비율이 남자 유년공 세 배 이상이었다. 그 원인은 일본 대기업이 유년 여공을 값싼 임금으로

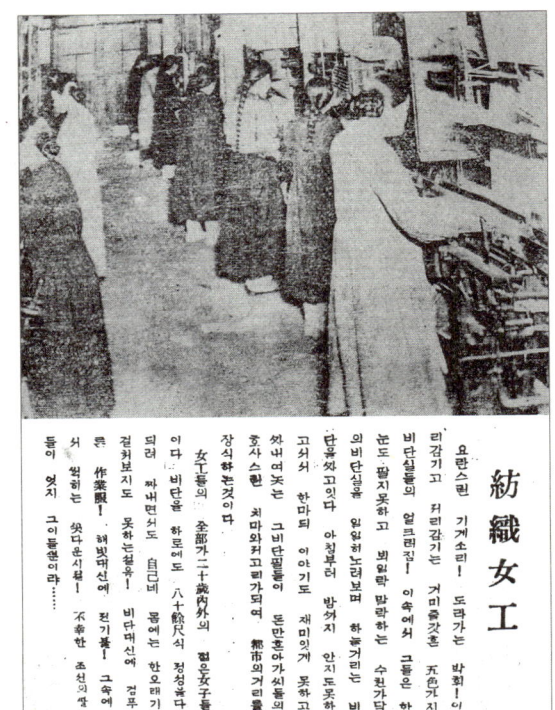

(『신동아』 1932. 6)

고용할 수 있었기 때문이었다. 이러한 유년 여공이 저임금임에도 불구하고 취직해서 일을 해야 했던 이유는 이들 역시 가계 보조를 위해 일을 해야만 하는 농촌의 빈한한 경제 상황 때문이었다. 실제로 당시 도시에 공장이 들어서면서, 일부 농촌에서는 딸이 도시로 나가 돈을 벌어 가계의 생계를 보조할 수 있었기 때문에 조혼 풍습에도 불구하고 오히려 늦게 결혼을 시켰다고 한다. 또한 남아 위주로 교육을 시

120 고무신 공장의 직공 구성은 남자 직공 100명, 여직공 200명으로 구성되었다. 여직공은 어린 처녀도 있고, 젊은 색시도 있고, 애기엄마도 있으며, 40세 이상의 여인도 있다. 김병제, 도시공장생활의 일면, 『조선농민』 1929. 10.
121 김평우(1927), 여성문제 1, 2, 3: 이에 엇던 대책이 업슬가, 『조선농민』 영인본 3권 9호.

고 무 女 工

門 앞에서 드러서자마자 고무찌는 냄새가 코를 찌른다 가마문이 열니자 百三十度나 뜨거운 蒸氣속에서 쩌진 검고 힌 고무신들이 지독한 냄새를 맛흐며 쏘다진다 그럼에서 오죽일 이 냄새를 맛흐며 휘발유를 음에 발너가며 웃갓흔 女工들은 일홈하고잇다

「냄새때문에 머리가 앏을지 안슴니갓?」

「아니요 도모지 몰음니다 한이올식 쉬다가 시작하면 좀곱 엇젼가하지만요……」

풀니를 살고 고무신 바닥을 늘는는 그의 얼굴은 힘이 룹시 드러나 금시에 불거지며 말에 힘줄이 돌이친다 男子고무신은 만들기가 중힘이 들거니와 女子신은 만들기어린애들이 첫을달나고 보챈다 이럭케 고생을해야 하로에 八十錢 그나마 가울에는일거리엇가가 힘이 든다고한다

『신동아』 1932. 6)

킨 유교의 관습도 또래의 남공보다 여공이 많은 이유 중의 하나일 것이다.

전시체제 하에서 노동력이 부족하자 여성의 노동이 전 분야에서 권장, 동원되었고, 광산 노동에까지 여성이 동원되었다. 여성의 광산 노동은 대개 광산이 많았던 함남, 황해도에서 이루어졌으며 대부분 16세 이상의 성년공이었다. 전시 하에서 상황이 다소 바뀌기 전까지 이들 여성은 주로 갱외에서 석탄, 선광 작업 또는 삭토 작업 등에 종사하였다.[122] 1941년 광산노동에서 여공의 비율은 7.3%에 이른다. 즉 그동안 여성에게 금지되었던 갱내 노동이 1941년 일제에 의해 해제되었기 때문이다. 이처럼 일제의 여성 동원은 전통적인 남녀 성별 분업 구조와는 무관하게 필요에 따라 남성 영역으로 간주되었던 분야에서도 이루어졌다.

임금 차별 다음 〈표 3〉은 조선인 여성이 임금에서 어느 정도로 차별받았는가를 보여 준다. 당시 조선인 여공의 임금은 일본인 그리고 조선인 남성과 비교해 볼 때, 상대적으로 낮은 수준이었다. 16세 미만의 조선인 여공과 16세 이

122 정진성(1988).

상의 일본인 남공과의 임금 차이는 6~7배 정도이며, 조선인 여공과 일본인 여공 간의 임금의 차이도 보통 2~3배 정도로 차이가 벌어졌다. 일제의 대기업은 값싼 조선의 여성 노동력을 이용하여 이윤의 극대화를 추구했으며, 이 과정에서 조선의 유년 여공은 민족적·계급적·성적 차별을 감내해야만 했다.

표에서 보듯이 조선인 유년 여공은 남성이나 일본인 여성에 비해 형편없이 낮은 임금을 받으면서 한편으론 성적 억압까지 경험해야 했다. 당시 고무신 공장의 여자 직공의 임금은 고무신 1족에 평균 3.5전을 받는데 보통 하루에 20족 내외를 만들기 때문에 1일 임금은 60~70전 내외였다.[123] 그런데 하루에 20~30족을 만들려면 감고무신 재료도 잘 나오고 또 검사도 잘 통과해야 했다. 이를 위해 남성 감독의 비위를 잘 맞추어야 했기 때문에 처녀 직공은 공장 내에서 성적으로 억압당하였다.[124] 제사 공장의 여공 1일 임금은 20전 내외, 숙련공은 60~70전, 평균 40전 내외였다.[125] 이곳의 여공들도 하루 13시간 노동을 하면서 지점장 혹은 검사반 등의 농락을 경험하게 된다. 이들 중 한 여공은 시골 칠순 노모와 어린 남동생 뒷바라지 때문에 돌아가지 못한다고 하였다.[126]

3. 전시체제 하의 여성 동원

전쟁은 남성과 여성의 고정적인 성역할을 변경시킬 수도 있다. 그러나 변경시킨다 하더라도 그것은 일시적이며, 평화가 돌아오면 여성은 다시 원위치로 돌아갔다. 역사적으로 여성은 단지 국가와 민족의 독립을 위해 동원되었을 뿐, 이러한 참가의 결과로 양성 간의 관

123 김병제, 白日을 못 보는 공장 내에서 일흔 아츰부터 어둘때까지: 도시공장생활의 일면, 『조선농민』 1929. 10.

124 雪友學人, 직업부인 언 파레트: 고무공녀의 생활이면, 『실생활』 1931. 9.

125 一記者, 여인들의 직장방문기: 경성제사공장, 『여인』 제1호, 1933. 6.(추정).

126 송계월, 여직공편-공장소식, 『신여성』 1931. 12.

| 표 3 | 공장 노동자 임금 대조표

(단위 : 원)

	16세 미만				16세 이상			
	남공		여공		남공		여공	
	조선인	일본인	조선인	일본인	조선인	일본인	조선인	일본인
1929	0.44	0.71	0.32	0.61	1.00	2.32	0.59	1.01
1939	0.47	1.09	0.39	1.11	1.12	2.38	0.59	1.17

출처: 조선총독부 「조사월보」 1930. 6, 1940. 3.

계에 어떤 변화가 생긴 것은 아니었다.[127]

　1937년은 여성 동원의 내용 면에서 질적 전환점이 되는 해다. 1937년 중일전쟁이 발발하자 조선 또한 전시체제로 전환되었고 조선 내의 모든 인적·물적 자원이 총동원되었다. 농촌의 과잉 인구는 고갈되어 강제 동원정책을 채택하기에 이르렀고, 내선일체의 기치 하에 일본의 본국과 동일한 입법을 조선에도 동시에 적용하는 등 획기적인 변화가 이루어졌다. 이러한 변화의 소용돌이 속에서 여성도 예외 없이 동원되지만, 이 시기는 여성의 성까지 노골적으로 동원되었다는 점에서 그 이전의 시기와는 질적으로 달랐다.

　1930년대 초반에는 공황의 여파로 도시나 일본으로 이주한 상공업 노동자들이 다시 귀농하기 시작하였다. 그러나 중일전쟁 발발 후 다시 일본 내에서 각 생산 부분의 노동력 부족 현상이 야기되어 조선인 노동자를 보충하자, 조선의 농촌에서는 다시 노동력 부족 현상이 나타났다.[128] 이에 따라 1930년대 전반의 과잉 인구를 토대로 추진되었던 '지역간 노무수급정책'은 1930년대 말부터 이 과잉 인구가 고갈되기 시작하면서, 점차 강제동원[129]정책으로 전환되었다.

127 미셸 페로(1994), 울타리 밖으로, 『여성의 역사 4(하)』, 718~719.
128 매일신보 1939. 6. 18(2면).

1938년 5월 '국가총동원법'과 '군수공업총동원법'에 의해 인적·물적 자원의 전면적인 군사화가 추진되었으며, 그 주체는 '국민정신총동원운동'[1940년부터는 '국민총력운동']이었다. 이 운동의 특징은 1930년대 일관되게 진행된 농촌진흥운동을 폐지 통합하고 통치 조직과 운동 조직을 일체화시켜 일제의 모든 식민지 정책을 총괄한 점에 있다.[130] 이 법에는 물자, 생산, 금융, 가격, 노동 등 모든 경제 분야에 걸쳐 정부가 명령 하나로 필요한 통제조치를 행할 수 있음을 규정함과 아울러, 노동쟁의의 금지나 언론 통제도 할 수 있음을 규정하고 있다. 이 법에 근거하여 조선의 인적·물적 자원을 강탈하는 수많은 법령이 제정되었다.[131]

이 시기 강제동원은 모집, 알선, 징용의 세 가지 형태로 이루어졌다. 농촌의 노동력이 점차 고갈되자 1939년부터는 노무동원 계획이 시작되었으며, 노무수급 조정을 위해 1940년 1월 '조선직업소개령'을 공포하여 보다 철저한 동원 체제를 마련하였다. 동년 말 다시 '조선총독부 노동자알선요강'을 제정 공포함으로써 1930년대 초 이래 무계획적이고 비체계적으로 수행되어오던 알선 방식에 하나의 새로운 전기를 마련하였으며, 이후 일제에 의한 알선 방식은 1944년 초까지 노동력 동원의 가장 주요한 방법 중의 하나가 되었다. 1930년대 말부터 1942년 초까지 근로보국대 혹은 애국반에 의한 노동력 동원 체제도 확립되어 기존의 관에 의한 알선과 함께 조선인 노동력 수탈의 중요한 수단으로 기능하였다.[132]

129 1940년대의 강제동원은 식민지 통치체제를 이용한 소개, 알선, 보국대, 징용 등의 형태로 나타났는바, 이는 모두 메이야쓰(C. Meillassoux)의 지적대로, 식민지 행정부의 비용부담에 의해 강제로 노동력을 끌어내 가는 것이었다. 허수열(1985), 조선인 노동력의 강제동원 실태, 차기벽 엮, 『일제의 한국식민통치』, 정음사, 300~301.

130 최유리(1997), 『일제 말기 식민지 지배 정책 연구』, 국학자료원.

131 1938년 9월 府令 제189호 '학교졸업자 이용제한령 시행규칙', 1939년 7월 府令 제451호 '국민 징용령', 1940년 2월 칙령 제36호 '청소년 雇入 제한령', 1941년 11월 칙령 995호 '국민근로보국 협력령' 등 무수히 많은 법률이 제정되었다. 문정창 (1967, 하), 373~376.

여성은 기혼이나 미혼 여부에 따라 동원의 성격이 나뉜다. 기혼 여성층은 부인회와 애국반을 통해 주로 노동력이 동원되었다. 그러나 미혼 여성층은 정신대나 종군위안부 등으로 동원되어 남성을 위한 성적 자원으로 이용되기도 하였다.

애국반과 부인회 등을 통한 기혼 여성의 동원　조선의 황국신민화와 내선일체를 완성하기 위하여, '총력 연맹'은 최하부 실천운동체로서 '애국반'을 조직하였다. 애국반은 한 반 당 10호로 구성되어 1939년 6월 말 당시 전국 애국반 총수는 약 35만 반, 연인원 460만 여 명이었다. 애국반의 구성원이 세대주인 것을 감안하면 사실상 조선인 전부가 여기에 가입된 것으로 볼 수 있다.[133]

농촌 여성은 애국반의 지부인 '부인부'에서 동원하였다. 이들의 주요 활동은 근로, 저축절약, 생산증진 등 물심양면으로 국민정신총동원 체제에 공헌하는 것이었다.

경제통제가 심해지면서 절약, 생활 간소화 운동 등이 전개되었으며 조선에서도 동일한 운동이 시작되었다. 특히 폐물 이용이나 가계부 쓰기 운동은 일본과 똑같이 대일본부인회나 애국반이라는 지역 주민 조직을 통해 실행되었다.[134] 1939년 대대적인 가뭄으로 인하여 1940년 쌀이 대량으로 부족하자 애국반을 중심으로 절미운동이 전개되었다.[135] 구체적인 절미운동으로 조반석죽운동, 금주, 과식 자제하기, 한 숟가락 덜 먹기 운동 등은 모두 애국

132 허수열(1985), 319~321, 337.
133 당시 장흥군 용산면과 주재소에서는 애국부인회 찬조원을 확보하기 위해 지방 유력가에게 적당한 사람을 선출하여 명단을 제출하도록 했고, 신청 독촉에 몰린 정강(1938년 8월 8일)은 하는 수 없이 자신의 부인을 애국부인회 찬조원으로 돌렸다고 아들 김동홍이 증언하고 있다. 김영희(2000), 일제 말기 향촌 유생의 일기에 반영된 현실인식과 사회상, 『한국근현대사연구』 14집.
134 다바타 가야(1966), 식민지 조선에서 살았던 일본 여성들의 삶과 식민주의 경험에 관한 연구, 이대 석사학위논문, 63~64.
135 매일신보 1940. 2. 4(3면).

:
군 위문대를 만들기 위해 동원된 여성

반의 부인이 중심이 되어 실행되었다.

　애국부인회와 국방부인회는 일제의 여성 동원을 위한 대표적인 관변 단체였다. 애국부인회는 "가정의 강화는 부인의 손으로"라는 것을 목표로 각종 행사를 실시하고 총후 가정 강화 운동을 강조하였으며, 총후 유가족의 위문, 강연, 영화상연회, 유가족 부인 좌담회 등을 개최하였다.[136] 국방부인회는 중일전쟁이 발발한 1937년을 전후하여 시국의 중대성을 인식시키고 가정 부인을 계도하기 위해 각 지역에서 조직되었다. 중일전쟁 발발 직후 회원 수는 30,000여 명, 1938년 5월에는 87,000여 명이 되는 등 회원수가 급증하였다.[137]

　농촌 여성은 이러한 부인회 조직을 통해 농촌진흥운동에 동원되었다. 이들은 촌락 혹은

136 동아일보 1939. 6. 9.
137 동아일보 1937. 12. 6; 1938. 5. 15.

동리를 단위로 하여 옥외 노동, 뽕나무 재배, 양잠, 면작, 공동작업, 가마니 짜기 등의 부업에 종사하였다. 부인회 조직은 각 호별 주부로 조직되었는데, 이들은 생활 개선, 보건 위생 같은 사업에 동원되었다.[138] 금속류의 헌납과 양곡의 공출 등은 모두 부인회의 조직을 통해 이루어졌고 예상 외의 성적을 거두었다.[139]

근로보국대 역시 농촌 여성의 노동력을 동원한 주요 조직 중의 하나였다. 근로보국대는 1938년부터 광범위하게 활동하기 시작하였는바, '국민징용령' 3조에 근거하여 "조선의 제국신민으로서 년령 14세 이상 25세 미만의 여자" 모두에게 무보수의 근로봉사를 강요하는 '국민근로보국협력령'이 1941년 제정되어 기존의 근로보국대[140]의 활동을 강화시켰다. 1944년에는 동령의 개정을 통해 "25세 미만의 여자를 40세 미만의 여자"로 고치는 등 그 대상의 폭을 넓혔다.[141]

미나미 지로南次郎 총독은 서울 시내 일부 조선인 상류 가정의 부녀자조선 귀족, 조선인 고관, 친일 아부파 유력자 등의 부인를 유인·위협하여 1937년 '애국금채회愛國金釵會'를 조직하고 금비녀, 금반지 등을 빼앗기 위한 앞잡이로 조선인 부녀자를 이용하였다. 이 조직으로 조선 부인은 시대의 요청에 따라 가두로 진출하여 출정 장병의 송연, 출정 가정의 위문, 부상병 위문 등의 활동을 했다.[142] 노구교 사건 이후 미나미 총독이 금채회를 조직한 것은 금화가 고갈되어 군수물자를 수입하기 어렵게 되자, 조선 부인의 금비녀 등 패물을 거두어 이에 충당하기 위함

138 이만열 외(2000), 303.
139 매일신보 1943. 10. 23.
140 1938년 정무총감은 각 도지사에게 통첩을 발하여 총후국민운동(銃後國民運動)을 위해 멸사봉공(滅私奉公), 적성함양(赤誠涵養), 인보단결(隣保團結) 등의 정신 진작을 통해 내선일체를 일층 강화하고,—기존 조선 풍습인 부역제도에 의한 공역의 관습을 봉사관념으로 전환할 것을 요구하고,—1939년에는 집단근로 훈련실시와 시국인식 목적으로 만주국 간도 연길에 130명의 단원을 파견하였다. 조선총독부, 『시정30년사』, 812~813.
141 김성례 외(1995), 일제 말기 노동력 수탈 정책: 법령을 중심으로, 광복50주년 기념사업위원회, 『일제식민정책연구논문집』, 30.
142 조선총독부(1940), 819~820.

금속류 공출을 위해 동원된 여성단체

이었다. 이리하여 이들 회원을 앞장세워 길가는 부인의 금, 금비녀와 장
롱 안에 깊이 간직해 놓은 결혼기념용 금, 은제 비녀, 반지 등을 갖은 위
협으로 모조리 강탈하였다.[143]

　　뿐만 아니라 미나미 총독은 지사, 명사의 강연을 강요하였다. 경성을
비롯한 각 도시에서 군국 일본의 침략전쟁에 협력할 것과 지방개량, 생
활개선문제 등을 거론하는 시국간담회와 강연회를 개최하였다. 시국간
담회는 1937년에서 1940년까지 30만여 회 개최되었고 여기에 참가한 인
원수는 1,600만여 명이었다. 시국순회강연회
는 1937년 약 17일 간 57명의 강사가 350여　　143 문정창(1967, 하), 369, 418.

애국부인회의 여성동원

개소에서 약 70만의 청중을 대상으로 강연하였다.[144] 이러한 간담회에는 주로 부녀들이 적극 동원되었고 그 세뇌의 주요 대상도 부녀자들이었다.[145] 이러한 과정에서 당시 황국여성의 일부도 여성이 천황의 은혜에 보답하기 위해 조선의 아들딸이 전장에 나가 목숨을 바쳐야 한다고 강연이나 지면 등을 통해서 주장하였다.[146]

정신대 등 미혼 여성의 공출　1944년에는 1939년 공포한 '국민징용령'이 시행되어 일반 국민까지 강제 동원의 대상이 되었다. 여성은 가족제도를 보호하기 위해 징용의 대상은 되지 않는다고 일제는 주장하였다. 그러나 기혼 여성은 남성 대신 가정을 꾸리면서 동시에 일제의 노동력 동원의 대상이

143 문정창(1967, 하), 369, 418.
144 조선총독부(1940), 489, 816~817.
145 문정창(1967, 하), 368.
146 박마리아, 모윤숙, 고황경, 노천명, 김활란, 허하백, 배상명, 이숙종 등. 정진성(1998), 한국여성연구소(1999).

되어야 했고, 미혼 여성은 근로정신대, 근로보국대, 위안부 등으로 동원되었다.[147]

인적, 물적 자원 수탈의 다른 표현이 공출供出이다. 공출이란 국가의 수요에 따라 국민이 각자의 소유물품을 정부에 의무적으로 매도하는 행위를 말한다. 일제는 공출이라는 이름 하에 농촌 자치단체인 '군농회'를 중심으로 조선 부녀자의 비녀, 반지에서부터, 양곡, 생우生牛, 고철 등을 회수하고, 심지어는 미혼 여성을 군위안부로 공출하기에 이르렀다.[148]

1938년 '학도근로보국대실기요강'에 의해 학생이 동원되어 남자는 토목공사에, 여학생은 신사청소와 군용품 봉제 작업에 동원되었다. 여학생은 학교에서 노동하거나 공장에 동원되었으며, 그밖에 위문문 쓰기, 위문대 만들기, 군복 빨기 등의 일을 담당하였다.[149] 국민징용령이 조선에서 본격적으로 적용되자 당시 고등여학생은 군수 공장에 동원되었고, 학교는 후방 전선의 역할을 했으며, 간호사나 군의 숙소가 되기도 했다.[150]

일제가 패전에 임박하면서 병력 소모가 심하게 증대하자 도조東條 내각은 여자들을 동원하여 보충하기 시작하였으며, 이에 따라 1943년 여자학도병의 동원이 결정됨과 동시에 정신대를 조직하였다. 1944년 '여자정신근로령'이 공포되어, 만 12세 이상 40세 미만의 국민등록을 한 여자를 정신대로 편성 출동하여 1년 간 근로정신의 의무를 부과하였다.[151]

그러나 이에 앞서 이미 1941년경부터 양가의 처녀들을 강탈하여 정신대라는 이름을 붙여 어디론가 끌고 가기 시작하였다. 유부녀라면 끌려가지 아니한다는 소문이 떠돌아

147 한국여성연구소(1999), 368.
148 문정창(1967, 하), 415~423.
149 정진성(2001), 군위안부/정신대의 개념에 관한 고찰, 『사회와 역사』, 53.
150 다바타 가야(1996), 64.
151 "여자정신대는 징용이 아니고 부모와 본인의 애국열에 호소하여 당국이 모집하는 것이다(매일신보 1944. 6. 10)"라며 내선일체의 강화와 여자정신대에 협력해 줄 것을 다나까(田中) 정무총감은 요구하고 있다.

16~17세의 소녀들을 서둘러 시집보내는 조혼早婚이 다시 성행하였다.[152]

"부락의 여자는 제1선에 이끌려 나가 병대의 취사 및 간음에 바쳐진 다"는 발언과 같이 당시 젊은 여자는 군대에 동원되어 '잡일'을 한다는 소문이 일반 민중 사이에 전해졌다.[153] 미혼 여성, 과부, 혹은 남편이 있더라도 자식이 없는 17세에서 25세 미만의 여성은 방직 공장과 '군부 조수'로 모집되었다. 여성이 '군부 조수'로서 군에서 할 수 있는 일은 세탁과 식사 준비 등일 수도 있지만, 당시 일본군 위안부도 실제 이 정도의 노동은 했기 때문에 '군부 조수'라고 농촌에는 알려졌지만, 그것은 일본군 위안부를 충원하기 위한 표면상의 선전일 가능성이 높았다.[154] 29명의 정신대 피해자의 증언에 따르면 군 훈련에 참가하거나 황국신민서사를 외우고, 한가한 때는 병원으로 군인을 위문 방문하였으며, 낮에는 간호하고 밤에는 성 위안을 해야 했고, 전상자가 많을 때에는 일정 기간 아예 간호보조원 노릇을 해야 했다고 한다. 또한 처음에는 간호보조원 일을 하다가 위안부가 되는 경우도 있었고 군인의 빨래나 식사를 담당한 사람도 있었다.[155]

이렇게 볼 때 당시 정신대의 대부분은 군위안부의 역할을 수행하였으므로 사실상 동의어로 볼 수 있다. 동원의 방법은 관의 알선, 모집, 지원의 형태로 주로 학교나 애국반, 부인단체 등을 통해 이루어졌으나 말기에 가서는 강제동원되었다.[156] 당시 방산초등학교 교사의 기억에 의하면, 6학년 수업을 하고 있던 중 교장이 교실에 들어와 도야마富山, 일본의 동북의 후지코시군수 공장로 갈 것을 설득하면서 공

152 일본군이 여자정신대라는 명목으로 양가집 처녀들을 모조리 잡아가고 남자는 모두 잡혀가니 처녀들은 결혼할 상대가 없어지고, 총각들이 끌려나가기 전에 손(孫)을 받아 대(代)를 잇기 위해 조혼이 성행하게 되었다. 문정창 (1967, 하), 543.

153 이만열 외(2000), 336.

154 김영희(2000), 14집.

155 신영숙 외(1995), 일제시기 조선인 군위안부의 실태 및 특성에 관한 연구, 광복50주년기념사업위원회, 『일제식민정책연구논문집』, 126.

156 정진성(1995), 59~60.

장에 가면 밥을 마음껏 먹을 수 있고, 여학교 공부도 할 수 있고 매주 영화도 볼 수 있다고 여학생들을 유인해서 공장이나 일본군 위안소로 보냈다고 한다. 이 교사에 의하면 학교는 학생을 보내라는 명령을 받았으며 이것은 국가가 계획한 강제 연행의 확실한 사례라 할 수 있다는 것이다.[157]

천황제 국가의 가부장적 권력 구조는 여성을 이분법적으로 파악하여, 가족제도를 유지하는 양가부녀층과 남성 중심의 사회질서를 유지하는 창기 등으로 구분하였다.[158] 군위안부 동원은 일제의 이러한 이분법적인 여성 인식관에 입각하여 양가부녀를 보호하기 위해서는 일부 여성의 희생은 불가피하다는 인식 하에 일본군과 국가의 주도로 이미 1930년대 초반부터 이루어졌다.[159] 위안부 정책을 통해서 성별 이데올로기는 국가를 위해서 변용되기도 함을 볼 수 있다. 식민지 여성은 국가의 숭고한 사명을 수행하는 일본군에게 육체를 제공해야만 했으며, 이러한 여성의 역할은 우방군의 위안에만 국한되는 것이 아니라 다른 여성의 순결함을 지키고 그에 따라 역설적으로 정절 이데올로기의 수호자가 되기도 하였다.[160]

'정신대'가 1930년대 말부터 공장 노동뿐만 아니라 농업, 보도, 의료 등의 분야에서 광범위하게 동원되었던 것이자, 법령으로 제도화되었던 것으로서 당시 사람들에게 여성 동원의 대명사로 인식되었던 것에 비해, '군위안부'는 극비 정책으로 이루어져 명확한 법적 근거를 찾기 힘들다. 실제로 군위안부 동원은 정신대 명목으로 모집됨에 따라 당시 일반인도 군위안부를 정신대로 기억하고 있다.[161]

157 다바타 가야(1996), 59.
158 강선미 외(1993), 천황제 국가와 성폭력 : 군위안부 문제에 관한 여성학적 시론, 『여성과 사회』 9집.
159 사쿠의 증산과 자동화의 과정, 와모토 고무에 대한 국책지원은 당시 군 수요의 확대와 일제 정책과 깊은 연관성이 있었음을 의미한다. 강정숙(2002), 군 위안부 여성의 몸에 가해진 일제 폭력, 여성학회 월례발표회, 2002. 4. 20.
160 황영주(2000), 심청전 읽기로 본 한국에서의 근대국가와 여성, 『한국정치학회보』, vol. 34 no. 4.

일제는 농촌 하층 자녀를 대상으로 한 군위안부의 동원을 위해 상층 여성의 협력을 도모하였다.[162] 이들 군위안부는 주로 농촌의 빈농 출신이 많은바, 이 역시 농촌의 해체 현상과 맞물려 나타난 현상이었다. 유년기부터 생계 보충을 위해 취업해야 했던 이들 유년 여성은 이 또래의 소녀들을 주된 대상으로 했던 일제의 일본군 위안부 동원정책의 대상이 되었다.[163] 군위안부는 사실상 정신대 명목으로 모집하였기 때문에, 시골의 가난한 농촌 처녀는 일자리를 얻어 돈을 벌기 위해 지원하였다. 농촌의 하층 자녀를 집중적으로 동원하고 엘리트 여성의 일부가 이에 협력한 것은 여성 간의 균열을 가져왔고 여성 간의 다름의 역사를 보여 주는 일면이다.[164]

일본의 경우 군위안부로 동원된 여성은 주로 공창 출신이었지만 조선에서 동원된 여성은 일반 민간 여성이었다. 실제로 1943

근로보국대의 여학생 동원

년부터 일제의 패전까지 위안계를 담당했던 야마다山田淸吉는 "1943년 적경리위안소에는 일본인 130명, 조선인 150명이 있었는데, 내지에서 온 자는 창부, 예기, 여급 등의 경력자가 많았던 데 비해, 조선에서 온 경우는 전력도 없고 연령도 어린 자가 많았다"고 증언하고 있다.[165] 즉 조선에서 동원된 위안부는 도시의 임금 노동자로서도 흡수될 수 없었던 빈농 출신 딸이 대부분이었다. 1930년대와 1940년대에 동원된 군위안부의 수는 거의 20여 만 명으로 추정된다. 동원의 주요 기관 중의 하나가 일선 학교였다. 군위안부는 학교를 통해

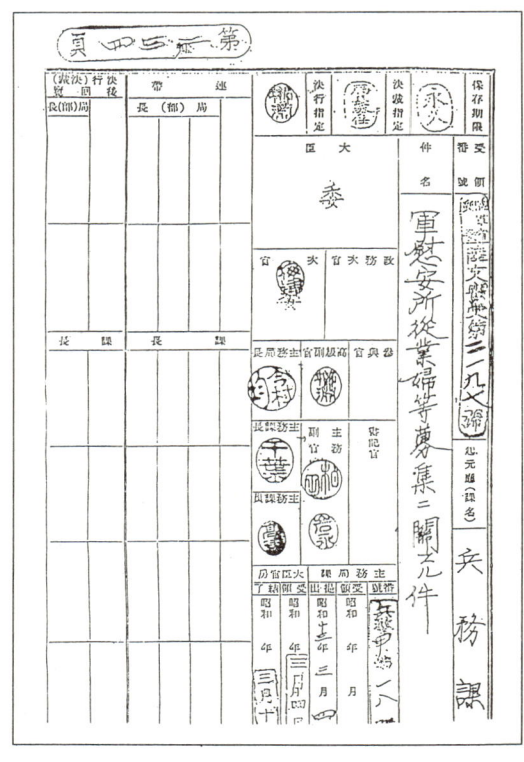

군위안소종업부 등 모집에 관한 건(1938. 3)

공장에 가면 배불리 먹을 수 있다는 감언이설 등의 사기와 인신매매 등의 수단을 통해 모집되었다.

군위안부 모집은 일본군의 상명하달식 군 지휘권 아래 행해졌으며, 정책 입안에서부터 이미 은밀하고 작위적이었다는 특징을 볼 때, 국가에 의한 성범죄다.[166] 즉 천황제 국가의

161 정진성(2001).

162 박마리아, 모윤숙, 고황경, 노천명, 김활란, 허하백, 배상명 등 엘리트 여성은 천황의 은혜에 보답하기 위해 조선의 아들딸들이 전장에 나가 목숨을 바쳐야 한다고 목청을 높였다. 정진성(1998).

163 이만열 외(2000), 332.

164 정진성(1998).

165 신영숙 외(1995), 110~112.

166 신영숙 외(1995), 115.

절대주의적이고 가부장적인 권력 구조가 여성을 이분법적으로 나누어서 가족제도와 공창제도의 두 가지 제도를 유지한 결과로 볼 수 있다. 이러한 제도는 전쟁 말기에 이르자 제국주의 전쟁을 위해 여성을 출산 도구화시킨 '가족정책'과, 공창제의 연장선상에서 여성을 하나의 군수품으로 전락시킨 '군위안부정책'이라는 두 가지 정책으로 나타났다.[167] 그 본질은 강제적 수법에 의한 성노예라 할 수 있으며, 더욱이 조선인 여성의 대부분을 성노예로 전환시키는 등 민족 간의 동원의 내용에서 차별이 있었다. 군위안부로 동원된 조선 여성은 나이가 어린 미성년자로서 자신이 전혀 알지 못하는 상태에서 사기적 수법에 의해, 또는 물리적 폭력에 의해 강제 동원되는 경우가 일반적이었다.[168]

이렇게 군위안부의 성격은 종래의 매춘에 군이 제도적으로 개입하여 그 강제성이 더욱 농후해진 데다가, 식민지 여성, 그 중에서도 조선인 여성이 위안부의 80%를 차지하였다는 점에서 여성문제 외에 민족문제가 개입된 것으로 볼 수 있다. 아울러 동원 대상이 주로 조선의 빈농층의 자녀를 대상으로 하였다는 점에서 계급문제 역시 반영한다.

혼돈 속의 여성 주체성

일제의 토지조사사업과 농업정책, 각종 동원정책 등은 농촌과 도시 여성에게 어떤 영향을 미쳤을까? 토지조사사업의 결과 소작농이 증가하고 농촌의 과잉 노동력은 도시로, 국외로 일자리를 찾아 떠났다. 게다가 1930년 대풍작으로 쌀값이 폭락하여 농업 공황은 7년 간이나 지

167 강선미 외(1993).
168 신영숙 외(1995), 101~102.

속되고 농촌의 빈궁화는 심화되어 이주 농민이 많아졌다. 1930년대 후반에는 공업화정책과 전시 동원 체제로 인해 인적·물적 수탈 정책이 심화되어 농촌의 빈곤은 더욱 심해지고 탈농 현상이 지속되었다.

이렇게 극한 빈곤의 상황에 처한 농촌 여성이 가족의 생계를 위해 보이지 않는 노동자 역할을 수행했다. 여초 현상과 도시 이주는 동시에 나타났다. 1930년대 후반 농촌에서 어린 소녀들이 일자리를 얻기 위해 농촌을 이탈하는 경우가 자주 발생하였다. 부녀자도 빈궁한 가계를 보조하기 위해 도시로 나섰다. 이러한 과정에서 농촌 여성은 가부장적 권력 구조의 수동적 객체가 아니라 주체로서 적극적인 삶을 이끌어 나가는 모습을 보였다.

1. 가부장적 구조 속의 농촌 여성의 삶

전 인구의 80% 이상이 농민이고 그 중 반 이상이 여성임을 감안할 때, 조선의 문제는 조선 농민의 문제고 조선 농민의 문제는 조선 농촌 여성의 문제라 할 수 있다.[169] 농촌 여성문제의 핵심은 농촌 여성의 해방에 있다. 농촌 여성은 '가정 노예'면서 동시에 '농업 노예'를 겸한 것이다.[170] 당시 신여성을 중심으로 여권신장 등의 문제도 제기되었지만—불란서의 '녀권선언'이 무엇이니, 엘렌 케이의 '자유연애', '자유결혼', '자유이혼'이 무엇이니 세계 각국의 '부인참정권운동'이 무엇이니 하는 말을 하는 사람이 잇다면 그는 참으로 조선 농촌 녀성이라는 현실을 바라볼 줄 모르는 장님입니다[171]—여성의 다수를 차지하는 농촌 여성의 문제를 해결하지 않고는 공허한 주장에 불과했다.

농촌 여성과 도시 여성 간에 엄청난 간극이

169 유광열(1927), 농촌 여성을 전망하며(1): 농촌 청년에게 고함, 『조선농민』 영인본 3권 9호.
170 김평우(1927), 18.
171 유광열(1927), 10.

생겼다. 도시 여성, 특히 배운 여성은 여권 문제를 인식하고 자유와 평등 등 사회개혁을 부르짖었다. 그러나 이 여권 문제 속에 농촌 여성문제는 인식되지 않았다. 이는 프랑스 대혁명의 결과 여성에게 시민권을 인정하였으나 정치적 권리는 인정하지 않음으로써 여성을 소외시킨 것과 마찬가지며, 미국의 남북전쟁으로 노예에게는 정치적 권리가 인정되었으나 여성에게는 인정되지 않은 것과도 유사하게 여성문제 속에 농촌 여성의 문제는 소외되어 있었다.[172] 당시 인간이라는 개념 속에 여성이 인식되지 않은 것과 같이 도시 여성의 여권 문제 속에는 농촌 여성에 대한 인식이 없었다. 이것은 여성들 간의 '다름'을 보여 주는 것이다.

도시 여성도 고통받으며 억압된 삶을 살아야 했지만 농촌 여성에 비하면 그 수는 적다. 농촌 여성과 도시 여성을 비교한 아래 인용을 보면 당시 상황을 구체적으로 알 수 있다.

> 농촌의 녀성은 날마다 날마다 마음과 몸이 아울너 모조라짐니다. 그 얼골은 가속도로 조락되고 맘니다. 포동포동한 혈색을 가젓든 곱다란 소녀 처녀도 한번 시집가서 초산만하면 곳 꼿빗이 사라지듯이 녀성미는 일허지고 동물화되여짐은 이어찌 호올노 녀성 자신에 대한 비애뿐이랴. 모성을 위한 사회적 불상사라 아니할 수 업슴니다. 아—그 곰과 갓흔 손발 십년묵은 유지 갓흔 얼굴 말 못할 조의조식 이것 이상은 엇절 수 업는 처디인 그네들 얼마나 불상함니가. …
>
> 그래도 그네들은 도회지녀성 시간상으로 보든지 오락적 방면으로 보든지 사회교육 방면으로 보든지 다 금으러한 옷을 입고 머리에는 냄새나는 기름을 바르고 낫헤는 밀가루 갓흔 분을 매질하고 때로는 단

172 엘리자베트 G. 슐레지예프스키(1994), 전환점으로서의 프랑스 혁명, 75~78; 니콜 아르노-뒤크(1994), 법의 모순, 『여성의 역사 (4): 상』 138.

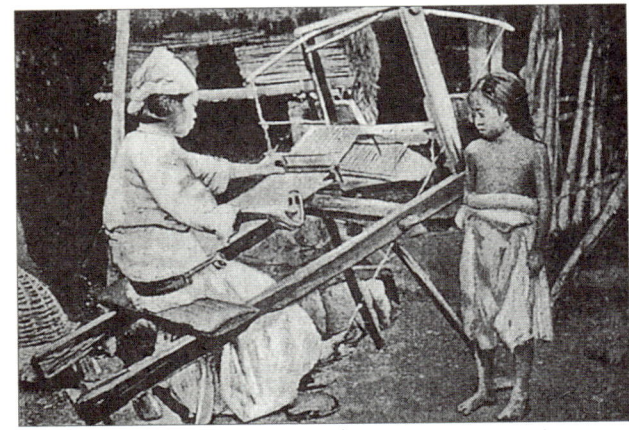

농촌 여성의 베 짜는 모습과 쌀 찧는 모습

셩사 우미관 광무대 이러케 위안의 길이 잇습니다. 농촌에 잇서 농업에 종
사하는 그것이 죄될리는 업지 안슴니까. … 농촌녀성도 사람이외다. 사람을
사람으로 살리기 위하야 농촌녀셩의 해방운동이 진실로 필요하다함니다.[173]

즉, 농촌 여성의 문제가 해결된 후에야 도시의 신여성이 부르짖는 여권
문제도 거론되어야 한다고 주장하고 있다. 이러한 농촌 여성과 도시 여성
간의 차이는 봉건 사회에서 근대 자본주의로 이행하는 과도기 현상으로
볼 수 있다. 다음은 농촌과 도시 여성의 생활 수준의 차이를 보여 준다.

소위 선풍기, 모긔장, 빈대약 등은 아직 이름
도 잘 모르는 그네의 방안에는 빈대벼룩을 막
기 위하야는 바람벽맛헤 재성을 두르고 문압해
는 모기를 쫏노라구 쑥불을 피엿슬뿐이다.[174]

173 이성환(1927), 『조선농민』.
174 정응봉(1929), 농번기의 농가 부인생활, 『조
선농민』 1929. 8. 12.

여성에게는 경제적 · 사회적 · 정치적 지위가 주어지지 않았지만, 도시 여성은 적어도 사회적 지위의 확보를 주장하는 단계에 이르렀다. 그러나 농촌 여성을 둘러싼 문제는 아무도 인식하지 않았고, 스스로도 인식하지 못하였다.

이러한 농촌 여성의 삶 속에 국가는 어떤 모습으로 투영되었을까? 일제 식민국가는 여성을 대대적으로 동원했으며, 각종 정책은 농촌 부녀의 일상에 영향을 미쳤다. 일제 35년 간 인적 · 물적 자원의 수탈과 동원 과정에서 농촌 여성의 삶은 더욱 비참해졌다. 농촌 여성은 기존의 가부장적 구조 속에서 겪어야 했던 예속적인 삶과 가사 노동을 담당했고, 농촌이 해체되는 속에서는 남성의 빈자리를 메꾸어 밭농사는 물론 논농사, 면작, 양잠 등의 농가 부업 및 각종 근로 동원을 담당하는 등 실로 일제의 식민수탈 정책의 최일선에 노출되었다. 낮도 모자라 밤을 세워가며 일하는 당시 농촌 여성의 삶은 희망도 없는 동물과 다를 바 없는 생활로 한 문헌에 기술되어 있다.[175]

가족의 병치레도 모두 농촌 여성의 차지며, 일년 내내 밤이고 낮이고 잠 안 자고 쉬지 않고 일하는 가운데 여성미를 잃고 동물화되었다. 살림에서 행상까지 1인 10역으로 활약하고, 해산한 이튿날도 몸을 일으켜 노동한 것이 당시 농촌 여성의 일반적인 모습이다.[176] 이렇게 농촌 여성은 동물과 같은 삶과 끝없는 노동 속에서 세상이 어떻게 변화되는지 중요하게 여기지도 않았으며 관심을 둘 겨를도 없었다.

… 아츰 닭 울기에 깨여 소죽을 쑤어야 되며 여름에는 김매고 가을에는 가을하고 겨울에 질쌈질 봄에 나물캐기 이럿케 살아갑니다. 세상이 오는지

175 이성환(1927), 2~3.
176 동아일보 1929. 6. 15.

탈곡하는 여성

가는지 그것은 삼천리 만리 밧게 일이고 밤도 밤이오 낫도 밤으로 살아옵니다. 잠자는 방에서 부엌으로 부엌에서 우물로 그리고 변소로 이것이 날마다 단기는 곳이오. …"[177]

이러한 농촌 여성의 삶은 단지 가정 내에서 이루어졌다는 이유로 공식 역사의 장에서 누락되었다. 그러나 사적인 영역은 이미 정치적 권력 관계를 반영하며, 가부장적 권력 관계의 결과다. 가정 경제의 주역이고 농업 혹은 가내 수공업을 담당한 주요한 노동자로서의 여성이 그 주체성을 인정받지 않은 것 자체가 가부장적 권력 구조의 결과다.

가부장적 가족 속의 농촌 여성 농업정책 결

[177] 전○姬(1927), 『조선농민』, 29.

과는 여성에게 어떤 영향을 미쳤을까? 일제의 농업정책이 어떻게 변화하든 농민의 사정은 나아질 것이 없었으며, 그러한 빈곤을 남자와 여자는 가부장적 가족제도라는 기제를 통해 상이하게 경험하였다.

> 1930년 6백만 석이나 증수되어 굉장한 풍년이 드럿스나 홀로 우리들에게만은 밥이 업단다 "세상이 다 풍년이라도 우리에게만은 흉년이야!" 이것이 농촌에서 긔아에 헤매는 농민들의 부르지즘이다.[178]

1926년부터 실시한 산미증식계획으로 매년 800여만 석의 쌀이 증산되었고 이 중 600여 만 석이 일본으로 유출되었다. 조선의 농민은 농사 지어서 거둔 쌀을 다 팔기 위해 농사를 지었지, 먹기 위해 농사를 지은 것이 아니었다. 조선 농민은 농사를 직접 짓고도 좁쌀밥을 먹었으며 기름진 쌀은 대부분 일본으로 보냈다.[179] 또한 농민은 그들이 생산한 농산물과 공업품의 원료를 헐하게 팔고, 사는 물건은 가장 비싼 값으로 사야 했기 때문에 빈곤은 갈수록 심화될 수밖에 없었다.[180] 이렇게 농사를 지어 풍년이 들어도 농민은 여전히 흉년이었으며, 농민에게 배고픔의 고통은 갈수록 가중되었다. 그러나 이 배고픔의 정도는 한 가족 내에서도 달랐다.

… 안해는 섭섭한 모양으로 밥상을 들고 남편의 눈치만 차려 본다 … 숟가락을 메여 치는 소리가 요란스럽게 낫다. 어린 누이가 자긔밥은 적게 준다고 트적거리면서 입을 뽀족이고 돌아 안젓다. … 눈을 번적 떠서 밥 그릇들을 살펴보니 거긔에는 밥을 담아 두엇든 흔적도 업섯다. 그리고 그들은 저

178 이병관(1930), 미가폭락에 대한 농민의 하소연과 그 대책, 『농민』 1930. 12. 7.
179 馬達(1933), 산미증식사업은 어째서 그만두게 되었나?, 『별건곤』 1933. 2.
180 서춘(1931), 만인필독할 금일의 경제상식 제2과: 금일의 문제 조선 사람은 웨 가난해지나, 『별건곤』 1931. 4.

녁이 지나지 안엇는데도 밥을 먹을야고 하지 안엇다. … 밥을 안 먹고는 정말노 못사는 것인가. 배가 곱아서 허리가 끈어지는 것 갓흔 것을 보니까 죽는 것이 분명하다. 그러니 먹을 것이 잇는가 해는 왜 작고 소사 올으나.[181]

이처럼 먹을 것이 없는 농촌에서 아내와 누이, 어머니 등 여자들은 남자의 배를 채우기 위해 배고픔의 고통을 남자보다 더 견뎌내야 했다. 뿐만 아니라 같은 음식이라도 먹다 남은 것, 나쁜 부분을 먹어야 했으며, 이러한 것이 여자의 미덕이요, 알뜰함으로 여겨졌다. 그러나 농촌 여성은 그들을 힘들게 한 가부장적 가족제도를 인식할 수 없었다. 남녀 차별에 대한 인식을 형성하기에는 배고픔과 중노동의 굴레가 너무 컸다.

식민 자본주의 구조 속의 농촌 여성   마찬가지로 농촌 여성이 느낀 것은 자본주의의 억압 구조가 아니었다. 이들에게는 보다 직접적으로 지주 소작 관계 속의 안정적인 소작권 확보, 소작료 인하, 각종 부담금 경감 등이 중요했다. 농촌 여성에게는 사회 경제 구조의 모순이나 여성의 재산권, 참정권의 확보는 아무런 의미도 없고 필요도 없었다. 오직 당장 배불리 먹는 것이 중요했고, 농사 지을 땅이 필요했을 뿐이다. 다음의 시는 1930년 당시의 농촌의 상황을 잘 나타낸다.

> 땅파기에 일하기에 손발이 다다라도
> 벗기굼기 먹듯하네 집도뒤간 갓다네
>
> … 보리고개 굶어 넘김 일만흔 여름와서
> … 방울방울 피땀흘녀 논박곡 길녀놔도

181 박토인, 궁하의 살임살이(日誌), 『조선농민』 1926. 11.

빨래하는 여성

가을이면 생원선달 모조리 저간다네

… 농사지면 무얼하나 집팔고 떠가는걸

돈혼타는 사방공사 그것도 못할네라

… 얼골이나 반반하면 십장놈 갈보되네

겨울이면 홋옷한벌 버선은 말도말게

… 봄올때만 고대고대 손곱어 기다리나

사람의 봄 안올테면 봄은 와 무월하노

… 피말리며 일만해도 밥업는 우리팔자

… 굶다 못해 갈보기생 억지로 되나가네[182]

182 임현극(1930), 『조선농민』.

이 시는 농사를 지어 풍년이 들어도 농민은 여전히 배가 고팠음을 묘사하고 있다. 소작인은 대부분 비싼 소작료와 각종 비료대금, 공과금 등을 부담했기 때문에 추수량을 초과하는 착취를 당하는 것이 일반적이었다. 실제 농촌에서 거두어 들이는 각종 공과금은 지세, 지세 부가세, 호세, 호세 부가세, 호별할, 농회비, 축산조합비, 지역육영회비, 학술강습소비, 사립학교비, 각종 의연금 등 이루 헤아릴 수가 없었다.[183] 그 결과 빚에 시달리고 소작권도 빼앗겨 대부분의 자작농이나 소작농이 농촌을 떠날 수밖에 없는 상황이 되었다. 아울러 이 시는 이렇게 어려운 상황에서 일제가 추진한 사방공사 사업 등에 농촌 여성도 생존을 위해 뛰어 들었지만, 그 과정에서 가부장적 억압 구조로 인한 성적 억압의 희생물이 되기도 하였음을 표현하고 있다. 여성은 더 이상 굶을 수 없어 매춘 관련 직종으로 전락하기도 했음을 묘사하고 있다. 식민 자본주의가 가부장적 구조 하에서 행한 경제적 억압은 여성에 대한 성적 억압으로까지 이어졌다.

지주 소작 관계에서 조선 여성은 또 다른 억압을 경험하였다. 당시 소작권의 이동은 연중 행사처럼 행해지면서 여러 가지 피해가 수반되었다.[184] 지주는 소작권을 빈번히 바꾸면서 소작민의 생활을 불안하게 하였다. 지주는 소작권을 빙자하여 소작인의 딸을 희롱하였으며, 딸을 둔 부모는 소작권을 빼앗기지 않기 위해, 또 딸을 배불리 먹이고 호강시키기 위해 지주에게 딸을 내어주는 등 순응할 수밖에 없었다.[185]

가부장적 질서의 내면화　가부장적 권력 구조는 국가, 민족, 계급 관계 속에서 여성과 남성 간에 다르게 나타날 뿐만 아니라 여성 간에도 다르게 나타났다. 여성 간의 억압 구조는 사

183 이성환, 죽어가는 농촌을 안고서, 농촌 순례기 중에서, 『개벽』 1924. 5.
184 신일용, 농촌 문제 연구, 『개벽』 1925. 8.
185 임연, 정조(콘트), 『농민』 1930. 8, 33~36.

회 계층 간에도, 가족 내에서도 나타났다. 신여성은 여공을 그들과 같은 입장에서 생각하지 않았고, 농촌 여성을 계몽 대상으로만 생각하면서 스스로를 식민지배 국가와 같이 지배적인 입장에 위치시켰고, 농촌 여성을 타자화시켰다. 아울러 가정 내에서도 여성의 입장은 가족 내의 위치에 따라 달랐으며, 이들은 철저한 위계질서 속에서 여성 간의 억압 구조를 경험하였다.

12세 된 남자와 결혼한 17세 된 여자의 결혼 후의 생활상은 다음의 묘사에 잘 나타난다.

> … 시부모는 밤이면 열한 시나 열두 시쯤 해서야 자는고로 나도 하는수업시 무네질**하노라고 끄떡끄떡 졸아가며 그때까지는 안니 안져슬수 업지요. 만일 조곰이라도 몬져 자게 되면 갈범갓흔 시어만니가 암칼을 부려서 '너갓흔 며누리 둘만 어드면 패가 안이 할 사람이 업겟다. 밥은 하로에 제키 갓치 담은 것을 두 그릇이나 처먹으면서 초저녁부터 잠만 자니' 이럿케 목구녕이 쓰져지는 소리를 꽥 내지르면 그만 젓먹은 살이 내릴 지경이지오.[186]

농촌 여성이 느낀 가장 큰 고통과 여성 문제는 다음과 같은 개혁 사항을 통해 짐작할 수 있다.

> 一. 남존여비의 사상을 버려라. 이것이 녀자를 '사람 다음'으로 보는 장본이 된 까닭이다.
>
> 二. 조혼을 절대로 폐지하라. 이것이 우리 민족으로 하여금 뒷거름을 것게 한다.

186 전○姬(1927), 『조선농민』 1927. 29.

三. 첩을 두지 마라. 이것이 우리 민족의 생장生長을 방해한다.

四. 동니마다 시어머니 강습소를 설치하야 위선 시어머니들을 잘 가르키도록 하라. 우리는 시어머니의 사늘한 그늘 아래에서 시들고 잇다.

五. 동니마다 "가갸" 강습소를 설치하고 위선 우리 편 되는 사람을 가르키라.

六. 동니마다 형편되는 대로 부녀강습을 열어서 우리에게 "가갸나냐"를 가르키어 … 너의 남성가는 길로 가지 안으면 안 돼겟다.

七. 학교, 전문학교, 대학교에서는 금후부터 이혼과를 단연히 폐지하라

八. 학교, 전문학교, 대학교에서는 이혼과를 폐지하는 대신에 가정단락과 家庭團樂科와 구식처교도과舊式妻教道科를 두어 우리 남편되는 사람들을 잘 가르키어 인생의 가장 큰 불상사가 나지 안토록 주의할 사.[187]

이와 같이 농촌 여성이 느낀 문제는 일반적인 여성문제기도 했다. 요구 사항을 보면 농촌 여성이 가장 크게 느낀 고통은 남존여비, 조혼, 첩, 시어머니 문제 등 주로 가족제도 및 혼인제도와 관련된 것들이었다.

남존여비 문제는 여성을 사람 다음의 위치인 동물적인 위치로 격하시켰으며, 이러한 성차별적 관계는 남녀 간뿐만 아니라 여성 간에도 내면화되어 이들이 가족 내에서 차지하는 위치에 따라 '억압 하는 자'와 '억압을 받는 자'의 관계로 나타났다. 며느리와의 관계에서 시어머니는 이미 탈성화되었으며, 며느리에게 '남자 다음'의 위치에 서 있도록 강요하였다.

이처럼 시어머니의 문제는 농촌 여성이 느낀 또 하나의 직접적인 고통이었다. 이 문제는 조혼과 첩의 폐해와 연관되어 있다. 일찍 결혼한 남편은 서울이나 일

187 赤道生, 『조선농민』 1927. 26.

본으로 유학을 갔고, 성장한 후에는 부모가 골라준 처가 마음에 안 들어 첩 생활을 하는 것이 일반적이었다. 그 결과 집에는 여자들만 남으면서 시어머니와 며느리 간에 가부장적 권력 구조가 재현되어 여성은 서로의 다름을 경험하였다.

일상생활에서 농촌 여성은 조선조나 일제 식민국가나 별반 차이 없이 반복되는 여성 억압의 기제 속에서 민족문제나 계급문제를 인식한 것이 아니라, 가정 내에서의 중노동과 시부모의 폭압 등의 문제를 가장 큰 고통으로 인식하였다.

일제 말기가 되면 농민의 생활상이 더욱 비참해지면서 농촌 여성의 부담은 가중되었다. 일반 농민만이 아니라 지주를 포함하여 중상류층의 이동까지도 야기할 정도로 농촌의 경제적 파탄은 가속화되었다. 이 속에서 공동화된 농촌을 지키는 농촌 여성은 가족제도에서 오는 억압과 식민 자본주의와 식민정책의 결과 야기된 억압과 경제적 빈곤 등을 동시에 견뎌내야 했으며, 여초 현상의 농촌 구조 속에서 남성의 빈자리까지 대신해야 했다.

1935년 〈국세조사보고〉에 의하면 전국 대비 여자 100명 당 남자 비율은 1925년, 1930년, 1935년 각각 105.5, 104.6, 103.8로 지속적으로 감소하였다. 도별로 보면 전남·경북·경남·황해·평남·평북 지방이 전국 평균치보다 낮다. 이는 대부분의 농촌 남성이 도시로 혹은 만주 등 해외로 떠나고 농촌의 빈자리를 여성이 지켜주고 있음을 말해 주는 것이다. 도시별로 보면 개성이 여자 100명당 남자 비율이 87.8[1935년 기준]로서 여초 현상이 가장 현저하였으며 그 다음이 마산, 대구의 순이었다.

2. 도시로 떠나는 농촌 여성

1930년대 농촌 여성이 가장 많이 유입된 도시는 경성이고, 그 다음이 부산, 평양, 청진, 원산, 대구, 인천의 순이었다.[188] 이들 도시는 대부분 공장이 집중된 지역이다. 도별 사회적 이동을 보아도 1925~1935년 사이 여성 인구의 실질 증가가 가장 높은 지역이 경기도였고, 상대적으로 이 기간 동안 충북·경북·경남·황해·평남 등은 전출자의 수가 격증하여 실질 인구 증가는 감소되었음을 볼 수 있다(〈부표 2〉 도별 남녀 인구의 사회적 이동 참조).

아내를 팔아먹는 구차한 목숨

이렇게 도시로 떠난 농촌 여성이 가장 많이 종사한 직종은 공장의 여공이었다. 1930년 국세조사 보고에 의하면 여성이 종사한 직업은 농업, 공업, 상업, 가사사용인 순이었다(〈부표 3〉 전국 직업별 본업 인구 참조). 〈표 4〉에서 농업을 포함한 1차 산업과 기타 잡업을 제외하고 부문별 직업을 좀 더 세분하면, 공업 중 방직 부문의 여공이 190,078명으로 단일 부문 점유율 1위, 그 다음이 물품판매점원 111,366명, 가사사용인 91,911명의 순이다. 상업 부문 중 금융·보험업과 접객업 중 업주를 제외

188 조선총독부, 『조선국세조사 보고』 1930, 46~49.

| 표 4 | 직업 부문별 인구

전국 총수		총수 21,058,305	남자 10,763,679	여자 10,294,626	남녀 각 인구 일만 명 중 비율 총수	남	녀	여자 백명당 남자 비율
1. 농업	농경	7,376,846	5,000,911	2,375,935	3,503.1	4,646.3	2,307.9	210.48
	축산	29,735	7,027	22,708	14.1	6.5	22.1	30.95
	잠업	232,619	11,129	221,490	110.5	10.3	215.2	5.02
2. 어업	임업	25,364	24,631	733	12.0	22.9	0.7	3,360.30
3. 광업	어업	121,730	99,799	21,951	57.8	92.7	21.3	454.55
	채탄	9,255	9,126	129	4.4	8.5	0.1	7,074.42
	채광	21,045	20,532	513	10.0	19.0	0.5	4,022.34
4. 공업	토석 채취	3,855	3,763	122	1.8	3.5	0.1	3,084.43
	요업	18,872	16,503	2,369	9.0	15.3	2.3	696.62
	금속 기계	34,092	33,594	498	16.2	31.2	0.5	6,745.78
	정밀	3,542	3,480	62	1.7	3.2	0.1	5,612.90
	화학	14,314	11,118	3,196	6.8	10.3	3.1	347.87
	방직	206,082	16,004	190,078	97.7	14.9	184.5	8.42
	피복	48,191	29,077	19,114	22.9	27.0	18.6	152.12
	지, 인쇄	13,814	12,940	874	6.6	12.0	0.8	1,480.55
	피혁 등	1,045	872	173	0.5	0.8	0.2	504.05
	목죽 연초	99,343	47,546	51,797	47.2	44.2	50.3	91.79
	제염	2,091	2,037	54	1.0	1.9	0.1	3,722.22
	식음료	46,110	33,180	12,930	21.9	30.8	12.6	256.61
	토목	84,984	84,744	240	40.4	78.8	0.2	35,310.00
	와사	4,975	4,973	2	2.4	4.6	0.0	248,650.00
	기타	8,310	8,037	273	3.9	7.5	0.3	2,943.96
5. 상업	물품 판매	385,875	274,509	111,366	183.2	255.0	108.2	246.49
	금융보험	6,704	6,026	678	3.2	5.6	0.7	888.79
	접객업	169,520	64,582	104,938	80.5	60.0	101.9	61.54
	A 업주	144,129	63,189	80,940	68	59	79	78.07
	예기, 창기 등	25,391	1,393	23,998	12	1	23	5.8
6. 교통	운수	96,640	96,050	590	45.9	89.2	0.6	16,279.66
	통신	10,901	8,887	2,014	5.2	8.3	1.9	441.26
7. 공무·자유업		182,684	163,640	19,044	8.7	152	18	859.27
8. 가사사용인		120,877	28,966	91,911	57.4	269	893	31.52
8. 기타 유자		386,609	319,386	66,683	183.3	296.7	64.8	478.96
10. 무업		11,292,791	4,320,630	6,972,161	536.3	401.4	677.3	61.9

출처: 조선총독부(1934), 「국세조사보고 1930」

※ A는 접객업을 업주와 예기, 창기 등 접객업자로 분리한 수치임.

한 접객업종 예기, 창기, 시중 등 부문 종사자 수는 23,998명이다. 따라서 가사사용인은 단일 직종으로서는 여공과 점원 다음으로 다수의 여성이 종사한 직종이었음을 알 수 있다.

농촌의 빈곤은 여성을 도시로 내몰았다. 이들이 도시로 나가서 쉽게 선택할 수 있는 직종은 앞의 표에서 본 바와 같이 여공·점원·식모 등 가사사용인과 접객업 종사자 등이었다.

전국의 마을 6개를 표본 추출하여 조사한 결과에 따르면, 농가에서 떠난 수는 1934년부터 10년 간 총 273명이었다. 도시로 출가한 273명 중 남자는 258명(94.5%)이었으며, 여자는 15명(5.5%)이었다. 여자가 구직을 위해 떠난 비율이 남자보다 상당히 낮았다. 도시로 나간 이들을 보면 남자는 토목노동 등 중근육 노무자가 53.8%를 차지하고 있으며, 여성의 경우 고녀雇女, 작부 포함[189] 10명, 여공 4명, 불명 1명 등으로 접객업 부문이 1위를 차지하고 있다. 이렇게 도시로 떠난 여성 중 20세 이하의 연령이 전체의 67%를 차지하고 있음을 볼 때, 농촌의 빈곤은 젊은 미혼 여성층을 도시로 압출시키는 주요인으로 작용하였음을 알 수 있다.[190]

농촌 여성이 도시로 유입된 것이 자발적일 수도 있고 강요된 것일 수도 있다. 그러나 직업을 선택하여 경제적으로 가족을 부양하는 것 자체를 주체적인 삶의 모습으로 볼 수 있으며, 당시의 시대 구조 하에서 최상의 선택으로 볼 수 있다. 도시로 떠난 농촌 여성은 전자본주의와 식민 자본주의의 사회구성체적 특징이 혼재된 가운데 직업도 이중적인 구조 속에서 선택하였다. 이러한 직업의 선택에 있어서 남성과 여성의 차별, 조

189 고녀(雇女)는 당시 음식점 등에 고용된 여성을 지칭하지만, 고녀로 고용해서 작부로 이용하는 것이 일반적이었다. 월급은 대부분 없었고 가장 대우 좋은 집이 월 10원 정도였다. 이들 대부분 빚이 67원에서 350원 정도였으며, 화류계로 떨어졌다. 매일신보 1930. 1. 27.
190 1944년 전 조선의 6동 촌락(경기도 평택, 전북 남원, 경북 영천, 경남 김해, 황해도 서흥)을 표본으로 조사. 조사 총 호수 980호/농가 826호, 비농가 154호. 조선총독부, 『조사월보』 1944. 10.

선인과 일본인 여성이라는 민족 간의 차별이 개입되면서 여성의 직업 선택은 복잡하게 얽혀 전개되었다.

조혼과 근로 여공　혼인은 직업이 아니다. 혼인과 여공 간에 어떤 상관관계가 있을까. 혼인 적령기의 젊은 여성은 대부분 먹을 것이 없어서 어려서 남의 집 민며느리로 들어가거나 도시로 나가 공장에 취직하는 양상을 보였다.

조선시대와 같이 이 당시 혼인의 주체는 부모였다. 혼인대상인 남자도 혼인의 객체인 점에서는 동일하지만, 혼인 후 여자의 역할은 남자와 그 가족을 위한 노동과 생산을 위한 기계라는 점에서 남자와는 다르다. 이러한 조혼이나 민며느리제는 여성 억압적인 봉건적 유제로 볼 수 있다.

> 옛날부터 조선의 여자는 결혼 년령에 달하면 또는 하기도 전에 남의 안해라는 직업을 갓게 되었는데 그것을 소위 결혼이라고는 하나 결혼의 요소되는 연애문제는 있어 볼 여지가 없고 육욕을 채우게 하는 도구가 되기 위해, 아들 낫는 생식기계가 되기 위해, 결국 남자의 생활을 편의케 하여 주기 위해서의 결혼이다. 그리하여 그 보수는 그 남자에게 봉사하는 동안 의식의 자료를 얻게 되는 것이다. 그것을 이름하여 결혼직업, 인처직업人妻職業이라 하는 것이 상당할 것이다.[191]

조선에 조혼이 성행한 이유를 "자녀를 물건시하여 속히 장가를 보내면 가장이 장하다는 평을 받고, 시어머니가 며느리 드리는 쾌감과 부려먹자는 마음으로, 나이 어린 딸을 두고 나이 많은 사위를 얻어서 일 시키기 위한 데릴사위제도

191 김평우(1927), 16.

로, 혹은 미신으로 조혼을 하기도 하며, 자식에게 처를 얻어 주는 것을 부모의 의무로 알았기 때문에, 경제상의 곤란과 소유 관념의 악화, 기타 역사적으로 임란이나 병란이 날 경우"를 들고 있으나 가장 중요한 것은 경제상의 곤란과 소유 관념에 기인한 것으로 볼 수 있다. 딸은 나면서부터 남의 것이라는 관념이 들어서 이왕 남의 자식이 될 것이니 한 식구라도 치우자고 어린 것을 시집도 보내고 민며느리로도 주고 심하면 팔기까지 하였다. 또한 '난리가 난다, 난리가 난다'는 불안한 공기가 여자를 속히 치우는 원인이 되었다고 한다.[192]

이러한 조혼은 법정 혼인 연령인 남자 17세 미만과 여자 15세 미만의 나이로 혼인하는 경우를 말한다. 〈표 5〉에서 보는 바와 같이 1920년에서 1937년까지 조혼의 변화 추이를 보면 6~7%대에서 1932년 이후 대체적으로 10% 전후로 높아졌다. 이는 농업 공황과 쌀값 폭락 그리고 1931년 만주사변 발발 등으로 인한 불안한 심리 등이 반영된 것으로 볼 수 있다.

〈1935년 국세조사〉에 의하면 1930년 15세 미만의 배우자 67,754명 중 여자가 48,858명으로 72%를 차지하고 있다.[193] 이 수치는 여자가 일찍이 출가하여 집안의 살림을 덜어 주는 조혼의 풍습을 반영한 것이다. 조혼의 경향은 전시체제가 심화되면서 더욱 강화된다. 특히 국민징용령이 시행되고 징병제가 조선에서도 적용되자 서둘러 결혼하는 경향이 증가했고 이에 부녀자는 노무 징용대상이 아니라는 발표까지 나왔다.[194]

이러한 조혼의 폐단은 여성에게 더욱 치명적이었다. 혼인이 사랑 없는 결혼 생활로 이어질 경우, 특히 여자의 의사에 없는 성교를

192 『농민』 1928. 30~32.
193 조선총독부(1939), 『조선국세조사보고 1935』, 전선편.
194 조선총독부, 『조사월보』 1944. 5. "최근 부인을 노무자로 징용한다는 소문이 나자 결혼을 급속히 하는 경향이 있다. 그러나 부인징용은 결코 시행하지 않는다"고 발표하였다(경성일보 1944. 4. 17).

| 표 5 | 남녀 조혼 추이

년도	혼인 총수	조혼 총수	혼인대비 조혼백분비	남(백분비)	여(백분비)
1920	141,122	17,939	6.4	8,825(6.3)	9,114(6.4)
1921	155,591	22,225	7.2	11,756(7.6)	10,469(6.7)
1922	193,918	26,823	6.9	13,422(6.9)	13,401(6.9)
1923	258,167	25,526	5.0	13,778(5.3)	11,748(4.6)
1924	154,809	19,700	6.4	11,179(7.2)	8,521(5.5)
1925	171,066	25,079	7.3	13,415(7.8)	11,664(6.8)
1926	167,409	24,411	7.2	12,752(7.6)	11,197(6.7)
1927	174,653	24,675	7.1	13,016(7.5)	11,659(6.7)
1928	191,816	27,034	7.0	14,791(7.7)	12,243(6.4)
1929	192,723	25,478	6.6	13,467(7.0)	12,011(6.2)
1930	197,563	23,742	6.0	13,059(6.6)	10,683(5.4)
1931	182,715	21,402	5.9	12,479(6.8)	8,923(4.8)
1932	128,258	31,045	12.1	18,470(4.4)	12,575(9.8)
1933	124,480	29,751	12.0	17,441(14.0)	12,310(9.9)
1934	119,041	25,836	10.9	15,273(12.8)	10,563(8.9)
1935	121,246	24,753	10.2	14,041(11.6)	10,712(8.8)
1936	123,693	24,061	9.7	13,650(11.0)	10,411(8.4)
1937	124,611	21,715	8.7	12,163(9.8)	9,552(7.7)

출처: 조선총독부 『조사월보』, 1930. 5, 1936. 9, 1938. 11

강요당하며 살아갈 경우 그것은 평생 강간이며 일일 강간과 차이가 없다고 주장한 상당히 진보적인 주장도 있었다.

당시 여자로서는 정조를 중히 여겨 만일 그 정조를 함부로 판다면 그를 가리켜 더러운 여자, 천한녀자라고 하는 듯하다. 그러나 그네들의 소위 정조라는 것은 엇던 남자 한사람의 소유권됨을 말한 것 아닌가? 사랑이 없이 결혼할 경우, 돈으로 매수하는 것은 하룻밤을 십원이나 이십원으로 사는 것이나 천원이나 만원으로 일평생을 사는 것이나 일반이 아닌가?[195]

조혼의 가장 큰 폐해는 이혼이었다. 어린 남편을 기르고 공부하러 유학가면 시집을 위해 남편이 올 날을 학수고대하면서 나날이 중노동으로 세월을 보낸다. 하지만 신여성을 데리고 고향에 돌아온 남편은 이혼부터 하려한 것이 당시의 일반적인 모습이었다. 이처럼 조혼의 폐해를 개혁하기 위해 갑오개혁 당시 이를 금지한 바 있으나 그 인습과 관습은 여전히 남아 있었다.

이러한 조혼 풍조는 공장에서 여직공을 고용하기 시작하면서 일부 완화되는 모습을 보였다. 공장에서는 기계화 등으로 규모에 비해 그리 많은 일자리가 창출되지 않았지만, 이들 중 일부를 여공으로 흡수할 수 있는 수준이었다. 따라서 농촌의 여자 아이도 농사일을 돕고 농촌 가정의 가내부업을 하도록 장려시키면 얼마간 조혼이 완화될 수 있을 것으로 보았으며, 실제로 딸이 생계를 보조하자 이들을 일찍 시집보내지 않으려는 경향이 나타났다.[196]

이들은 가계 보조를 위해 공장 노동자가 되었으며 공장 직공 중 같은 연령층의 남성에 비해 더 높은 비율을 차지하였다. 그것은 여성이 남성에 비해 교육 기회에서 더 많이 배제되고 더 어린 나이에 일하러 나갔음을 보여준다.[197] 따라서 농촌의 경제 파탄과 가부장 질서, 식민지 독점자본의 착취

195 김평우, 『조선농민』 1927, 19.
196 "그전에는 어서 치이려고 하든 부모들이 돈벌이 하는 것이니 몇 해 더 길러서 시집보낸다고 정-어린 것은 안 보내는 것을 보앗습니다"고 언급하면서 조혼의 가장 큰 이유를 경제적인 곤란으로 보고 있다. 『농민』 1928. 36.

조혼의 폐단을 풍자한 만화(『조선중앙』 1933. 9. 21)

구조 속에서 또 다른 피해를 입은 층이 이들 15～16세 전후의 나이 어린 미혼 여성층이었다. 〈표 6〉에서 보는 바와 같이 1930년 국세조사에 의하면 17세 미만의 공장 여공 수는 62,908명으로 총 여공 대비 22%를 차지하고 있으며, 이 수는 17세 미만 남자 직공 27,408명의 2.3배에 이르고 있다. 따라서 17세 미만의 여자가 또래의 남자보다 훨씬 많이 도시로 유출되어 생계 보조를 위해 희생되고 있었음을 알 수 있다.

1924년 당시 일급 30전 정도를 받는 경성 지역의 비참한 부녀자와 유년 직공의 생활상에 대해 다음과 같이 묘사하고 있다.

197 이만열 외(2000), 331～332.

동리에는 제면製綿회사와 장유醬油 양조소가 있고

| 표 6 | 남녀 직업 종사자 연령별 누계표

	총수				0-17세 까지			
	총수	남	여	녀백對남	총수	남	여	녀백對남
인구 총수	21,058,305	10,763,679	10,294,626	104.56	9,624,973	4,935,320	4,689,663	105
유직자 총수	9,765,514	6,443,049	3,322,465	193.92	1,429,572	920,386	509,186	180
1. 농업	7,644,564	5,043,698	2,620,866	192.44	1,164,186	801,621	362,565	221
2. 수산업	121,730	99,779	21,951	454.55	10,162	6,907	3,255	212
3. 광업	34,185	33,421	764	4,374.48	1,802	1,744	58	3006
4. 공업	585,765	304,105	281,660	107.97	90,316	27,408	62,908	43
5. 상업	562,099	345,117	216,982	159.05	47,083	31,433	15,650	200
(접객업)	(169,520)	(64,582)	(104,938)	61.54	(18,196)	(5,815)	(12,381)	47
6. 교통업	107,541	104,937	2,604	4,029.84	6,471	5,455	1,016	537
7. 공무·자유업	182,684	163,640	19,044	859.27	3,922	2,433	1,489	163
8. 가사사용인	120,877	28,966	91,911	31.52	78,247	19,437	58,810	33
9. 기타 유업자	386,069	319,386	66,683	478.96	27,802	24,398	3,404	717
10. 무업	11,292,791	4,320,630	6,972,161	61.97	8,194,991	4,014,484	4,180,507	96

출처: 조선총독부(1934), 『국세조사보고 1930』에 의함

정미소가 있고 고무공장이 있다. 그리하야 일반 부녀들과 어린 유년들은 목 메인 아참밥을 물과 함께 마신 뒤 일각을 머물지 아니하고 한손에 주먹만한 조밥덩어리를 싸가지고는 해발이 보이지 않는 음침한 공장 안으로 발길을 재촉한다. 종일토록 마음대로 안고 서지도 못하고 몬지를 마시며 뼈가 빠지 게 긔계를 놀리며 손발을 움직인 땀의 유일한 보수는 단돈 30전을 넘지 못 하니 자긔 한 사람 한 달 동안의 이것저것 잡비를 제하고 나면 집안 살림에 보텔 것은 차즈랴 어쩔수가 없게 된다. … 그러나 오히려 의식업는 그들은 '아, 내가 다니는 공장이여 업어지지 말고 오래 계속하소서! 그리고 나 한

	0~19세 까지				0~24세 까지			
	총수	남	여	녀백對남	총수	남	여	녀백對남
인구 총수	10,452,657	5,360,448	5,022,209	107	12,175,983	6,276,355	5,899,628	106
유직자 총수	2,008,837	1,304,293	704,544	185	3,330,051	2,178,386	1,151,665	189
1. 농업	1,635,405	1,114,622	520,783	214	2,663,414	1,774,769	888,645	200
2. 수산업	17,415	12,673	4,472	283	37,138	29,355	7,783	377
3. 광업	3,524	3,436	88	3,905	8,534	8,374	160	5,233
4. 공업	126,024	44,579	81,445	55	209,003	90,291	118,712	76
5. 상업	74,675	49,945	24,730	202	139,515	92,508	47,007	197
(접객업)	(28,721)	(9,392)	(19,329)	49	(50,913)	(17,432)	(33,481)	52
6. 교통업	13,631	12,072	1,559	774	34,689	32,616	2,073	1,206
7. 공무·자유업	9,696	6,692	3,004	223	56,493	50,214	6,279	800
8. 가사사용인	84,084	21,409	62,675	34	92,083	23,757	68,326	35
9. 기타 유업자	45,072	39,315	5,757	683	89,591	76,942	12,649	608
10. 무업	8,443,400	4,055,705	4,387,695	92	8,916,512	4,097,519	4,817,993	85

출처: 조선총독부(1934), 「국세조사보고 1930」에 의함

사람만은 기리기리 불러 주소서!' 하고 끝업는 긔도를 마암 속으로 남모르게 속살거린다.[198]

1935년 안양의 조선직물회사의 여공 초임은 20전, 3년이 지난 숙련공의 임금은 67전이었다. 대부분의 여공이 일일 20전의 초임을 받았으며, 이 중 15전을 일일 식사비용으로 제하면 남는 것은 5전에 불과하였다.[199] 여공의 하루 노동을 보면 다음과 같다.

수천 가닥의 비단실 오래기를 날카로운 눈동자로 일일이 노려보며 비호가 티 날랜 두 손으로 하늘거리는 비단을 짜고 있다. 아침부터 밤까지 안지도 못하고 꼿꼿이 이러서서 친한 이웃이 잇건만은 한 마듸의 이야기도 재미잇게 못 하고 …[200]

하는 일은 고치를 남비에 늣코 펄펄 끓는 물에 손을 넣어 실을 뽑아 내기도 하고 또 실을 빨기 위하야 찬물에 헹궈 내기도 하고 또 실을 얼네에 감기도 한다. 그런 까닭에 손은 13시간이면 13시간을 물 속에서 헤엄질을 하게 되야 썩은 사람의 손처럼 누렇게 된다.[201]

이들이 열악한 조건과 저임금을 감수할 수 있었던 객관적 근거는 팽배한 농촌 과잉 인구에 기반을 두고 있고 당시 전반적으로 낮은 생활 수준이었다는 점 외에도 그들이 도시로 유입된 여공이었다는 점이다. 이들은 주로 조선의 중부 및 남부의 빈민 농가의 자녀로서 대개 결혼 전에 가계를 보충하기 위해 여공이 되었다. 결국 일제의 농업정책으로 농촌의 빈궁화는 조선의 나이 어린 소녀에게 가혹한 노동과 저임금을 감수하면서 살도록 하였다.

식모 등 가사사용인　식모, 조선 어멈 등 여자 가사사용인은 1930년 기준으로 91,991명이었다. 이 시기 여공 총수가 281,660명임을 고려할 때, 가사사용인은 많은 여성이 진출한 직종 중의 하나다(〈표 4〉 참조). 이 중 17세 미만의 여자가 58,810명으로서 63.9%를 차지하였으며(〈표 6〉 참조), 17세 미만의 남자 가사사용인의 수가 19,437명임과 비교해 볼 때, 남자의 세 배에 이르고 있다.

198 동아일보 1924. 11. 10.
199 조선중앙일보 1935. 9. 20.
200 『낙원』 1933. 창간호.
201 『신여성』 1931. 12.

당시 가사사용인은 대부분 직업소개소를 통해 취직되었다.[202] 1938년 직업소개소를 통해 취직한 27,014명 중 가사사용인이 23,527명으로서 총 87.1%를 점하였다(〈부표 4〉 직업소개소 직업소개 현황 참조).

도시에서 식모를 지망하는 자는 거의 없었으나 지방 여학교 출신자 중에는 상당수가 있었다.[203] 식모 직업은 하층계급의 여성만이 아니라 중산계층에서 몰락한 부인도 상당수 있는 등, 부인 취업의 최대 직종이었다. 이는 농촌 해체의 영향이 소작 빈농뿐만 아니라 중농층에게도 미친 결과였다. 직업소개소에 가는 부녀를 보면 대개 농촌 출신으로 경성으로 먹을 것을 찾으러 왔고 보수가 박한 조선인 가정보다는 보수가 후한 일본인 가정을 선호하였다.[204]

당시 대다수의 일본인 집에서는 조선인 식모를 두었으며, 일본인의 조선인과의 접촉이나 조선 문화에 대한 경험은 거의 가정부와의 관계에서 나왔다고 한다. 늙은 식모는 "오모니—"라고 어머니를 일본 발음으로 불렀고, 젊은 가정부는 "네—야"라는 젊은 가정부를 비하하는 일본어로 불렀다. 조선인과 일본인의 임금도 많은 격차가 있었는데, '식모'의 임금은 경성에서 '일본인'이 15원 8전인데 비해 조선인은 8원 33전으로 두 배의 차이가 났다.[205]

조선 어멈을 구하는 수요는 계절별로 상이하였다. 대개는 겨울철 찬물 사용을 꺼려 3, 4개월 간 수요가 급증하는 반면, 봄철이 되면 대개 구직자의 수가 증가하므로 일본 사람들은 마음대로 물건 고르듯이 골랐다. 아래는 동아일보 기자가 인사상담소에 들렀을 때 일어난 풍경이다.

202 1930년 경성부립어멈소개소와 화광교원직업소개소 두 곳의 구인수는 남자 278명, 여자 528명, 구직자 수는 남자 607명, 여자 510명 합 1,117명이었다. 이 중 여자는 주로 어멈으로 취직하였다. 매일신보 1930. 2. 6(2면).

203 이만열 외(2000), 329.

204 동아일보 1928. 3. 14.

205 조선총독부, 『조사월보』 1940. 3.

십여 명의 어멈이 늘어진 곳에
나타난 일본 남녀―"혹은 이것들
가운데에는 마음에 맞는 것이 업는
걸요"하면서 사무원에게 다시 부
탁하는 사람도 잇섯고 … 이리하야
조선랑자 조선 옷에 일본 버선 '게
다'라는 기형덕畸形的 스타일의 조선
어멈이 하로 이틀 그 수효가 늘어
갈 분이라 한다.[206]

조선인 가정에서의 식모는 조선
시대의 여종 정도로 취급되었다. 이
러한 관계는 19세기 유럽에서도 일
반적이었다. 우아한 숙녀들이 근로
여성을 동등한 사람으로 여기는 경
우는 거의 없었으며, 이들을 하인과
비슷한 사람으로 바라보았을 뿐이
다.[207] 당시 신여성층의 식모에 대한
좌담회를 보면 신여성은 사회적인
제도의 모순을 인식하고 개혁적인
여성해방을 주장하면서도, 가정 내
에서의 식모에 대해서는 여전히 종
을 부리는 조선시대에 머물러 있었
다. 신여성이 주장하는 법적인 평등

조선 어멈 연재 기사(동아일보 1928. 3. 15)

과 자유연애, 재산권의 보호 등은 사실 아무것도 가진 것이 없는 하층 여성과는 무관한 것이었다.

> 식모로 나오는 이유에 대해 '소박을 맞고 나오는 것, 남편이 첩을 얻어서 나오는 것, 막내둥이 시집을 보내랴구두 나오구 … 소박을 맞을 이유가 다 있어요'; 식모의 훈련에 대해 '어른보다는 계집애를 두는 것이 훨신 났도군요. 아홉 살 난 계집애를 열다섯살 날때까지 둬봤는데 참 잘해요'; 주인식모 간의 용어에 대해서는 '어멈이라고도 부르고, 식모라고도 부르는데 … 노인에겐 여보세요라고 부르지'; 하인이 주인을 보고는 '늙은이는 마나님, 젊은 이는 아씨, 밖았 냥반은 나리, 젊은 양반은 서방님 요샌 이렇게 부르기들을 시러해요. 아씨, 마나님을 봐치랜다구 그게 아니꺼워서 식모를 안하겠다는 사람두 있어요'; 식모의 휴양에 대해 '8월 추석 때나 정초에는 집에 가야한다구 야단이죠, 또 집에 일은 많은데 명절이니까 가야한다고 떼를 쓸댄 그건 딱 질색이야'.[208]

여기서 당시 일부 신여성이 식모를 자신과는 다른 위치에 놓고 있음을 알 수 있다. 즉 식모가 된 여성이 소박맞은 이유에 대해 남성 중심적인 가부장적 사회 구조를 탓하기보다는 여성 개인의 문제라고 받아들이는 것이나, 같은 여성끼리 지배와 복종의 관계를 드러내는 호칭의 사용을 선호하는 것 등은 이들 신여성의 의식이 얼마나 가부장적이고, 봉건적인 사고에 젖어 있는가를 보여 주는 단면이다. 아랫사람은 여전히 봉건시대의 종을 부리는 듯하면서, 남녀평등의 사회개혁을 주장

206 동아일보 1928. 3. 15.
207 미셸 페로(1994), 울타리 밖으로, 『여성의 역사 4(하)』 696.
208 식모를 토론하는 좌담회, 『여성』 1940. 1. 출석 인사: 고황경. 이모을순. 송금선. 허하백. 허영순.

한 이 시기 일부 신여성의 여성해방은 그들 자신만의 해방론이었음을 말해 준다.

이렇게 조선인 식모는 일본인 가정에서는 민족적인 차별과 무시를 경험하였으며, 조선인 가정에서는 여성 계층 간―상층 여성과 일반 부녀층―에서 또 하나의 독특한 억압과 차별을 받고 다름을 경험하였다.

이와 같이 식모는 기혼 여성, 10대 소녀, 이혼녀 등 다양하였다.[209] 10대 소녀가 식모로 일한 것도 식민정책의 결과다. 이들 어린 소녀들은 전시 하에서 군수 공장으로 동원된 성인 여성 대신에 가계 보조를 위해 열악한 환경 속에서 그 일을 감수해야 했다.

기생과 여급 등 접객업 종사자 기생[210]과 창기,[211] 여급은 시대적 배경도 다르고 성격도 다르다. 그럼에도 기생과 공창, 사창, 여급, 작부 등이 혼돈의 시대에 공존하면서 모두 창기로 취급되었다. 대부분의 근대국가가 매춘을 법으로 금지했지만 실제로 매춘이 행해지지 않은 나라는 거의 없었다.[212] 매춘 여성은 역설적으로 가부장적 권력 구조를 유지하기 위한 이념을 수호하는 역할을 하였다. 남성의 성욕은 자연적인 것으로서 어찌할 수 없다는 논리와 중간 계층 여성의 품위 있는 여성상을 지켜주기 위해 국가의 적당한 감시 하에 매춘은 존속되었다. 중간 계층 여성은 타락한 여성의 모습을 중심으로 자신의 정체성을 구성했는데, 매춘부를 타락한 타자이자 가정의 모성적 여성과 대비되는 천하고 여성다움을 잃은 모습으로

209 이만열 외(2000), 328.
210 기생이란 각 지방 고을의 官婢 중에서 선발하여 노래와 춤을 가르쳐서 女樂으로 사용하였던 것이다. 시대가 발전하면서 관청의 연회와 사회 교제에 없어서는 안 될 필수적인 것이 되었다. 이능화·이재곤 역(1992), 『조선해어화사』, 동문선, 442.
211 공창은 관에서 매춘을 인허 받은 창기로서 거주나 영업장소가 일정 지역으로 제한되고, 건강진단 등에 대한 관의 통제와 관리를 받았다. 강정숙(1998), 대한제국 일제 초기 서울의 매춘업과 공창제도의 도입, 『서울학 연구』 11.
212 니콜 아르노-뒤크(1994), 법의 모순, 『여성의 역사 4(상)』, 150.

간주하였다.[213]

일제는 개항과 더불어 이미 조선의 매춘에 개입하였고, 1916년 경무총 감부령 3호 '예기작부예기치옥藝妓酌婦藝妓置屋영업취체규칙'과 4호 '대좌부 창기취체규칙賞座敷娼妓取締規則'을 발포하여 전국적으로 통일 법규를 마련하여 사창을 공창으로 전환시키고 조선인 매춘부를 일본식 공창제도에 편입시켰다. 이제 공식적으로 국가의 통제 하에 들어간 공창은 정기 검진 등 각종 규제를 받아야만 했다. 국가는 기생이나 창기 등의 영업 실적에 따라 세금을 과하였다. 이들은 지금의 시에 해당되는 부府에 영업세1927년 기준 약 5원를 납부하고 기생조합인 권번과 요리집에도 수입의 일부를 납부해야 했다.

1916년 법규 발표 이후 조선인 창기는 지속적으로 증가하였다. 특히 1925년 이후 토지조사사업으로 인한 농촌의 빈궁화, 1930년대 전반 쌀값 폭락과 연이은 농업 공황 등으로 농촌 여성이 도시로 떠나고 이들 중 일부가 접객업 분야에 종사함으로써 이들의 수는 더욱 증대되었다(〈부표 5〉 접객업 관련 종사자 누년표 참조).

농촌의 나이 어린 소녀들은 부모에 의해 팔리기도 하였고 혹은 가족을 부양하기 위해 도시로 일자리를 찾아 스스로 떠나기도 하였다. 도시로 나와 이들이 선택할 수 있었던 손쉬운 직종 중의 하나가 접객업 관련 직종이었다. 그러나 이들은 접객업종을 타이피스트나 백화점 점원, 전화교환수와 같이 여성이 가질 수 있는 하나의 직업이라고 생각해서 선택한 경우가 많았다. 이들의 사연도 가지각색이어서 부모를 위해 나온 이, 애인의 병을 간호할 돈을 구하러 나온 이, 집에 젖먹이 아이를 눕히고 눈물을 흘리며 나온 이, 실연의 화풀이를 하러 나온 이 등 다양하

213 주디스 월코위츠(1994), 위험한 성, 조르주 뒤비 · 미셸 페로 편, 『여성의 역사 4(하)』, 592.

⋮
읍내 기생조합

였다.[214] 〈표 6〉에 의하면 17세 미만의 여자 접객업 종사자 수는 12,381명
으로서 총 여자 접객업 종사자 104,938명 중 11.8%를 차지하고 있다. 또
한 17세 미만은 동일 연령층 남성 접객업자 5,815명의 두 배에 달하고 있
다.[215]

경제적 빈곤은 조선인 여성이 접객 업종을 선택한 주요인 중의 하나였
다. 이들은 버스 차장이나 여직공 등을 거쳐 전락한 자발적 취업자도 있
으나 선금을 주고 매매되는 경우도 많았다. 연령층은 12세로 시작되어
매우 어린 소녀들도 상당수 있었으며 20세 전
후가 가장 많았다. 1930년대 전반 도별 인구
이동을 보면 이동 인구가 가장 많은 지역 중

214 『금강』 1933.10.
215 조선총독부(1934), 『국세조사보고 1930』에
의함.

의 하나가 경남지역이었다.[216] 도시로 빠져나간 여성의 상당수가 매춘 관련 직종에 종사했음을 추정할 수 있다. 물론 매춘부 중에는 일본에서 온 매춘부도 상당수 있었다. 공창제도 하에 생긴 유곽 지역은 일본 지방 도시에서보다 더 높은 수입을 기대해서 온 매춘부나 일본 농촌에서 현금 수입을 얻기 위해 알선업자에게 팔린 일본 여성으로 구성되었다.[217]

1930년대 이후부터는 '카페 여급'이라는 새로운 직종이 성행하였다. 총독부 자료에 의해 여급의 수가 공식 통계상에 잡히는 것은 1933년 이후부터다. 경제공황 등의 여파로 비싼 기생집보다는 신식 카페로 대체되는 상황에서 여급은 기생, 창기, 작부 등과 구분되는 또 하나의 직종으로 등장하였다.

> 카페가 난 덕에 녀급이 번창된 덕에 파리를 날리는 곳은 요리집이요! 한숨이 터져 나오는 사람은 기생이라 한다. … 요리집에 한번 가면 수 십원씩 들고 기생 외입까지 한번에 사오십원 드는 큰 비용을 자유로 쓸 재산의 여유가 없다. 그러함으로 기생들의 세월도 까부러져 간다. 요리집 기생은 형세에 부처 못가는 조선의 새서방님네들이 몰려가는 곳은 일원 이원 가지고도 꽃가튼 미인과 손목잡고 술 마시며 노래도 부를 수 있는 빠—나 카페일수밧게 더 잇겠는가.[218]; 카페 여급도 직업에 틀님 없다 함으로써 그래도 미지의 세계에 발을 옴길랴는 불안에 설내이는 내마음을 갓갓으로 안정식힐냐고 했습니다[219]; 생활 때문에 한 개의 직업여성으로 생각하고 들어왔죠 뭐.[220]

1930년대 초반 잘 나가는 기생의 월 수입이 200여 원 정도이었는데, 카페 여급은 평균

216 조선총독부 조사월보(1939), 『조선국세조사보고 1935』에 의함.
217 다바타 가야(1996), 87.
218 『금강』 1933. 1.
219 韓順, 나의 여급생활기, 『호남평론』 1937. 7.
220 여급생활의 운명론, 『조광』 1935. 10.

1930년대 카페 모습

월 5원 정도에 불과했고, 나머지 수입은 손님이 주는 20전에서 1, 2원 정도의 팁으로 보충되었다.[221]

그러나 일반인의 여급에 대한 시선은 허영에 들떠 도시로 나온 가출녀 그 자체였다. 또한 법적으로 직업 간의 구별이 명확히 있었음에도 불구하고 일반인들, 특히 이들을 수요하는 측에서는 기생, 창기, 작부와 같은 부류를 오직 매춘을 하는 대상으로만 보았다. 일제 역시 창기뿐만 아니라 기생, 작부, 고녀屬女까지 성병검진을 하였다.[222]

> 1930년대 등장한 카페 여급은 기생, 창기, 밀매음 등등 부인 직업 중에서 가장 고급이요, 가장 첨단적이요 가장 흥미를 가즌 멋드러진 직업임에는 틀림없다.[223] : 손님 중에는 5원에서 10원 정도의 팁을 주면서 다른 곳으로 놀러 가자고 한다. 이들은 카페의 상식도 없다. 카페는 일시적 기분을 좋게 하기 위해서 노는 곳이다. 그러나 카페의 여급은 도색밀매자가 아니다.[224]

> 우리는 인육장사가 아니외다. 엇더한 손님이 비열한 요구를 금전으로 요구할 때 나는 그 남자의 얼골에 침이라도 뱃고 십허요. 모든 인생의 문제가 금전으로만 해결된다고 생각하는 너희는 영원히 금전의 종으로 굴욕과 유린 속에서 너희들의 운명을 맞치리라.[225]

221 『해방』 1930. 12.
222 1927년 부산 경찰서에서는 부(府) 내 음식점 작부 400명을 건강진단을 실시한 결과 이들 중 60%가 화류병에 감염되어 있었다. 부내 고녀도 정기점진을 실시하였다(매일신보 1927. 8. 23).
223 『금강』 1933. 1.
224 여급의 남성관, 『女聲』 1934년 창간호.
225 1933년 9월 싸롱, 은좌(銀座)에서, 『호남평론』 1권 1호, 1935. 4.

일반인들은 이들 직업에 종사하는 자를 모두 매춘하는 여성으로 취급하였지만 기생이나 여급 등은 나름대로의 직종에 종사하는 자로서의 정체성을 지키기 위해 노력하였다. 여급 종사자는 자신이 창기와 같이 취급됨을 거부하고 카페에서의 서비스에 국한된 직업임을 고수하려고 노력하였다. 특히 기생은 매월 5원이라는 다액의 영업세를 부府에 납입하는 점으로 보아 관허의 공연한 직업이요,[226] 창기와 구별되는 직업임에도 불구하고 이들은 자신들이 "몸을 팔아먹고 살 뿐인 천한" 창기와 동일시된다는 사실에 분개했다. 식민지 시대 일본의 유곽과 매춘부가 들어오자, 기생은 조선적인 미를 지키는 자로서 자신들의 정체성을 새롭게 규정하면서 '옛 기생의 모습'을 지키기 위해 노력하였고 스스로를 일본 문화로부터 조선 문화를 보호하는 투사로 인식하기 시작했다. 그러나 일제는 1908년 통감부 시절 창기에만 시행하던 성병검진을 기생에게도 의무화함으로써 기생들의 자존심을 짓밟고 말았다. 더욱이 '기생단속령'을 공포하고 기생조합으로 그들을 조직하여 경찰들이 수시로 드나들며 단속을 사칭해서 기생들을 괴롭히곤 했다. 기생들은 성병검진이라는 모욕적인 대우 등에 항의하여 동맹휴업을 단행하는 등, 일상적수준에서 일제의 정책에 저항하였고 이들의 저항은 점차 정치적·민족적 운동으로 전개되었다.[227]

이처럼 기생은 윤락녀로서 사회의 주변인으로 몰락해가지 않고 근대사회로 진입하는 과정에서 스스로를 새로운 문화적 주체로 전환하였다. 사회가 여전히 인습과 관례에 얽매어 있던 때에 기생은 가장 먼저 자기 생각을 실천하면서 억압의 고리를 끊는 존재가 되었다.[228] 이들 집단은 국가의 통제도 더 직접적으로 받은 만큼 가부장적 억압 구조 속에서도 주체적인 '성 의식'을 선도적으로 형성하였으며, 이러한 '성 의식'은 당시의 시대적 상황 속에서는 민족운동으로 화하여 나타났다.

이상에서 본 바와 같이 도시로 유입된 농촌 여성은 공장 여공이나 가사 사용인으로서 열

226 ─記者, 기생, 『신민』 1927. 10.
227 박정애(2001), 80~81.
228 김진송(1999), 『서울에 딴스홀을 허(許)하라: 현대성의 형성』 재인용.

악한 조건과 저임금과 싸워 나가며 가계의 생계를 보충해 나갔다. 이런 여성의 삶의 태도가 가족을 위한 희생이었다고 하여도 그 실천 면에 있어서 주체성을 드러내고 있다는 사실은 주목할 만하다. 특히 가사사용인 즉 식모에 대한 신여성의 인식을 살펴볼 때 당시 여성해방에 대한 이들의 주장이 하층 여성에 초점을 둔 것이라기보다 대부분 신여성 중심이었다는 사실을 알 수 있다. 한편, 도시로 떠나온 여성이 쉽게 선택한 직업 중의 하나가 기생과 여급, 창기 같은 접객업이었다. 이 업종에 종사한 여성은 접객업도 백화점 점원이나 타이피스트, 버스 차장 같이 하나의 전문적인 직업이라는 인식을 가지고 있었다. 특히 기생은 나름대로 직업적 정체성을 획득하기 위해 '조선적인 미를 지키는 자'로서 자부심을 가지려 애썼다. 그리하여 일제가 매춘 여성과 같이 자신들을 취급하는 정책에 강력하게 저항해 나갔다. 이와 같이 여성 주체성에 대한 자각은 신여성뿐만이 아니라 농촌 여성, 도시로 나온 농촌의 어린 소녀들에게서도 태동하고 있었다.

4장

여성의 사회 참여

아! 우리 부인도 국민 중의 일분자다.

국권과 인권을 회복할 목표를 향하여

전진하고 후퇴할 수 없다.

국민성 있는 부인은 용기를 분발하여

그 이상에 상통함으로써

단합을 견고히 하고 일제히 찬동하여 줄 것을

천만 희망하는 바이다.

19세기 중반 이후 여성의 사회 참여에 대한 일반적 인식은 이전 시기에 비해 커다란 변화를 보였다. 몇몇 개화 지식인이 강조했던 여성 계몽과 교육의 필요성은 점차 여성 의식 속으로 내면화되었으며, 이는 국채보상운동과 여성단체의 설립, 여학교의 설치 등으로 나타났다.

　1919년 이후 3·1운동, 물산장려운동, 사회주의 여성단체의 활동과 계급적 의식의 성장, 항일무장투쟁으로 이어지는 여성운동은 더욱 적극적이고 다양화되는 양상을 보였다. 특히 사회주의 여성단체의 활동 속에서 민족주의 이데올로기가 가지는 한계를 지적하고 식민 사회의 구조적 모순을 개혁하려는 시도는 여성운동이 지향하는 인간해방, 남녀평등 사상과 맥을 같이하는 것이었다. 그러나 1930년대를 거치면서 이들 운동은 민족주의 운동으로 수렴되었고, 일제의 탄압으로 국내 활동이 불가능하자 민족운동은 해외 무장투쟁의 형태로 전개되었다.

　언론에 유포된 여성에 관한 담론과 이에 고무되어 전개된 여성 활동은 여성의 사회 참여를 양적으로 확대시켰다. 사회 활동이 증가되면서 여성의 주체 의식도 점진적으로 성장하기 시작하였고, 이는 더 적극적이고 다양한 사회 활동의 원동력이 되었다. 그러나 사회 활동이 증가했다고는 하지만 그것이 여성의 권리 확보나 여성해방으로 나아간 것은 아니었다,

즉 권리를 확보하기 위한 사회개혁이나 제도적 장치의 정비보다는 어머니로서, 아내로서 담당해야 할 의무가 더욱 강조되었고 여성 자신의 해방보다는 민족 우선의 논리가 선행되었다.

이 시기에 사회에 참여하는 여성의 수가 증가하고 여성이 활동할 수 있는 공간은 확대되었지만 개인의 자아실현과 내적 성장이라는 측면에서 여성은 여전히 남성 중심의 사회 구조 속에 갇혀 있었다. 즉 여성의 사회 참여는 양적으로 증대되었으나 이것이 민족과 가정을 위한 수단이 되었다는 측면에서 제한된 성장 혹은 질적 지체의 요소를 내포하였다고 볼 수 있다.

공적 영역으로의 편입

개화기 이전의 여성은 개별적 여성으로서 존재하지 못했고 신분과 가족 속에 가려져 있었다. 사회적 관습에 대한 문제 의식은 17세기 실학사상 속에서 나타났지만, 그것을 사회문제로 인식하고 개혁을 시도했던 것은 개화 지식인이었다. 서구 사상의 영향을 받은 개화 지식인은 식민지화를 피하기 위해서는 국력 신장을 선결과제로 삼아야 하고, 서구에서와 같이 남녀 모두가 힘을 합해 국가부흥을 위해 노력해야 할 필요성을 강조하였다. 이들은 신문·잡지·연설 등을 통해 여성 계몽과 지위 향상의 필요성을 역설했으며, 이는 남녀 모두의 인식을 변화시키는 동인이 되었다. 이로써 여성은 공적 영역에 참여할 수 있는 기회를 갖게 되었다.

1. 개화 지식인의 여성론

조선의 위기, 그리고 그들의 선택 19세기 조선 사회는 국내외적으로 새로운 변화에 직면하였다. 국내에서는 농업 생산력의 증대와 상업 자본의 형성으로 계급의 분화가 일어났으며 신분제가 붕괴되기 시작하였다. 기득권 세력의 봉건적 수탈이 증가하자 농민의 저항이 격화되었고 사회 변혁은 시대적 요구가 되었다. 서구 제국주의는 중국과 일본에 이어 조선의 개항을 요구하기에 이르렀고, 서구 문물의 유입은 봉건 질서의 재편을 추동하였다.

당시 지배층은 기존의 봉건적 질서를 유지하면서 반외세를 주장하는 위정척사 계열과 서양 문물을 적극적으로 수용하여 근대화를 이루려는 개화파 계열이 상호대립하면서 조선이 직면한 위기를 극복하기 위해 노력하였다. 특히 박규수와 오경석 등은 중국을 왕래하면서 서구 문물에 대한 견문을 넓혔으며, 조선이 얼마나 시대의 흐름에 뒤떨어져 있는가를 깨달았다. 낡은 봉건제도를 청산하지 않고는 서구 열강의 침략으로부터 나라를 구할 수 없다는 확신을 갖게 된 그들은 나라의 발전을 위해서는 일대 혁신이 불가피하며 조선의 정치·경제·문화 모든 방면에서의 개혁을 주장하기에 이르렀다.

1876년 개항과 함께 조선 정부는 쇄국을 버리고 개화의 길을 선택하였다. 초기 개화론자는 개국을 결정한 이상 조선왕조가 국제무대에서 발전하려면 근대화해야 하며, 그러기 위해서는 서구의 사상과 문화를 적극 받아들여야 한다는 입장을 취하였다. 개항 이후 김기수와 김홍집이 각기 수신사로 일본에 건너가 일본 정부의 각 기관과 근대 시설을 견학하고 일본의 발전상과 세계경제의 동향을 파악하고 돌아왔다. 1881년 1월에는 박

정양, 어윤중 등을 중심으로 구성
된 신사유람단을 파견하여 일본
의 근대화 정책을 조사 연구토록
하였고, 같은 해 10월에는 김윤식
의 인솔 아래 영선사를 천진에 파
견하여 청나라의 근대식 무기제
도와 근대식 군사제도에 관한 실
제적 기술을 배워오도록 하였다.
또 1882년에는 박영효가 수신사
로 임명되어 민영익, 김옥균 등과
일본을 시찰하고 돌아왔다.

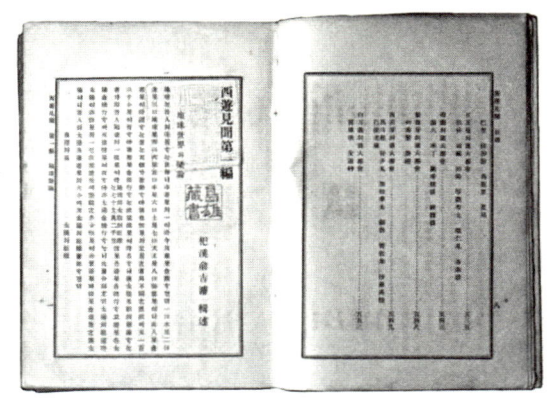

：
서유견문

특히 박영효는 '개화에 대한 상소'에서 개화를 통한 실용 지식의 수용
을 강력히 주장하였고, 김옥균은 "널리 학교를 설치하여 인지人智를 개발
하고 외국의 종교를 유입"[1]하는 것이 긴요하다고 인식하였다. 그는 근대
학교의 설립과 서구 종교의 수입 등 서구 문물의 수용을 적극 지지하였
다. 나아가 상업의 장려와 문벌의 폐지를 주장하였으며 인민 평등 사상
에 근거한 근대 사회를 이룩하고자 하였다.

개화 지식인 가운데 여성문제를 거론한 자들은 급진적 입장에 선 사람
들이었다.[2] 먼저 갑신정변의 실패로 일본에 망명중이었던 박영효는 1888
년 1월 13일 고종에게 개화정책의 추진을 건의하는 상소를 올렸다. 상소
의 주요 내용은 정치·경제·사회·문화에
관한 것이었고, 이 가운데 여성의 개화에 관
한 것도 포함되었다. 이 글에서 박영효는 인
간은 태어날 때부터 평등하기 때문에 모든 사

1 김호일(2000), 『한국 근현대 이행기 민족운
동』, 신서원, 45.
2 김영희(2003), 독립신문의 여성문제보도와 그
의미, 서재필기념회, 『서재필과 그 시대』, 293.

람이 생명을 보전할 권리, 자유를 추구할 권리, 행복을 희망할 권리를 가지고 있다고 강조하였다. 또한 남자의 경우 축첩을 하고 처가 없으면 재혼하는데 반해, 여자는 한 남자에게 헌신해야 하며 재혼도 할 수 없다는 사실의 부당함을 지적하였고 간음에 대해서도 여자에게만 엄격하게 금하는 것은 불평등한 처사라고 하였다.[3]

한편 유길준은 1883년 보빙사의 수행원으로 선발되어 미국과 유럽 사회를 직접 체험하면서 넓힌 견문과 지식을 바탕으로 『서유견문』[4]을 완성하였다. 이 책은 서구 세계의 모습과 국가 운영의 방식 등을 소개하는데, 특히 국가의 빈부, 강약, 흥망이 교육에 달려 있음을 강조하였다. 즉 서양 사회 발전의 가장 큰 원인이 인민의 교육에 있으며 이는 하늘로부터 부여받은 인간의 권리라고 역설하였다.

무릇 사람이 세상에 태어나서 사람이 되는 권리는 현우賢愚 귀천貴賤 빈부貧富 강약强弱의 분별이 없으니, 이것은 세간이 대공지정大公至正한 원리이다. 사람이 세상에 태어난 후에 점유한 지위는 사람이 만든 구별이며, 향유한 권리는 하늘에서 받은 공도公道이니 … 사람이 천지간에 태어나서 각 기인其人이 되는 이치로 볼테면 사람 위에 사람도 없고 사람 밑에 사람도 없다.[5]

3 여성과 관련된 내용을 보면, 첫째, 부녀가 음독하여 낙태함을 금할 것, 둘째, 남편은 그 아내에게 횡포하지 말 것, 셋째, 유년가취(嫁娶)함을 금지하고 옛 풍속에 의한 가취의 연한을 잘 지킬 것, 넷째, 소학교와 중학교를 설립하여 남녀 6세 이상으로 하여금 모두 취학케 할 것, 다섯째, 법령으로써 남성의 취첩을 금하게 하고 상부(孀婦)의 임의 개가를 허락할 것, 여섯째, 반상중서인(班常中庶人)으로 하여금 임의로 서로 혼인케 주선하고 재덕이 있는 자는 비록 비천하더라도 대관에 임용할 것 등이다. 박영효, 건백서, 『일본외교문서』 21권, 문서번호 106.
4 서유견문은 한국 최초의 국한문 혼용체며 모두 20편으로 구성되어 있다. 개화 사상과 애국충정을 바탕으로 하여 저술된 이 책은 개화를 위한 일종의 교과서적 구실을 하였다.
5 유길준(1895), 『서유견문』.

이처럼 강조된 천부인권의 사상 속에서 서구의 여성이 남성과 함께 모임에 참석하며 여성에 대한 남성의 배려나 예절은 유길준에게 있어 신기하면서도 받아들여야 하는 모습으로 보였다.

> 어떤 연회든지 여자가 참석하지 않는 좌석이 없으며 또 여자가 도달한 장
> 소에 남자는 몸을 일으켜서 예를 위하여 좌석을 양보하여서 상빈上賓의 자리
> 에 앉히고, 음식이 있으면 먹고 싶은 음식을 물어서 권유하고 감히 먼저 음
> 식을 먹을 수 없으며 연초는 여자가 싫어하는 것이라고 일컬어져 그 앞에서
> 감히 피우지 못하니 그 공양의 예절이 아주 태과太過한지라.[6]

그러나 이러한 주장에는 여성의 지위를 개선하기 위한 구체적 방안이
제시되지 않았다. 남성은 재혼을 하고 축첩을 하는데 여성은 왜 못하는
가, 서구의 여성은 남성에게 대접을 받으며 사는데 조선의 여성은 왜 그
렇지 못한가에 대한 문제의식은 있었지만, 여성이 남성과 같은 권리를
누리기 위해서 어떤 제도적 조치가 마련되어야 하며, 어떠한 사회적 개
혁이 이루어져야 하는가에 대한 구체적 대안을 마련하는 데까지 이르지
못하였다. 이에 대한 제안은 1890년대 후반 독립신문 등의 언론을 통해
활발히 전개되었다.

갑신정변의 실패로 망명길에 올랐던 서재필은 1896년 초 12년만에 귀
국하여 그 해 4월 국문과 영문으로 된 독립신문을 발간하였다. 독립신문
을 통하여 그는 '나라의 주인은 남녀 국민'이라는 주권재민 사상과 '나
라 발전의 가장 큰 적은 무지와 몽매'라고 하여 국민의 계몽과 교육을 주
장하기 시작하였다. 독립신문에는 여러 가지 개화 사상이 담겨 있지만,
특히 여성의 권리 의식 고취가 주요한 주제였다. 즉, 천부인권론에 근거
하여 여성의 권리를 인정하고 여성도 '국민
의 일부'라는 의식을 강조하였으며, 이를 위   6 유길준(1895).

해서 정부의 역할과 제도적 장치의 마련 그리고 여성 계몽을 위한 학교의 설립 등, 비교적 실천적 방안을 제시함으로써 여성의 권리 확보를 위한 기반 구축을 강조하였다. 독립신문은 새로운 사회에 적합한 여성상을 세우고자 노력하였으며 개화기 여성관의 변화를 위한 여론을 주도해 나갔다.

여성에 관한 담론　각종 언론에서 개화 지식인은 국가의 자강이나 부국강병을 위해서는 정부 관료와 양반층에서 남녀 민중에 이르기까지 모든 사람의 의식이 계몽되어야 한다는 점을 강조하였다. 이는 지배층의 개혁을 의미하는 것으로서 근대적 교육이 효과적 방법으로 제시되었다. 개화 지식인이 제시한 의식 계몽의 논리는 다음과 같다.

첫째, 그들은 교육을 통해 여성들의 의식이 계몽되어야 한다는 당위성을 자유와 평등이라는 천부인권 사상에 두었다.

> 하느님이 세계 인생을 낳으실 때에 사나이나 여편네나 사람을 다 한 가지라. 여자도 남자도 학문을 교육받고 여자도 남자의 동등권을 가져 인생에 당한 사업을 다 각기 하는 것이 당연한 도리이거늘 … 여자도 또한 총명한 재질인즉 학문과 동등권을 가져 남자를 더욱 이롭게 도울지라.[7]

당시 개화 지식인은 여성을 억압하는 봉건적 혼인제도의 개혁, 애정과 평등한 인격에 기반한 부부 중심의 근대적 가족제도, 여성의 교육권과 사회적 활동의 필요성 등을 강조하였는데, 이러한 주장의 근거에는 인간은 태어날 때부터 평등하다는 근대적 의식이 담겨 있었다. 즉 불평등한 남녀관계는 태어나

7 독립신문 1898. 1. 4(논설).

면서부터 주어진 것이 아니라 인습과 교육의 부족에 따른 결과라는 인식 때문이다. 따라서 여성에게도 남성과 동등한 교육의 기회가 부여되어야 한다고 보았다.

둘째, 개화 지식인은 여성도 국민의 일부라는 논리 속에서 여성을 계몽하기 위한 정부의 역할을 강조하였다.

> 죠션 뎡부에서 뎨일 급ᄒ게 홀 일이 사내ᄋ히들도 ᄀ르치련니와 계집 ᄋ히들을 교휵 홀 싱각을 ᄒ여야 홀터인딕 죠션셔는 계집ᄋ히들은 당쵸에 사롬으로 치지를 아니 ᄒ야 교휵들을 아니 식히니 젼국 인구 중에 반은 그만 내ᄅ 렷는지라 엇지 앗갑지 안ᄒ리요[8]

당시 개화 지식인은 민권 사상에 근거한 사회의 전면적 개혁을 지향하였다. "수백년의 고질든 양반 창자는 다 내어 버리고 다시 평등 관리에 문명 자유의 오장육부를 새로 집어 넣어야"[9] 할 필요성을 절감하였으며, 그 역할을 정부가 담당해야 한다고 믿었다. 여성 교육 및 여성 계몽을 위해서도 정부는 학교를 세워 그들이 배울 수 있도록 해야 한다는 것이다.

그러나 정부의 제도적 장치 마련 및 학교 설치가 여성 계몽 및 여성 교육을 실시하기 위한 선행 조건이었음에도 불구하고 정부의 반응은 냉담하였다. 1895년 정부가 근대적 교육 법규를 마련하여 근대교육이 시행되었음에도 불구하고 여학교 설립은 1908년 지금의 교육부에 해당하는 학부學部에 의한 '고등여학교령'의 제정 공포 때까지 기다리지 않을 수 없다.

셋째, 여성 교육은 절반의 국력을 키우는 데 이득이 있으며 이를 위해 남자 측에서 먼

8 독립신문 1896. 9. 5(논설).
9 독립신문 1898. 3. 12(평북 구성군에 사는 어떤 친구의 글).

저 자발적으로 동등권을 제공하는 것이 마땅하다는 논리가 강조되었다.

> 여자를 교육하는 것이 … 둘째는 조선 일천이백만 가량 인구에 여자를 교육하면 갑절이나 더할 것이 한 사람이 할 일을 두 사람이 할 터이니 어찌 좋은 일이 아니리요.[10]

개화 지식인이 여성 교육의 필요성을 강조한 것은 국가 운명에 대한 위기의식 때문이었다. 당시 국력이 미약하고 국가가 진보하지 못한 원인 가운데 하나가 바로 여성 교육의 낙후성이라고 파악한 그들은 신문을 통한 여성 계몽과 학교를 통한 여성 교육이 국력의 회복을 가져다줄 수 있으리라고 확신하였다.

유길준도 『서유견문』에서 "여자가 남자와 다르다고 하지만 역시 사람이 아닌가, 그러므로 여자를 가르치지 않는 나라는 국민의 총 인구가 1,000만 명에 이른다 하더라도 실상은 500만 명밖에 되지 않는 셈"[11]이라고 하여 여자 교육을 통한 효용적 가치를 강조하였다. 따라서 정부의 역할은 여자를 위한 교육 기관을 설치하는 것이며 이것이 곧 국가 부흥의 기반이 된다고 역설하였다.

넷째, 개화 지식인은 여성 교육이 여성 자신의 개발보다는 자식과 가정과 국가를 위해 필요한 것임을 강조하였다. 즉 여성을 계몽시킴으로써 파생되는 효과에 주목하였는데, 이는 어머니로서 아내로서의 역할을 충실히 담당하기 위해서는 여성의 자강이 반드시 필요하다는 것이었다.

> 여자를 교육하는 것이 첫째 큰 일이라 대저 여자가 자녀를 생산한 후에 그 애비도 그 자녀를 가르

10 독립신문 1897. 5. 8(논설).
11 유길준(1895).

독립신문

황성 · 대한

가인 부공상롱 일칠 월수 년원 양건 권삼

각국

녀안 교육

○ 녀학교 통문을 본쪽 대한 녀인
들이 녀학교를 셜시 하는 일은 대
한에 처음 되는 일이라 우리가 반
다 쇼학교의 큰 쳠과 돈을 들이니
만일 리롭지 아니 하면 엇지 이리
하리요
급히 쇼학교를 도쳐가 확장 하야
교육의 귀쵸를 삼는 것이 죠켓스며
일본과 나른 기화훈 나라를 보면
창 할다 할지 말고 정부와 인민이
...

○ 돈은 도
한세 처음 되는 일이라 우디가 반
다 쇼학교의 큰 쳠과 돈을 들이니
만일 리롭지 아니 호면 엇지 이리
호리요

○ 돈은 도
라 단니라
울 딸 흐노라

○ 돈파 거
면셔도 호소 아니 흐고 빅셩다
여야 들은데도 아니 흐고 빅셩다

○ 영국
고성을
격자 못홈

○ 귀쇼를
사롬은 부
향상 말흐되 대한을 향호노라

다국

명답

독립신문에 실린 여자 교육 관련 기사

치려니와 그 어미가 항상 좋은 학문으로 가르쳐서 어려서부터 그 자녀의 마음을 잘 인도하여야 장래 좋은 사람이 되며[12]

즉 여성 계몽 및 여성 교육의 궁극적 목표는 독립적이며 주체적인 여성을 키우는데 있기보다는 국가에서 일할 인재를 키우는 어머니와 아내를 양성하는 데 있었다.

인민의 교육을 넓히 하여 지식을 배양하려면 동몽교육과 여인교육이 시급하니 ⋯ 자고 이래로 어느 나라 사기를 보던지 여인의 교육을 돌보지 아니하는 나라는 무식하고 잔악하고 마침내 망하며 여인의 교육에 힘쓰는 나라는 점점 흥황하는 것을 구미 각국을 보아도 알겠도다. ⋯ 만일 여인 교육이 성행하면 사람마다 지식있는 어머니의 교육을 받을 것이니 성인한 후에 어찌 총명한 사람이 되지 아니 하리오. ⋯ 자녀의 옳은 길로 교육하여 집안이 먼저 흥하고 고로 전국이 자연 흥황하니 서양 여인은 과연 내조라 하는 것이 옳거니와 동양여인들을 불과 사나이의 노복이라 어찌 통탄하지 않으리오. 대한 정부에서 인민을 위하려면 첫째 할 일이 동몽교육과 여인교육이라.[13]

그러나 이와 같은 여성 교육의 목표는 인간으로서의 권리를 확보하지 않은 채 여성에게 의무만을 전가시키려는 남성 중심적 사고의 또 다른 모습이었다. 개화 지식인이 유포하고 강화했던 여성에 관한 담론, 즉 남녀동권의 논리는 인간으로서의 '권리'를 지키기 위해 필요한 '의무'의 균등한 분담으로 전화되었고, 여성에게는 국민의 한 성원으로

12 독립신문 1897. 5. 8(논설).
13 독립신문 1898. 9. 13(여인교육).

서, 어머니로서, 아내로서의 역할이 부여되었다. 이 가운데 주체적이고 독립적인 한 개인으로서의 여성은 존재하지 않았다.

개화 지식인은 신문·잡지·연설 등을 통해 여성의 지위 향상에 대한 필요성을 지속적으로 강조했지만 그들의 여성 계몽론은 사회진화론적 사고를 내포하고 있었으며 시혜적 입장에서 전개된 논리였다. 이는 여성에게 당연히 받아들여져야 할 절대적 기준으로 작용하였고, 여과없이 여성에게 내면화되어 갔다. 한편, 당시 상황에서 여성이 '공적 논의'의 대상이 되었다는 것, 이로 인해 사회참여의 기회가 마련되었다는 것에 대한 의미는 긍정적으로 평가해야 할 것이다.

2. 여성 사회참여의 맹아

여성이 바랬던 것 1890년대 중반 이후 전개된 정부의 교육 개혁과 독립신문을 통한 개화 사상의 보급은 일부 양반 여성층에게 제한된 것이었지만, 여성 스스로의 힘으로 단체를 설립하는 계기가 되었다. 1898년 9월 1일 여학교 설립을 위한 구체적이고도 적극적인 움직임이 나타났다. 즉 우리 나라 최초의 여성단체라고 할 수 있는 '찬양회'가 김소사, 이소사의 명의로 된 통문을 통해 그 모습을 드러냈다.[14]

이 통문에서 여성은 무엇을 말하고 싶었을까? 1894년의 갑오개혁은 조선의 봉건 질서를 타파하기 위한 근대적 개혁이었다. 여기에는 전통적인 양반체제 아래서의 신분제도 철폐—즉 근대적 관료체제의 수립과 더불어 문벌을 초월한 인재 등용, 인신매매 금지, 천민대우 폐지 등—와 인습적인 전통을 근대적인 것으로 바꾸는 사회 개혁—조혼 금지, 과부의 재혼 허가, 양자제도의 개정, 의복제도의 간소화 등—이 포함되었다.

14 독립신문 1898. 9. 9.(녀학교 셜시 통문).

다리고 긔구 잇게 그 다리에 와셔 일몽에 취포 무스터니 우리 쥬식을 만히 먹으며 흥치 잇게 놀 셩샹 폐하의 외외 탕탕 호신 덕업 다가 리직순씨가 그 민영헌 박승 으로 홍입신 후 국운이 더욱 셩왕 목량씨룰 불오 보고 말 호야 굴 림어 호읍신 후 국운이 더욱 셩왕 우디 어셔 가던지 그럿치 아니 호야 임의 면 이리 와셔 우리와 홈씨 놀 즈 대황뎨 폐하 위에 어 홍읍시고 문 호니 녕훈 긔화 정치로 만긔를 총찰 호 박승목씨가 대답 호야 굴오디 지 시니 이제 우리 이쳔만 동포 형뎨 금 각국 사룸들이 들어 와셔 우리 가 나라를 죠흔 고기뎡이로 녁히고 거니 이 불연외 호며 유 쥬식 시의 온둥 심기려 호거늘 국무 대신 되 구습을 효슌 호야 젼일 힌틴 호던 야 대셰 형편도 모로고 오히려 츈 신식을 죳차 힝 호시 긔명호 몽즁에 잇셔 더럿타시 태평 셰계 되야 일신 우 일신 홈은 영영혼 로 알고 여간 더벙머리 계집기나 쇼와라도 져마다 아는 빈여눌 엇 다리고 분잡히 놀기문 힘을 쓰니 지 호야 우리 녀인들은 일향 귀 그것이 쇼위 국무 대신의 직칙인 먹고 눈 어두운 병신 모양으로 구 지 정부 일도 흠심 호도다 호거놀 다 혹즈 신톄와 슈죡과 이목이 남 박긔양씨와 죠병승씨가 와셔 박승 녀가 다룬가 엇지 호여 병신 모양으로 목씨의 손을 잡고 언류며 흠씨 가 신 모양으로 사나히의 버러 주는 로 와셔 홈씨 박승목씨가 듯지 안 것문 먹고 평싱을 심규에 쳐 호야 코 셜치고 도라갓다더라 고 눈는 도리를 빈화 일후에 남녀가 일
○(녀학교) 녀학교 셜시 통문을 좌 성의를 효슌 호야 젼일 히틴 호 반 사룸이 되게 홍을 초방장녀 에 긔지 호노라 구습은 영영 버리고 각각 긔명호 야 유지호 우리 동포 형뎨 여러 부녀 즁 영웅 호걸 대뎌 물이 극 호면 반다시 변 호 일반 사룸이라 어려셔 브터 각ㄱ 학교에 다니며 각항 지죠를 다 비 님네들은 각각 분발혼 무음을 내 고 법이 극 호면 반다시 곳침은 반다시 학교에 드시랴 호시기를 바라옵 대뎌 물이 극 호면 반다시 변 호 문명 긔화혼 나라를 보면 남녀가 여 우리 학교 회원에 드시랴 호시기를 바라옵 고금에 샹리라 이 동방 삼쳔여리 호고 이목을 넓혀 장셩혼 후에 사 나이다 호고 부부지의룰 덩 호야 평싱을 심규
구역과 오빅여년 긔업으로 승평 나히와 부부지의룰 덩 호야 평싱을 ○(보민 협회) 보민(保民) 협회
렬셩죠 오빅여년 긔업으로 승평 살드림도 그 사나히의 일호 결 회즁 광고 고문을 좌에 긔지 호노라
호니 살드림도 그 사나히의 일호 결뎨

여학교 설시 통문

이러한 정부의 개혁에 대해 북촌 양반 여성은 적극적 지지를 보냈고, 여성도 변화의 흐름에 적극 동참할 의향을 나타냈다. 여성도 문명 개화 정치를 수행하는 민족 대열에 참여할 권리가 있으며, 남자와 평등하게 직업을 가지고 일할 권리가 있고 여자도 남자와 동등하게 교육을 받음으로써 독립된 인격을 가질 수 있음이 이 통문을 통해 강조되었다.[15]

특히 "엇지 ㅎ여 병신 모양으로 사나히의 버러 주는 것만 먹고 평싱을 심규에 쳐 ㅎ야 그 절뎨만 밧으리요" "이목구비와 사지오관의 육체가 남녀가 다름이 있는가……어찌하여 사지육체가 사나이와 일반이어늘 이 같은 압제를 받아 세상 형편을 아지 못하고 죽은 사람 모양이 되리오"와 같은 내용은 여성 스스로의 경험을 통해 나온 표현이었고, 따라서 여성 교육의 필요성을 더욱 호소력 있게 전달할 수 있었다.

이들의 활동에 대해 황현은 『매천야록』에서 "북촌 여학생 부녀들이 여제자를 모집 입학케 하고 발문 윤고輪告하여 남녀동권을 얻고자 한다" 고 서술한 바 있다. 그리고 독립신문은 "전원국 이전비와 구주로 파견 하는 사신들의 비용과 양지아문에서 쓰는 비용과 급하지 않은 군사에 쓰이는 비용 등을 절약하여 이들의 여성 교육운동에 보탬을 주자"고 하였다. 이처럼 최초로 설립된 여성단체는 사회적 관심을 끌기에 충분한 것이었다.[16]

남성 개화 지식인이 여성 교육 및 여성 계몽의 필요성을 누차 강조하기는 했지만, 그것은 시혜적 입장에서 여성을 계몽의 대상으로 여기는 것이었으며, 그들의 주장에는 '여성의 경험'이 담겨 있지 않았다. 따라서 그들은 당시의 여성이 진정으로 원하는 것이 무엇인지를 파악할 수 없었으며, 이

15 박용옥(1984), 『한국근대 여성운동사』, 한국 정신문화연구원, 58.
16 정경숙(1989), 대한제국 말기 여성운동의 성 격연구, 이화여자대학교 박사학위논문, 50~51.

는 여성의 권리 확보를 위한 제도적 개혁이나 사회 개혁의 구체적 방안에 대해 불철저한 인식을 갖도록 하는 요인이 되었다.

교육의 기회 균등에 대한 북촌 여성의 요구는 남성에 의하여 독점된 지식과 직업에 여성도 남성과 동등하게 참여하여 사회활동을 할 수 있게 보장해 달라는 것이었다. 이는 여성이 당시의 사회적 변화를 직시할 수 있을 정도로 그들의 힘이 축적되고 있었음을 의미한다.

왜 북촌 부인이었나 '찬양회'의 정식 명칭은 '여학교설시찬양회'로서 여학교를 설치하기 위해 조직된 후원 단체였다. 이 단체의 구성원은 회장인 왕가 종친 출신의 양성당 이씨, 부회장인 양현당 김씨, 총무부장인 창길당 이씨, 총무인 양진당 태씨와 사무원인 정길당 고씨였다. 그리고 자문에 응하는 회원도 있었는데, 회의 관계자로는 윤치호, 장지연, 이종일 등 독립협회 인사들이 대부분이었다. 회원 자격은 신분, 직업 등 일체의 제한 없이 여학교 설립을 위한 회비를 내기만 하면 누구나 회원이 될 수 있었다. 창설 당시 회원수는 400여 명이었고 회원은 여자가 대부분이었지만 남자와 외국 여성도 있었다. 또 서울의 양반 부인이 중심 세력을 이루고 있었으나 일반 서민층 부녀와 기생도 참여하였다. 찬양회 후원자는 '찬양원'이라 하였으며 안영수, 신석린, 이광하, 이시선 등이 참여하였고 남자 찬성원장으로 윤치호가 활동하였다.

그렇다면 찬양회를 주도했던 북촌 부인이 역사의 전면으로 나설 수 있도록 한 배경은 무엇이었을까? 먼저 개화 지식인의 영향을 생각할 수 있다. 독립신문을 이끌었던 윤치호, 장지연, 이종일 등이 남성 찬양원으로 조직에 깊이 관여하고 있었다는 사실은 이들의 사상이 여성의 운동에 많은 영향을 주고 있었음을 시사한다. 특히 당시 독립신문은 천부인권, 남녀평등의 정신과 이에 바탕을 둔 여성의 의식 계몽과 여학교 설립 등의 필요성을 보급하는 데 많은 노력을 기울였으므로 여권통문의 정신도 이들 개화 지식인과 깊은 연관을 가지고 있었다는 것을 짐작할 수 있다.

다음으로 찬양회를 주도했던 여성 신분의 측면에서 생각해 볼 수 있다. 여권통문을 발기한 양성당 이씨는 왕가 종친 출신의 여성이었으며, 이들 여성이 거주했던 북촌은 양반, 특히 왕실 고위 관직에 있는 사람이나 왕족이 거주하는 고급 주거지구에 해당한다. 이러한 지위에 있던 여성이 개화 및 계몽의 필요성을 느꼈던 것은 당시 정부, 즉 고종의 교육 개혁 움직임과 관련이 있었을 것으로 추측된다[17]. 1894년 갑오개혁 당시 신학제가 반포[18]되었고, 이에 따라 교육을 통한 국민 계몽의 필요성이 강조되던 시기에 왕족 출신 여성이 벌인 여성 계몽운동은 고종과 양반 여성으로부터 긍정적 지지를 받았다. 이는 찬양회에서 발표한 '여학교설시통문'을 통해서도 확인할 수 있다. 즉 정부의 개혁 움직임에 대한 긍정적 평가, 국왕에 대한 충성이 통문의 앞 부분에 제시되어 있으며 이 개혁을 성공적으로 추진하기 위해서는 여자 교육과 이를 위한 여학교 설치가 필수적임이 강조되었다. 또한 찬양회에서 '관립' 여학교 설립을 추진한 것은 이들 여성의 사회적 신분과 밀접한 관련이 있음을 짐작케 한다.

찬양회가 한 일 1894년 갑오개혁으로 당시 근대 학교 설립에 관한 구상이 이루어졌고,

[17] 박용옥(1984:58)의 연구에서는 여권운동이 양반부인 사회에서 먼저 일어난 이유로, 비록 유교적 남녀 유별관이 서민층 사회보다 양반층 사회에서 더 철저하기는 했지만, 이들 부인이 문자교육과 기초적 한문 소양을 지닌 층이었기 때문에 개화의 필요성을 깊이 인식하고 이를 실현시키려고 노력했다는 점을 들었다.

[18] 갑오개혁의 일환으로 1895년 발표된 교육입국조서에서는 소학교와 사범학교를 세워 반상의 구별없이 영재를 모아 남녀 모두 교육한다고 밝혔다. 그러나 남성을 위한 학교 법규는 모두 공포되고 그에 따라 교육사업이 추진되었지만, 여성의 학교교육은 여성 교육에 대한 정부의 관심과 의지부족으로 1908년에야 고등여학교령이 공포되고 1909년에 관공립보통학교에 여자부가 설치되었다(조경원, 개화기 여성 교육론의 양상 분석, 『교육과학』제28집, 1998, 30~31).

"생활상 필요한 보통 지식과 기능을 수修하는 것을 본지"로 하는 소학교령(1895년)이 공포되었다. 소학교 입학 자격은 남녀에 관한 언급 없이 "만 7세부터 만 15세까지 8개년을 학령"으로 정하였고, 교과목은 "여자를 위하여 재봉을 가할 수 있"도록 규정하였다.[19] 그러나 이는 법률상의 항목일 뿐, 현실적으로 실현불가능한 규정이었다. 당시 설립된 관립소학교는 1898년까지 여덟 곳뿐이어서 여아에게 교육 기회가 제공되기 어려웠고, 여성의 바깥 출입이 자유롭지 않았던 당시에 여아를 남아와 같은 자리에서 공부시킨다는 것은 받아들여지기 어려웠다.

이러한 상황 속에서 1898년 찬양회를 발기한 양반 여성은 찬양회 회원 100여 명과 더불어 대궐문 앞에 나아가 고종에게 직접 상소하기에 이르렀다.

'부인 상소'에서는 여성 교육이 충애, 곧 충군애국을 실천하는 길임을 강조하였다. 특히 장차 어머니와 아내로서, 그리고 자녀 교육의 담당자로서의 중책이 여성에게 달렸으므로 여성 교육이 긴급한 사안임을 역설하였다. 찬양회의 청원운동을 접한 고종은 "학부學部로 하여금 곧 적절한 조처를 취하게 하겠다"라고 회신했으며, 1899년도 예산에 여학교비 3,750원을 포함토록 하였다. 한편, 학부에서도 1898년 5월 여학교 관제 13조를 제정하여 각의에 상정시키는 조치를 취하였다.

그러나 관립여학교는 설립되지 않았고, 찬양회는 1899년 2월 여학생 50명으로 순성여학교를 개교하였다. 이 학교는 '관립여학교가 설립될 때까지'라는 전제 아래 세워졌으며, 교육 과정과 시설도 제대로 갖추지 못한 형편이었다.

초기 순성여학교의 학생은 7~8세에서 12~13세 연령층의 아동이었고, 교과목은

19 김영우 · 피정만, 『최신 한국교육사 연구』, 교육과학사, 230~231.

부인 상소

ᄒᆞᄂᆞᆫ것이 쟝뎡을 즘못 어이며 법 호 부인들이

뉼을 직히지 아니 ᄒᆞ야 인지틀 컬문 밧긔 진복 ᄒᆞ야 샹쇼 ᄒᆞ고

가려 쓰자 아니 ᄒᆞ오며 샤스 뢰물 즉시

을 젼혀 일삼으며 잡셰틀 어지러우비를 무릇잇다 ᄒᆞ기에 그 쇼죠와

히 긁으며 더러온 관원을 쏫지 아 비지를 좌에 거지 ᄒᆞ노라

니 ᄒᆞ와 빅셩의 싱명을 보호 ᄒᆞ기 업티여 써 굴되 학교라 ᄒᆞᄂᆞᆫ것은

어렵고 지산을 셋기기에 험분이 인지틀 빙양 ᄒᆞ읍고 지식을 확샹

팅즁 ᄒᆞ여 진복 ᄒᆞᄂᆞᆫ 즈음애 조연 ᄒᆞ읍ᄂᆞᆫ지라 그런 고로 녯젹에 나라

히 헌등 ᄒᆞ왓스오니 더욱 만만 황에 학(學)이 잇고 향당에 샹(庠)

송 흥을 익아지 못 ᄒᆞ오며 당쟝에 이 잇스며 집에 슉(塾)이 잇스옴

강호 이웃 나락가 엿보고 기다리 은 홀노 남즈만 굴으 칠ᄂᆞᆫ 법

눈디 뇌졍을 닥지 아니 ᄒᆞ와 민심 비록 녀즈라도 ᄯᅩ호 굴으치ᄂᆞᆫ

이 편안치 못 ᄒᆞ오면 외쪽 굿처 이 잇서 닉칙(內則)과 규범(閨範)

논홀 염녀가 두렵건딕 숨실 동안 션훈이 굿죠앗스오며 구(歐)

애 잇습기로 근본을 단졍히 ᄒᆞ고 미(米) 각국으로 말슴 ᄒᆞ와도

근원을 묽히옵기 위ᄒᆞ야 신 학교틀 셜립 ᄒᆞ고 각항 지예틀 비

하틀 치고 쥰걸스럽고 큰 사 화 기명 진보에 이르럿스온즉 엇

룡을구 ᄒᆞ며 쟝뎡을 실시 ᄒᆞ옵기 지 우리 나라에만 녀학교

로 샹쇼 ᄒᆞ엿스오니 일곱 신하가 업ᄉᆞ오릿가 우리 나라에 명식이

ᄒᆞ가 가지 아니 ᄒᆞ면 신등도 일곱 대황뎨 폐하씌셔 즁흥의 운을

물너 가지 아니 ᄒᆞ깃습고 일곱 응 ᄒᆞ옵시고 독립의 업을 셰우샤

도 빅눌을 물너가지 아니 ᄒᆞ면 신ᄃᆞ지 법도틀 새롭게 ᄒᆞ시며 학

오니 만만 황용 ᄒᆞ와 놀닐 바틀 성틱이 겻회로 흐르시와 판립 학

아지 못 ᄒᆞ노쇼이다 성덕이 겻회로 흐르시와 판립 학

ᄒᆞ옵고 발 구르며 츔 츄나이다 대

더 인지ᄂᆞᆫ 학문에 잇습고 학문은 쓰ᄂᆞᆫ것믄 굿지 못 ᄒᆞᆫ지라

교육에 잇습ᄂᆞᆫ지라

근일 독립 협회의 목젹을 듯ᄉᆞ온

즉 남군의게 충성 ᄒᆞ고 나라틀 ᄉᆞ랑

ᄒᆞᄂᆞᆫ 무음으로 ᄭᅵᆼ평 졍직ᄒᆞᆫ 의리

틀 잡아

님군 위 글을 올녀

성죵을 보좌 ᄒᆞ고 나라 법강을 부

지케 ᄒᆞᆯ려 흔다 ᄒᆞ오니 우리 흠감

흔 신민 된곳이 뉘 아니 흠감

흐릿가 그러 ᄒᆞ오나 혹 비방 ᄒᆞᄂᆞᆫ ᄒᆞ

심지어 나무 쟝ᄉᆞ와 과실 쟝ᄉᆞ ᄭᅥ지

의론파 비쳑 ᄒᆞᄂᆞᆫ 문즈가 업지 아

니 ᄒᆞ와 듯기에 현혹 ᄒᆞ옴이 잇ᄉᆞ

오며 충신과 역젹을 분변치 못 ᄒᆞ

니 엇지 즁즁 잇ᄉᆞ오니 이ᄂᆞᆫ 다룸 ᄒᆞ

아니오라 비록 남즈라도 학식이

업ᄉᆞ와 ᄉᆞ의에 합 ᄒᆞ고져 ᄒᆞᄂᆞᆫ 쥬

의가 아니오니 그러 ᄒᆞ오면 도로

혀 학문 잇ᄂᆞᆫ 녀즈만도 못 ᄒᆞ오니

월케 ᄒᆞ읍시니 의역 셩지라 흠송

일노 씨 미루어 보건티 녀즈라도

ᄯᅩ훈 츙이 지심과 문명 지학을 험

『천자』, 『동몽선습』, 『태서신사』 등으로 구성되었다.[20] 『천자』와 『동몽선습』은 조선시대 서당에서 가르치던 주요 교재였으며, '태서'는 서양을 가리키는 말이고 『태서신사』는 서양의 역사를 기록한 책이었다. 이러한 교과를 최초의 여학교인 순성여학교에서 가르쳤다.[21] 이 교과를 통해 학생들이 어떤 내용을 배웠는지에 대해서는 알 수 없으나 서양의 역사가 교육 내용으로 채택되었다는 것은 여성에게도 근대 지식에 접할 기회가 증대되었음을 말해 준다.

찬양회는 여성 계몽을 위한 사업으로 일요일마다 정기집회를 개최하고 연설회와 토론회를 마련하였다. 여학교 설립운동은 학령기의 여자를 위한 것이었고, 연설회나 토론회는 일반 부인을 위한 것이었다. 연설회의 강사는 주로 독립협회의 남성이며 여성의 근대 의식 각성과 교육이 중심 내용이었고, 집회 때마다 회원이 아닌 여성도 많이 참석하였다. 이를 통해 여성은 당시 국가의 정치적 현실에 대한 정보를 얻고 시대를 이해할 힘을 얻을 수 있었다.

찬양회 회원은 독립협회 운동을 적극 지지하였고 만민공동회에도 참여하는 등 적극적으로 활동하였다. 만민공동회 개최장에서는 대중 앞에 얼굴을 드러낸 채 참가하는 여성도 있었고 만민공동회 대표자가 수감되었을 때에는 함께 수감시켜 달라는 시위대에도 가담하였으며, 황국협회의 습격으로 숨진 김덕구의 장례식에 참석하기도 하였다.

사회의 기대와 인습의 괴리　　이처럼 개화 지식인을 통해 여성 계몽의 필요성과 중요성이 널리 유포되었지만, 여성에 대한 정부의 인식이나 사회 의식의 변화는 매우 더디게 일어났다. 예를 들면 당시 학부대

20 독립신문 1899. 3. 1(녀ᄌᆞ교육).
21 박용옥(1984), 69~71.

신이었던 신기선은 여자 교육은 물론 남학교에서 실시되는 신교육까지 반대하였다. 그는 1866년 이런 상소를 한 바 있다.[22]

> 머리를 깎고 양복을 입는 것은 야만인이 되는 시초요, 국문을 쓰고 청국 글을 폐하는 것은 옳지 않고, 외국 태양력을 쓰고 청국 황제가 주신 정삭을 폐하는 것은 도리가 아니요, 정부에 규칙이 있어 내각대신 국사를 의논하는 일을 작정하는 것은 임금의 권리를 빼앗는 것이요, 백성에게 권리를 주는 것이니 이것은 모두 이왕 정부에 있던 역적들이 하는 일이다. 학부대신을 하였으되 행공하기 어려운 것이 정부학교 학도들이 머리를 깎고 양복을 입는 까닭이요. 국문을 쓰는 일은 사람을 변하여 짐승을 만드는 것이요. 종사를 망하고 청국 글을 폐하는 일이니, 이런 때에 벼슬하기가 어려우니 갈아주십시오.

고종의 개혁 의도에도 불구하고 당시 조선 정부에는 개화에 부정적 인식을 가진 사람이 존재하였고, 이는 사회 개혁을 추진하는 데 커다란 장애가 되었다. 실제로 찬양회에서 요구했던 여학교가 고종의 허락과 정부의 예산 확보에도 불구하고 설치되지 못한 것은 여성의 사회참여라는 역사적 흐름의 맥을 끊는 중대한 사건이었다.

또한 남녀 유별관도 교육 현장에 변함없이 존재하였다. 찬양회가 후원하는 순성여학교에서조차 남교원이 배치되지 않았고,[23] 모임이나 사회 활동에 참여하는 여성은 사회의 시선에 신경을 써야 했다.[24] 이는 여성의 의식이

22 독립신문 1896. 6. 12.
23 당시 사범학교 졸업 자격을 갖춘 사람은 남교원밖에 없었고 내외의 분별관이 아직 엄존하고 있던 때이므로, 소녀들이 교육을 못 받았으면 못 받았지 남자교원에게서는 배울 수 없다는 주장이 여전히 남아 있었다. 정부 측의 학교교칙이 마련되고 있을 때 남자교원 임명의 가능성이 보이자 찬양회 측에서는 내외분별의 문란이라는 문제를 들어 이를 거절하고 있다(독립신문 1899. 3. 4.).

아직 투철히 정립되지 못했다는 이유도 있겠지만, 당시의 사회적 인식이 여성의 생각과 행동을 자유롭게 놓아 두지 않았기 때문이다. 여성에 대한 사회적 기대와 여성 스스로의 인식 속에는 시대적 운명에 동참하는 국민의 일원이라는 진보적 의식과 함께 가정의 어머니요, 아내라는 전통적 여성의 모습이 동시에 존재하고 있었다. 이는 여성의 자유로운 사회 참여에 걸림돌로 작용하였다.

여성운동의 확대

조선의 내정을 간섭하려는 일제의 야심은 1904년의 한일의정서, 1905년의 을사보호조약에서 노골적으로 나타났다. 이에 대한 민족의 분노는 극에 달하였으며 일제의 침략에 대항하여 국권회복을 위한 구국운동이 다각도로 전개되었다. 의병투쟁과 애국계몽운동을 중심으로 일어난 이들 민족운동의 추진 방법은 서로 달랐지만, 국권을 회복하고 자주독립을 수호하겠다는 목적에서는 일치하였다.[25] 이 시기에 이루어진 여성의 사회참여와 여성 계몽운동도 대부분은 국가와 민족을 구한다는 취지 아래 추진되었다.

한편, 국가와 민족을 우선하는 논리 속에서 여성은 수동적 존재로만 머무르지는 않았다. 각 계층의 여성은 신분이라는 차별적 질서를

24 "죵로에서 만민이 공동회를 ᄒᄂᆞᆫ디 유지ᄒᆞᆫ 부인 二十여분이 분면과 록발을 드러 닉이고 만인 즁에 양연이 참셕 ᄒᆞ엿기로……그 부인네의 도라가는 힝ᄉᆞᆨ을 본즉 혹 쟝독교도 타고 혹 쟝옷도 쓰고 간즉" (독립신문 1896. 9. 13).

25 애국계몽의 논리는 막강한 일제에 대항하여 국권을 회복한다는 것은 불가능하며, 준비 없는 무력항쟁은 실력의 파괴를 가져올 뿐 아니라 일제에 예속을 가중시킨다는 생각에서 주장된 실력양성에 의한 독립준비론이었다. 한편 항일의병운동의 논리는 일제의 보호국체제 하에서 국권을 회복할 만한 실력양성이란 불가능하여, 국권이 상실된 마당에서는 승패를 불문하고 침략자에 대항하여 싸워야 한다는 생각에서 주장되었던 즉시 독립론이었다(류영렬 (1997), 『대한제국기의 민족운동』, 일조각, 98).

타파하기 위해 민족의 위기라는 상황을 충분히 활용하며 스스로 사회참여의 기회를 포착하였다. 즉 신분 사회 속에서 천대받던 서민층 여성, 기생 출신의 여성, 상인층 여성이 국가와 민족을 위한 활동에 적극 참여함으로써 스스로 인간이라는 자각과 국가와 민족의 일원이라는 의식에 동참하였다.

1. 국채는 나의 빛

나도 국민이다　국채보상운동은 조선이 일본의 식민지로 전락한 것이 일본에 빚진 1,300만 환의 국채 때문이라는 인식에서 비롯되었다. 이 운동은 밀린 채무를 청산하기 위한 금연운동으로부터 시작되었다. 1907년 2월 16일 대구의 서상돈, 김광제 등은 일본에 진 빛을 국민의 힘으로 갚자는 취지로 '단연회'를 조직하였는데, 모금운동이 시작된 후 많은 조선인이 열렬한 지지와 호응을 보냈다. 황성신문, 대한매일신보, 만세보 등의 언론은 모금운동의 취지를 전국으로 확산하는 역할을 담당하였으며, 이에 힘입어 많은 액수를 모을 수 있었다. 대구의 대동관문회의 회원인 서상돈은 국채보상문제에 대해 다음과 같이 언급하였다.

> 국채 1,300만 원을 갚지 못하면 장차 토지라도 허급^{許給}할 것인데 지금 국고금으로는 갚지 못할지라도 우리 2천 만 동포가 담배를 석 달만 끊고 그 대금을 매삭 매명하 20전씩만 수합하면 그 빚을 갚을 터인데 … 어찌 힘 안 드는 담배 석 달이야 못 끊을 자 어디 있으며 설혹 사람마다 못 끊더라고 1원으로 천백 원까지 낼 사람이 많을지니 무엇을 근심하리요. 나부터 800원을 내겠노라.[26]

26 대한매일신보 1907. 2. 17.

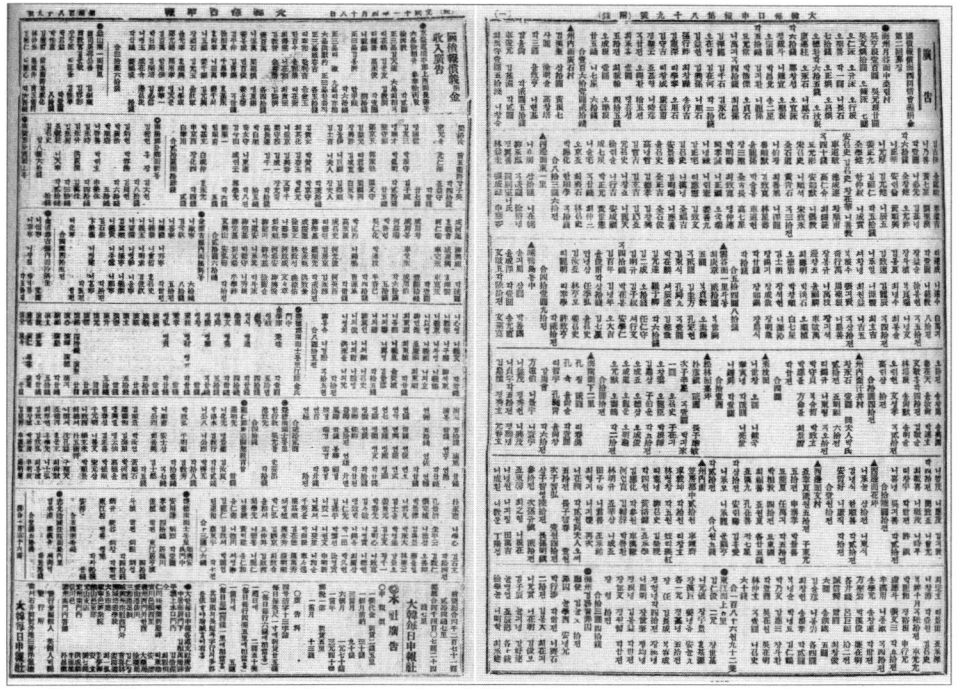

대한매일신보 광고란에 실린 국채보상운동 의위자 명단(대한매일신보 1907. 4. 18)

    '국채보상취지서'에는 상환금 마련 방법으로 3개월 간의 단연과 현금으로 기부할 것을 제시하였다. 대구의 부녀자는 이 방법이 남성만의 참여를 전제한 것이라고 판단하여 여성만의 국채보상운동을 전개하였다. 대구 남일동에서 정운갑의 모친 서씨, 정운화의 처 김씨, 서병규의 처 정씨, 서학균의 처 정씨, 서석균의 처 최씨, 서덕균의 처 이씨, 김수원의 처 배씨 등을 중심으로 조직된 '패물폐지부인회'는 모금을 위한 격문을 전국의 부녀 동포에게 전하였다.

나라 위한 마음과 백성된 도리에서 어찌 남녀가 다르리요. 들사오니 국채를 갚으라고 이천만 동포들이 석 달간 연초를 아니 먹고 대전을 구취한다 하오니 족히 사람으로 응감게 할지요 전격에 아름다움이라. 그러하지만 부인은 논하지 않는다고 하니 어찌 여자는 나라 백성이 아니며 하육 중 일물이 아니요, 본인들은 여자인 바로 일신소존이 다만 패물등속이라 … 뜻을 가진 부인 동포들은 다소를 불구하고 혈심의력해서 국채를 청장하시는 것인 천만행심[27]

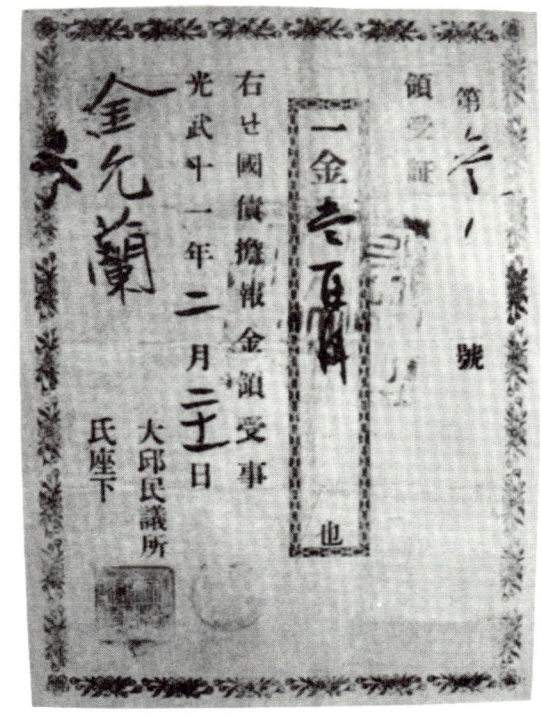

국채보상을 위한 의위금 영수증

이처럼 국채보상운동에 참여하는 여성은 먼저 단체를 설립하였고 설립 취지서를 통해 이 운동에 동참해 줄 것을 역설하였다. 그러면 국채보상운동에 참여했던 여성을 움직인 원인은 무엇이었을까?

첫째, 여성은 국민의 의무나 백성된 도리로 국채보상운동에 참여하였다. 이들은 국민으로서의 의무는 남녀가 같기 때문에 국채보상운동에 남성만이 참여하는 것은 이치에 어긋난다[28]고 생각했다.

27 대한매일신보 1907. 3. 8(대구 남일동 풍물폐지 부인회 취지문).
28 황성신문 1907. 3. 30(청북강계부인급수보상권 고문).

부산항 좌천리 부인회 감선의연 취지서(대한매일신보 1907. 4. 19)

대저 국채로 하여금 나라가 태평하지 못하오실 바에야 여자도 국가 우로

지택을 입사와 애국 성심이 없아오면 신민된 도리가 아니오니 여자 등도 다

소 참여코자 동시합력이로소이다.

즉 여성도 남성과 똑같은 민족의 일원임을 밝히고 민족으로서의 도리를 다하기 위해서는 여성도 국채보상운동에 참여해야 한다고 하였다. 이러한 글을 쓴 '대안동 국채보상부인회'는 서울 북촌의 상류 양반 부인들이 1907년에 조직한 단체인데, 김규홍의 부인 신숙당 등을 중심으로 활동을 전개하였다. 이들 양반층 여성이 주축이 된 부인회의 발기문에는 봉건적인 충렬관의 잔재가 남아 있기는 하였으나 "나라를 위하는 마음과 백성된 도리에 어찌 남녀가 다르겠느냐"고 밝혀 여성도 사회에서 필요로 하는 역할을 담당할 수 있다는 의식을 담고 있었다. 부산의 '감선의위부인회'의 경우도 "나라이 있은 뒤에 백성이 있고 백성이 있은 뒤에 나라이 있다"고 하여 국가와 백성이 상호보존적 관계에 있음을 강조하였다.

둘째, 여성이 국채보상운동에 참여하는 근거로 제시한 것은 남녀동등의 윤리의식이었다. 국채보상운동은 나라의 흥망과 관련되는 것이며, 가

정 경제를 짊어진 여성이 참여하지 않는다면 개인에게도, 사회에게도 면목이 없음을 강조하였다. 특히 '인천항 국민적성회'는 박우리바, 정에스더, 장마리아 등 기독교 여성을 중심으로 조직되었는데, 그 발기문은 다음과 같은 내용으로 이루어졌다.

> 세계 각국을 볼진대 남녀의 분별은 있으나 권리는 남자와 조금도 등분이 없는 것을 본즉 이것이 떳떳한 이치라. 여자도 우리 대황제 폐하의 적자는 일반이온대 … 남녀의 분별은 있으나 권리는 남녀가 일반인데 어찌 녹녹히 옛 법을 지키고 가만히 앉아 있겠느냐 … 우리 여자가 다른 권리는 없으되 집마다 양식 다루는 주권은 우리 여자에게 있는[29]

즉 남녀동권의 논리를 근거로 일반 여성도 사회에 참여할 권리가 있으며 그것은 남녀에 차이가 없음을 강조하였다. 이는 국채보상을 위해 조직된 다른 단체에서도 역시 강조되었다.

셋째, 여성은 자손을 위해 국채보상운동에 참여하였다. 즉 국채 때문에 나라가 망하면 부모와 자식의 앞날에 희망이 없으므로, 이를 해소하기 위해서 국채보상에 적극 참여해야 한다고 주장[30]하였다. 대구의 '국채보상탈환회' 취지서에는 다음과 같은 위기 의식이 잘 나타나 있다.

> 나라 한 번 위태하고 보면 당상의 늙은 부모는 장차 어느 곳에 장사하며, 강보의 어린 아해는 장차 뉘의 종이 될런지요. … 강보의 철부지와 태중의 남녀를 분별치 못하는 아해는 장차 뉘의 죄로 사람 권한도 보지 못하고 유리하여 남의 노예를 면치 못하리니 아들 낳아 무엇하며 딸을

29 제국신문 1907. 4. 1(인천항 적성회 취지서).
30 대한매일신보 1907. 4. 23(탈환회 취지서).

패물폐지 부인회 취지서(대한매일신보 1907. 4. 28)

길러 무엇할까

여기에는 국가와 민족의 파멸로 인한 고통이 고스란히 자식에게 전가되도록 방관할 수만은 없다는 적극적 의지가 담겨 있다. 이런 논리는 국가와 민족에 대해 한 번도 생각한 적이 없던 여성에게 국권 회복에 동참해야 한다는 당위성과 의무감을 갖도록 하기에 충분한 것이었다.

이처럼 여성이 전개한 국채보상운동에는 양반층과 지역 유지의 부인뿐 아니라 기독교 여성, 상인층 여성, 기생 출신 여성 등도 다수 참여하였다. 진주의 '애국부인회'는 진주 기생 부용을 중심으로 조직된 단체였으며 '대구애국부인회'의 총무를 맡은 염상은도 기생 출신이었다. 또 서울의 '부인감찬회'는 소실부인이 중심이 되어 조직된 단체였다. 개항 이후 싹트기 시작했던 '애국성심은 남녀일반'이라는 의식은 여성에게 내면화되었으며 이로 인해 여성은 사회활동에 더 많은 기회를 포착하려 노력하였다. 국채보상운동을 통해 여성은 독자적 조직을 결성하는 경험을 가졌으며, 새로운 여성층으로 기생과 소실이 사회의 전면에 등장하는 계기를 맞이하였다.

'그들'과는 다른 방법으로   여성이 추진한 국채보상운동은 남성의 금연, 금주운동과는 다른 방법으로 전개되었다. 그것은 단체를 통한 기부금 모금과 패물 폐지, 그리고 절식운동이 중심이 되었다.[31]

먼저 국채보상운동을 전개하기 위해 단체들이 가장 많이 사용한 방법은 기부금 모금이었다. '대안동 국채보상부인회'의 경우 회원들이 집집마다 방문하여 기부를 하도록 장려하였고, 즉석에서 내지 못하는 사람에게는 약정서를 기록하도록 함으로써 소기의 목적을 달성하려고 노력하였다. 그 결과 일곱 번에 걸쳐 299명으로부터 현금 141원 10전, 은 4양중을 수합하였고 이를 대한매일신보사로 보냈다. 또 진주 기생 부용의 발기에 의해 조직된 '진주애국부인회'의 경우, 평양 기생 18명이 50전씩을 갹출하여 국채보상기성회로 보낸 바 있다.

한편, 패물을 팔아 국채보상에 충당하는 방법이 제시되었는데 이는 여성이기 때문에 생   **31** 박용옥(1984), 121~144.

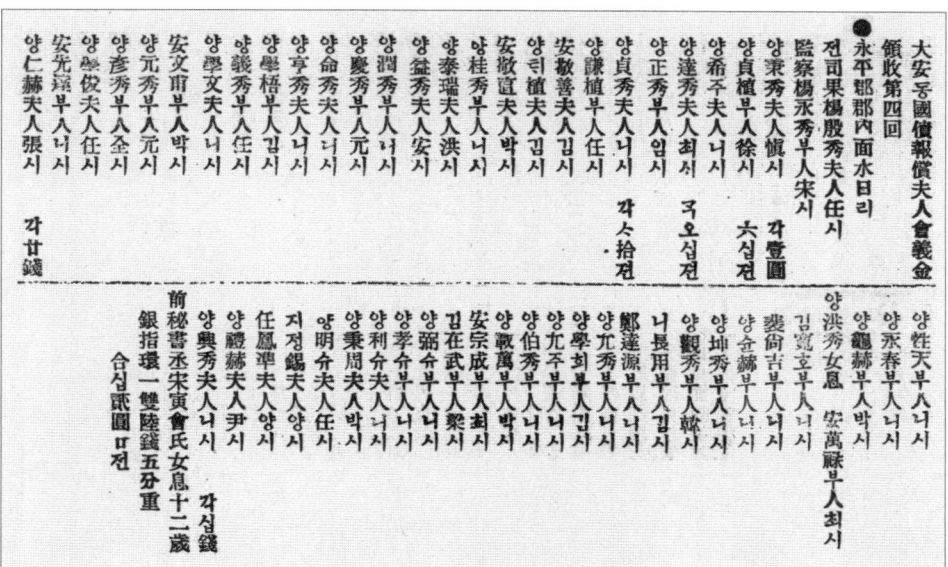

대안동 국채보상 부인회의 기부자 명단(대한매일신보 1907. 5. 30)

각해 낼 수 있는 방법이었다. 1907년 4월 장의근의 장모 공씨와 김덕유의 조모 엄씨가 발기한 '국채보상탈환회'는 1,000만 명의 여자 중 반지를 가진 자가 반은 넘을 것이니 반지를 팔아 국채를 갚자는 운동을 전개하였다. 여기에는 패물을 팔아 국채를 보상한다는 의미뿐 아니라 '여자의 손가락을 속박하고 있는 지환을 뽑아' 낸다는 의도도 있었다. 이는 여성이 민족운동에 참여하는 과정 속에서 드러낸 자아의식 표출이라고 추측해 볼 수 있다. 즉 민족운동이라는 커다란 과제 앞에서 명시적 목표가 되지는 못했지만, 자유롭고 싶다는 의지의 표현이라고 생각해 볼 수 있다.

'삼화항 패물폐지부인회'는 위기에 직면한 민족의 운명을 여성의 손으로 구하겠다는 확고한 의지를 보였는데, 이런 의지는 패물을 팔아 국채를 보상하겠다는 데 머무르지 않고 은행과 학교의 설립까지 주장하였다. 즉 부국강병과 자주독립은 국채보상만으로 이루어질 수 없는 것이라 보았던 것이다.

> 각각 그것을 의연하였으면 3천만 원 가량은 무려할지니 천만 원은 국채를 보상하고 천만 원은 은행을 설립하고 천만 원은 학교를 설립하여 국민부강하고 보면 어찌 쾌치 않사오며 전국에 이익됨이 소소한 패물로 비하오리까[32]

이들은 국채보상운동의 최대 목표를 '세계상 제일 상등국가 국민'이 되는 데 두었다. 이를 구체적으로 실천하기 위한 규칙으로 "은금 보패 패물 등을 자원 연조하여 국가를 보상하기로 동맹할 것"으로 정했으며, 기부의 종류, 방법, 규칙을 어길 때의 벌칙까지도 규정하였다. 물론 패물 착용도 금지되었다. 또 여성은 먹을 것을 줄여 보상금을 마련하는 방법을 선택하기도 하였다. 먹을 것의 종류와 방법은 다양하였는데, 인천의 '구미적성회'는 매일 아침저녁에 먹는 곡물 가운데 한 사람 당 한 수저 분량을 덜어 모아 곡물을 수합하는 방법을 활용하였다. 1907년 3월 김일당, 김석자, 박민당이 조직한 '부인감찬회'는 아침저녁의 식사량을 반으로 줄여 모은 곡물을 보상금으로 기부하는 방법을 활용하였다. 이들은 많은 부인이 참여하도록 '부인감찬회경고문'을 발표하기도 하였다.

이외에도 청북 강계의 '부인급수보상회'는 부인들이 직접 물을 길어다 먹음으로써 급수비를 줄였고, 이 비용을 보상금으로 기부하는 방법을 택하였다. 당시 물 긷는 직업을 천대했던 상황 속에서 여성이 선택한 이 방법은 국가와 민족을 위해서라면, 그리고 가정과 자녀의

32 대한매일신보 1907. 4. 28, 30, 5. 1(패물폐지 부인회취지서).

평안한 앞날을 위해서라면 어떤 일이든 할 수 있다는 의지의 표현으로 파악된다.

당시 국채보상운동에 대한 여성의 참여는 여성의 강한 민족의식과 사회참여의식을 대변하는 것이었지만, 여성의 사회참여는 봉건적 가족제도의 질서를 파괴하지 않는 범위 내에서 추진되었다는 한계도 주지할 필요가 있다. 전국적인 조직과 동원 인력을 가지고 전개되었던 여성의 국채보상운동이 여성 스스로의 권리 확보나 여성해방을 위한 방향으로 확대되지 못한 것은 아쉬움을 남기지만, 이 시기 조선의 모든 남녀에게 설득력 있게 받아들여졌던 것은 '개인의 자유나 권리'보다는 민족의 위기를 극복하는 것이었다.

2. 여성들 단결하다

실력을 양성하라! 당시 개화 지식인은 국권 상실의 원인을 조선이 자강하지 못했기 때문이라고 파악하고 국권회복의 한 방법으로 애국계몽운동을 전개하였다. 이들은 서구와 동일한 근대체제를 갖춤으로써 당면한 문제를 해결할 수 있다고 믿었다. 또한 당시 조선을 '우승열패' '약육강식'의 논리가 지배하는 사회로 파악하였고, "금일의 생존경쟁은 도저히 면코자 하여도 가히 면치 못할 것이니…… 개인의 생존경쟁뿐만 아니라 국가의 생존경쟁을 계도計圖치 아니함이 불가하니, 대저 우승열패는 인사人事의 상常이며 약육강식은 현세의 예例"[33]라는 인식을 가지고 있었다. 이러한 '생존경쟁 우승열패'의 논리는 '한 민족이 열등한 자의 처지로 떨어진 것은 문명과 실질적 학문에 힘쓰지 않은 우리 자신에 있다'는 열패자책임론으로 자연스럽게 연결되었고, 따라서 개화 지식인은 실

33 윤효정(1907), 생존의 경쟁, 『대한자강회월보』 제11호, 6~7.

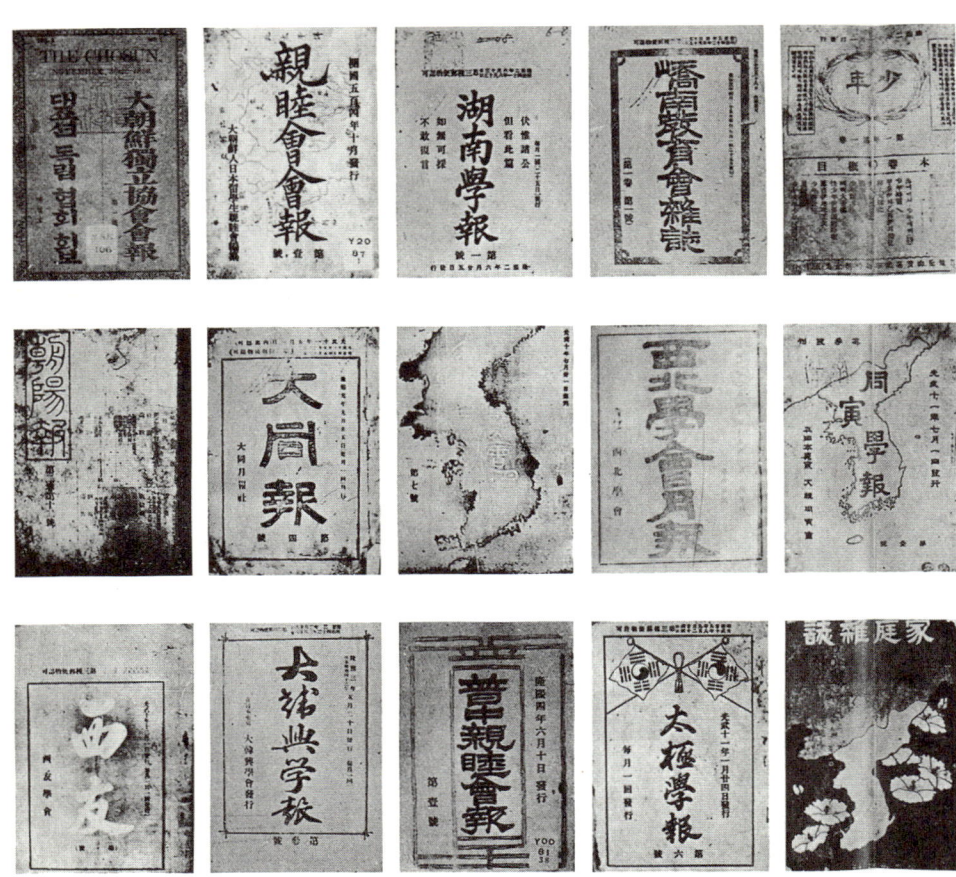

학회의 발족과 학회지의 간행

력을 양성하면 우승자의 위치에 설 수 있다는 확신을 가졌다.

　그 방법의 하나로 제시한 것이 교육 진흥이었다. 이들은 서구의 교육에 준하는 문명교육, 실업교육, 애국교육을 통하여 근대 지식과 경제적 자립능력, 그리고 강력한 애국심을 가진 국민을 육성해야 한다고 주장하였다. 이들의 교육운동은 주로 각 지역을 연고로 설립된 학회를 통해 추

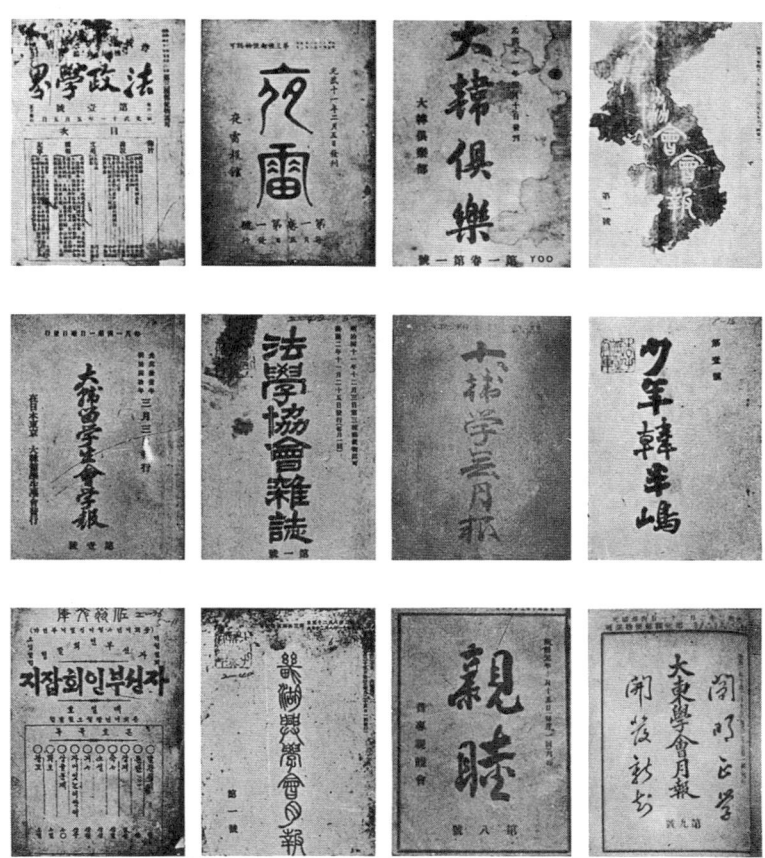

진되었는데, 학회운동은 1904년 9월 국민교육회가 설립되면서 시작되어 1906년 10월경에는 서우학회, 한북흥학회 등이 조직되면서 본격화되었다. 1907년 7월에는 호남학회와 호서학회가 설립되었고 1908년 1월에는 기호흥학회가 설립되었다. 그해에 서우학회와 한북흥학회가 서북학회로 통합되고 1908년 2월에 관동학회, 교남학회, 대동학회 등이 차례로 조직되면서 학회운동은 전국적인 규모로 확대되었다.[34]

이들 학회는 서울에 본부를 두고 해당 지역에 지회를 두었으며 각기 기관지를 발간하여 대중 계몽 사업을 전개하였다. 『서우』, 『호남학보』, 『서북학회월보』, 『기호홍학회월보』, 『대동학회월보』, 『교남교육회잡지』, 『대동학회월보』 등은 이들 학회의 기관지였다. 기관지에는 교육제도, 교육행정, 교육방법, 각급 학교의 교육, 실업교육, 사회교육의 필요성, 국문교육 등 다방면에 걸쳐 교육에 관한 논설을 실었으며 계몽 교육의 필요성을 강조하였다.[35]

각 학회는 직접 사립학교를 설립하거나 이미 설립되어 있는 사립학교의 교육을 지도하고 교사양성에 주력하였으며, 교과서를 작성, 배포하고 초등교육의 확대를 위해 의무교육 실시를 건의하는 등 다방면에 걸친 활동을 전개하였다. 예를 들면 '국민교육회'는 국립사범학교로서 야학인 보광학교를 운영하였고 1906년 9월에는 한남학교를 개설하였다. 서우학회는 1907년 1월 사범학교 속성과를 개설하였으며 한북홍학회에서도 한북의숙을 설립하였다. 서북학회에서는 서북협성학교 속성과의 설치에 이어서 3년 과정의 보통과를 두었을 뿐만 아니라 측량과를 설치하여 실업교육에도 힘썼다.[36]

이들은 국권회복에 전 국민의 역량을 동원하기 위해서 모든 국민에게 교육의 기회를 제공할 것을 주장하였다. 이들이 의무교육 실시를 주장하고 보통교육을 강조한 것은 대중교육의 확대라는 측면에서 매우 중요한 의미를 가진다. 그들은 가정교육, 여성교육, 유아교육 등을 강조하고 교육의 효과를 거두기 위해 교육에 방해가 되는 폐습을 타파할 것을 주장하였다.

교육계몽운동은 교육을 시행하는 과정에서 점차 민중과 밀접한 관계를 맺으면서 민족운동에서 중요한 위치를 가지게 되었으며 운동

34 강만길 외(1994), 『한국사 12 근대민족의 형성―2』, 국사편찬위원회, 250~251.
35 강만길 외(1994).
36 강만길 외(1994).

을 이끌어 갈 요원을 양성했다.

'그녀들'의 설립론　이 시기 실력 양성의 논리는 여성의 교육과 계몽의 필요성을 강조하는 기반이 되었으며 이를 계기로 여학교 설립이 증가하였다. 더불어 이를 후원하는 여성단체도 많이 생겼났다. 교육운동을 활발히 전개한 단체로는 대한부인회, 한일부인회, 여자교육회, 여자보학원 유지회, 부인학회, 진명부인회, 대한여자흥학회, 양정여자교육회 등이 있었다.[37] 이들 단체 가운데 '대한부인회'는 황실의 적극적인 지원 아래 조직되고 운영된 반면, '여자교육회'와 '부인학회' 등은 남성 회원이 그 조직과 운영의 주도적 역할을 담당하였다. '진명부인회'나 '김해부인회'는 여성이 주도적 역할을 담당한 대표적인 여성단체였다. 이와 같은 구분은 설립 주체가 누구인가에 따른 것이었고 그 활동과 성격에서도 많은 차이를 나타내고 있었지만, 그 중심 과제는 실업교육·잠업교육과 아울러 소학 규모의 여학교를 직접 설립하거나 운영을 지원하는 것이었다.

먼저 '대한부인회'는 1905년 7월경에 조직된 단체로 '부녀의 숙덕을 함양하고 폐습을 개선하며 자녀의 교육을 보급'할 목적으로 잠업과 농공 기예를 가르치며 사업을 전개하였다.[38] 총재는 황실의 여성만이 될 수 있었으며 그밖의 임원도 모두 고관현직의 부인이었다. 이들이 단체를 조직하고 운동에 직접 참여한 것은 여성의 활동을 확대하는 데 기여한 바 있지만, 임원 가운데 통감부 관리의 부인일본인이 참여한 것은 이 단체의 친일적 성격을 엿볼 수 있게 해준다.

1907년 1월에 조직된 '부인학회'는 남성 회원이 조직하고 운영한 여성단체로서, 여성이 주축이 되어 활동하고 있던 '여자교육회'

37 정경숙(1989), 56~66.
38 대한일보 1905. 8. 5.

의 활동을 비판하면서 설립되었다.

> 지금 수삼처 여학교가 생겼는데 … 여자교육회라 하여 일어나는 데는 그
> 행동을 살펴보건대 본래 학식 없는 여자들이 어디로 좇아 아름다운 결과를
> 얻으리오 … 여자 사회가 점점 변하고야 말 터이니 그 변하여 나아가는 방
> 침이 잘 되어야 장차 부인 사회가 잘 될 것이오. 만일 지금 시초에 활동하는
> 일이 마땅치 않으면 장래에 큰 폐단이 생길 것은 명약관화라. 그런고로 근
> 일에 사회사 유지한 몇몇 사람이 발기하여 부인학회를 조직[39]

이 글은 '여자교육회'가 그 방향과 목표를 잘못 설정하고, 그 활동이
사회에 악영향을 초래할 수 있다는 경고성 발언으로 시작한다. '여자교
육회'의 어떤 활동에 대한 비판인지 정확히 알 수는 없으나 "학식이 없는
여자들" "방침이 잘 되어야 장차 부인 사회가 잘 될 것"이라는 문구를 통
해 여자들이 설립한 단체 자체를 인정할 수 없다는 논지를 엿볼 수 있다.
이러한 남성 중심적 논리는 '부인학회'가 내세운 여학교의 교육 내용을
통해서도 확인할 수 있다. 즉 '부인학회'가 교동에 세운 여학교에서는 일
요일마다 3시간씩의 교육을 행하였는데, 학회의 남성 회원은 교육 내용
으로 정치 법률 등을 일체 다루지 못하도록 하였다. 그들이 여자로서 마
땅히 알아야 한다고 여겼던 것은 가사와 위생, 요리 등의 과목이었다.
그러면 '부인학회'가 비판했던 '여자교육회'는 어떤 단체인가? 여자
교육회는 1906년 5월에 설립되었고, 초기에는 양규의숙을 후기에는 여
자보학원을 후원하였다. 여자교육회가 전개한 여성운동의 유형은 여학
교를 후원하는 여성 교육운동을 포함해 여성
개명의식 고취 활동, 여성 의복개량운동, 여   39 제국신문 1907. 1. 8.

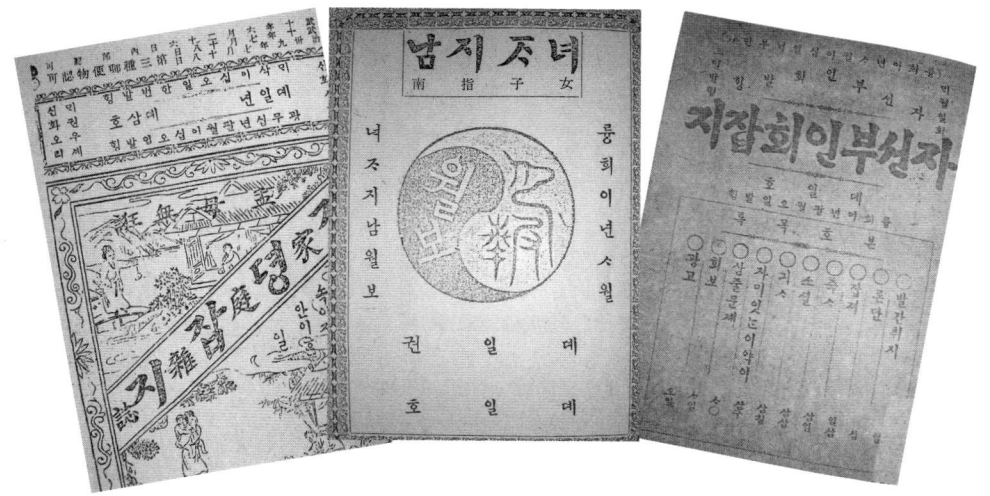

자선부인회잡지, 여자지남, 가정잡지의 표지

성의 경제적 자립운동, 여성복지후생운동, 의료기구설치운동, 여성용 잡지 『녀ᄌ지남』의 간행 등으로 다양했다.

'여자교육회'가 훈련을 통해 단체 운영에 필요한 지도자를 배출한 것, 초기 남성 회원 중심의 체제를 여성 중심의 단체로 전환시킨 것 등은 여성의 사회 참여라는 측면에서 긍정적 의의를 논할 수 있다. 그러나 임원 교체 과정에서 나타난 소실 부인의 탈퇴와 임원진으로 친일관료 부인이 참가한 것, 일본인 여교사로 하여금 일어 교육을 하도록 한 것은 '여자교육회'를 친일적 단체로 규정토록 하는 요인이 되었다.

이상의 단체가 남성 지식인이나 황족 또는 고관 부인을 중심으로 설립된 데 비해 '양정여자교육회'와 '진명부인회'는 소실부인이 차별받지 않는 여성단체를 구성하겠다고 조직한 단체였다. 특히 '진명부인회'는 '여자교육회'가 정실 중심의 운영체제와 친일적 성격으로 변화한 것에 반발하여 탈퇴한 사람을 중심으로 출발하였다. 이 단체는 사치의 금지와 미신타파를 통한 생활개선, 전통적인 부덕 등을 강조하여 보수적인 성격의 활동을 전개하였다.

이들 단체를 조직한 소실부인은 가정에서 차별받는 자신의 신분에 대해 비판적 의식을 가지고 있었으며 단체의 설립을 통해 자신들의 경험을 공유할 공간을 확보하고자 하였다. 이들은 불평등한 가족관계와 남녀관계가 신사상과 신학문의 학습을 통해 개선될 수 있으며, 교육을 통한 개인적 노력이 가정의 안정을 이루는 기반이 될 수 있다고 믿었다. 그러나 좋은 아내, 며느리, 어머니에 대한 사회적 기대가 변하지 않는 한 여성은 희생을 감수할 수밖에 없었다. 여성에 관한 담론이 남성 중심적 사회 구조의 반영이라는 점을 파악할 수 없었던 여성은 자신이 처한 처지를 개인의 문제로 인식하며 갈등을 겪어야 했다.

다음 글은 이 시기 사회로 나가는 여성이 남성들로부터 어떤 시선을 받았는가를 짐작케 한다.

> 여자 교육회는 아무 것도 아닙니다. 학문가 남자로 학설을 연술하여 늘리는 것이 즉 교육이 될지라. 사천년 정저와井底蛙 가이 청천靑天에 응조함을 부지不知하던 여인이 자기들만 모여 종일 짓거리니 무삼 지식이 넓어질 수가 있소[40]

> 본래 학식없는 여자들이 모여서 자고 이래로 듣고 보지도 못하던 일들을 행한즉 자연 규모가 정제치 못하고 또한 종종 연설을 한다 토론을 한다 하니 그 중에 학식있는 교사가 있다든지 점잖은
> 남자가 있어서 지도나 하면 혹 효험이 있으리   **40** 대한일보 1906. 7. 21.

라 하려니와 그렇지 못하고 다같이 학문없는 여자들이 어디로 좇아 아름다운 결과를 얻으리오[41]

여자는 본래 학식이 없으며 그녀들이 하는 것은 "자고 이래 듣지도 보지도 못한 일"로 치부되었다. 이런 여성을 올바른 방향으로 이끌 수 있는 것이 "점잖은 남성"이었다. 여기서 전통적 여성이나 계몽된 여성 모두 비판의 대상이 되었고, 이러한 남성 중심의 사회 구조, 즉 가부장적 이데올로기 아래에서 사회로 나가는 여성의 단체활동은 규제와 통제를 받을 수밖에 없었다.

3. 늘어나는 여학교

여학교, 왜 세웠나 1905년 을사조약 이후 교육 구국운동이 활발해지면서 많은 사립 여학교가 설립되었다. 이 시기 여성 교육의 필요성을 역설한 배경에는 "국권 회복을 위해서는 전 국민의 민지가 계발되어야 하며 전 국민의 민력 양성은 각 개인의 바탕 위에서 가능하다는 논리"였다.

개화 지식인이 여성을 국민의 일부로 인식하고 여성의 사회참여를 논의한 이후, 1886년 이화학당을 시작으로 1887년 정동여학당, 1894년 정의여학교, 1895년 일신여학교 등이 설립[42]되었다. 수적으로는 소수에 불과했지만 여성도 학교 교육의 대상이 될 수 있다는 가능성을 보여 주었다. 이들 교육 기관은 외국인 선교사가 세운 것이 대부분이었고, 교육 목적이나 내용도 민족의식 배양보다는 기독교 교리를 중심으로 하는 의식계몽이 주를 이루었다.

이에 비해 1900년대 중반 이후 설립된 여

---

41 제국신문 1907. 1. 8.
42 송인자의 연구(1992)에 의하면 찬양회의 순성여학교가 설립된 1898년부터 1910년까지의 공립 민간인 여학교 수는 142교였다고 한다. 이 가운데 1905년 이전 세워진 여학교는 2개교뿐이었다.

:
선교사에 의한 교육의 모습

학교는 많은 수가 민간인이 세운 것이었으며 국권회복을 위한 여성의 자각과 의식 계몽 및 실력 양성의 취지를 강하게 내세웠다. 이들 여학교에 다닐 수 있는 여성은 일부로 한정되었지만, 이후 여성의 사회참여를 보다 활성화시킬 수 있는 기반이 되었다.

1906년 4월에 경선궁과 영친왕궁에서 희사한 토지 200만 평을 재정의 기초로 하여 진명여학교가 설립되었고, 1906년 5월에 설립된 명신여학교 역시 영친왕궁으로부터의 토지 1,000여 정보의 희사를 기초로 세워졌다. 이밖에도 다수의 여학교가 설립되었는데 이를 정리해 보면 〈표7〉과 같다.[43]

이들 여학교는 지방의 관리나 유지의 기부금으로 세워지기도 했으나, 대부분 지방 유지의 부인이나 각종 부인회, 여성단체의 후원으로 설립되었다. 예를 들면 1906년에 설립된 양규의숙은 여자교육회와

43 송인자(1992), 『개화기 여성 교육론 연구』, 숙명여자대학교 박사학위논문, 103~105.

| 표 7 | 1910년 이전에 설립된 여학교

1905년 이전	순성여학교, 정선여학교(순성여학교의 계승)
1905년	보창학교여학과, 영문앞여학교, 태평동여학교
1906년	여자보명학교, 북장동여학교, 동제학교(남녀), 한성여학교, 삼락학교, 보신여학관, 진명여학교, 명신(숙명)여학교, 양규의숙, 외 8개교
1907년	재봉재학교, 부인야학, 신명의숙, 여자보통학원, 정선여학교, 양성여학교, 양정의숙, 신민여학교 외 10개교
1908년	사족여학교, 정일여숙, 동덕여학교, 회덕여학교, 양원여학교, 관립한성여학교, 평영공립여학교, 양정여학교, 동원여자의숙(동덕) 외 25개교
1909년	부인강습소, 동원여의숙, 산파양성소, 명신학교병설여하교, 홍원공립보통학교, 길주여학교 외 16개교
1910년	정규여학교, 영신남녀소학교, 사립영화여학교, 명덕여학교, 공립청주보통학교, 일신여학교 외 32개교

진명부인회가 시기를 달리하며 후원하였고, 1908년에 설립된 양정여학교는 양정여자교육회가 후원하였다. 이 시기 여학교를 설립하고 후원하는 여성과 여성단체가 증가하고 있었다는 것은 계몽이나 교육에 대한 여성 의식이 그만큼 성장해 있었음을 증명한다.

그러면, 이들 여학교를 설립한 취지는 무엇인가? 당시 설립되었던 여학교 모두를 분석의 대상으로 할 수 없지만, 현존하는 자료를 통해 각종 학회와 학교 설립의 목적에 나타난 의미를 찾아볼 수 있다. 다음 글은 명신여학교와 여자보학원의 설립 목적 및 취지다.

나라 백성되기는 남자나 여자나 마찬가지인데 시운의 시급함에 비추어 여자 교육이 절실히 필요하다[44]

국가적 경쟁 시대의 승자가 되기 위해서는 실력이 필요하며 여성도 국가의 성원이므로 여성을 교육하여 국가 발전에 이바지하게 하자[45]

44 황성신문 1906. 5. 26.
45 『여자지남』 1908. 2~3.

여학교 설립의 목적은 국가 존망의 위기를 극복하는 데 있었으며 이는 시대 상황과 밀접한 연관을 가진 것이었다. 개화 지식인은 조선의 근대화와 국력 신장의 방법으로 여성 교육을 주장했으며 이를 위한 학교의 설립을 정부에 주장한 바 있다. 이에 대한 조선 정부의 반응은 소극적인 것이었고, 민족의 위기 앞에서 발벗고 나선 것은 사립 여학교의 설립자였다. 이들이 제시한 여학교 설립의 궁극적 목적은 민족과 국가를 보전하는 데 있었다.

그러나 학교를 세워 여성에게 국가 발전에 참여할 기회를 부여해야 한다는 논조에는 여성 개인의 발전은 포함되어 있지 않았다. 다음 글은 1906년 『대한자강회 월보』 제1호에 실린 윤효정의 '여자 교육의 필요'다.

> 국망의 위기를 맞게 된 중요 원인의 하나는 여성들이 자립적인 경제 능력을 갖지 못했기 때문인데 … 문명국에서는 여성에게 하원의선거, 정부관리 임면, 육해군응모 출전과 같은 활동에서는 여성의 체질 들이 약하여 그 참여를 불허하지만 학교 교수, 은행 부기, 우편사무, 미술지업, 상포무역, 농사 감독, 물축회사 들의 업종에는 여자도 남자와 같이 취업케 하여 자급생활을 하도록 하므로 가정에서 유족한 저축이 가능 … 여자가 안에서 가사를 자력으로 관리할 수가 있어 남편들이 마음놓고 해외에 유력遊歷할 수 있어 국가를 위해 공을 세우고, 또 국가를 부요富饒하게 하는데 이것은 모두 여자 교육의 효과[46]

이 글을 통해 여자 교육에 대한 당시 지식인의 생각의 단면을 엿볼 수 있다. 물론 여성의 경제적 자립 능력은 자신
의 주체적인 삶을 영위하기 위한 필수적 요소   [46] 윤효정(1906).

숙명여학교 제1회 졸업기념(졸업생 4명, 뒷줄 오른쪽에서 세 번째가 주시경 선생)

다. 그러나 여기서 강조했던 여성의 경제 능력은 가정을 위한 저축과 가사를 자력으로 관리할 수 있기 위해 요구되는 것이었다. 따라서 여성은 가정과 남편을 위해 취업하고 가정도 돌보아야 하는 '수퍼우먼'이 되어야 했다. 이는 '여성'이 배제된 남성이 생각하는 여성 교육의 필요성이었다.

이처럼 여학교 교육을 통해 달성하려 했던 명시적 목적이나 설립 취지가 국가와 민족을 강조하면 할수록 여성은 국가와 민족으로부터 타자화되었으며, 여성에게는 의무만이 강조되었다. 따라서 이들 여학교에서 구체적으로 이루어지는 교육 내용은 여성에게 주어진 의무를 충실히 수행하기 위한 것으로 구성될 수밖에 없었다.

여학교의 여성상　이 시기 설립된 여학교에서는 구체적으로 어떤 여성을 기르려 했을까?

1906년 진학신에 의해 설립된 양규의숙의 설립 목적은 "여자의 총명과 재주가 남자에게 뒤지지 않으나 여자 교육이 이루어지지 않아 학문과 기술 재예를 교육한다"는 것이었다. 이를 위해 부과된 교과는 보통과목 이외에 재봉과 수공이었다. 1908년 설립된 관립 여학교인 한성고등학교는 '여자에게 필요한 고등보통교육 및 기예를 가르침'을 목적으로 삼았다. 이 학교가 설립될 때 순종비는 여자가 결혼하여 남편을 돕고 가정을 이롭게 하며 자녀 교육에 힘씀은 곧 가정을 행복하게 하고 국가를 돕는 것이라는 휘지를 내린 바 있다[47]. 여기서는 1학년에서 3학년까지 국어, 한문, 일어, 역사지리, 산술, 이과, 도화, 가사, 수예, 재봉, 음악, 체조 등을 가르쳤다.

물론 각 여학교에서 교수되었던 교과목은 학교의 특성에 따라 내용을 달리했지만, 일반적으로 천자문, 한문, 국문, 산술 등이 기본 교과로 설정되었다. 이외에 소학, 체조, 음악, 습자, 재봉 등이 주요 내용이었는데, 이는 남학교의 교과목이 영어, 산술, 지지, 역사, 작문, 토론, 체조 등으로 이루어진 것과 대조를 이루었다. 특히 여성에게는 국가와 민족에 이바지하는 방법으로 스스로에게 부여된 가정인으로서의 임무를 충실히 수행하는 것이 요구되었고, 이에 필요한 지식·기술 등이 여학교 교육을 통해 전수되었다. 이때 여성 교육의 내용은 내방교육의 연장이었으며 그 내용 속에는 봉건적 요소가 청산되지 않은 채 근대 교육이라는 이름을 표방하여 교수되었다.[48]

그러면 이들 여학교의 성격을 어떻게 평가할 것인가? 한마디로 말해 이 시기 여학교 설

47 구한국관보 1908. 5. 26.

립의 목표는 국가와 민족의 발전을 위한 인간 양성이었다. 천부인권 사상에 근거한 남녀평등의 논리에 따라 여자도 제도적 교육의 대상이 될 수 있었던 것은 이전 시기에 비해 커다란 발전이었다. 그러나 민족의 위기 앞에서 여성 교육은 주체적 인간으로의 성장보다는 국가발전의 원동력이라는 측면이 강조되었고, 여학교를 통해 기대되는 여성상은 좋은 아내, 어진 어머니, 착한 며느리였다.

따라서 당시 여학교에서 여성의 주체적인 자각을 불러일으킬 수 있는 교육 내용은 제시되기 어려웠다. 교육 내용은 여성에게 부과된 직분을 충실히 수행하기 위한 덕목으로 이루어졌고, 이는 여학교 설립의 원대한 포부에도 불구하고 남녀평등적 사고를 더 이상 확대시키지 못했다.

여자로서 갖추어야 할 덕목의 함양　여학교에서는 정해진 교과를 가르치기 위해 어떤 교과서를 사용하였나? 그리고 내용은 어떻게 구성되었는가?[49]

먼저 1908년 이원경에 의해 쓰여진 『초등여학독본』은 초등 단계의 여학생용 교재였다. 이 책은 국한문 혼용의 문단에 번역문이 달려 있는 한문을 모르는 학생도 읽을 수 있도록 구성되었다. 서언에는 이 책의 저술 목적이 나타나 있다.

48 물론, 여학교 교육을 통해 기대되는 현모양처형의 여성상이 모든 여성에게 그대로 내면화되었다고 보기는 어렵다. 즉 여성 교육의 결과 소위 '신여성'의 출현에서 나타나듯이 사회적 기대와 여성의 자의식은 모순적으로 결합되는 양상을 보인다.
49 송인자(1992), 115~124.
50 이원경(1908), 『초등여학독본』 서인.

우리 나라 여자가 학문이 없어 자립할 줄 모르고 다만 봉의취반縫衣炊飯하여 … 여학이 남학보다 급하니 입학초에 수신을 우선 가르쳐 덕육으로 기초 삼고 … 여계와 내칙과 가훈에 여자의 일상의 도를 채취[50]

여아들이 초등 단계의 저학년에서 사용했을 이 교재는 독본임에도 불구하고 여성 개인의 근대적 의식과 능력 개발보다는 가족 관계 속에서 갖추어야 할 덕목을 중심으로 구성되었다. 그러나 이 글에서 강조된 여성이 배워 자립해야 한다는 암시와 여성이 지켜야 할 계율과 여성이 가져야 할 도리의 습득은 양립하기 어려운 측면을 지닌다. 여성의 자립은 주체 의식의 자각을 의미하는 것이었으나 그들에게 요구된 덕목은 개인을 희생하고 가정과 남성을 위해 봉사하는 인간상이었다.

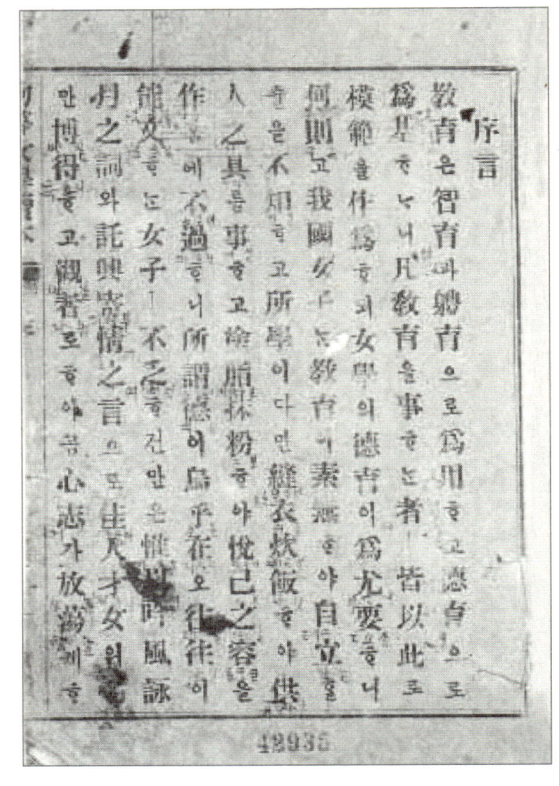

이원경의 초등여학독본 서문

다음으로 『여자독본』은 장지연이 저술한 것으로 1908년 4월 관학서관에서 간행된 국어교과서였다. 이 책은 순 한글로 표기되어 있으며, 한 과가 끝나는 곳에 한자의 음과 뜻을 달아줌으로써 내용 이해에 도움을 주도록 구성되었다.

여자는 나라 백성이 될 자의 어머니 될 사람이라. 여자의 교육이 발달된 후에 그 자녀로 하여금 착한 사람을 이룰지라. 그런고로 여자를 가르침이 곧 가정 교육을 발달하여 국민의 지식을 인도하는 모범이 되나니라[51]

이 책에서는 여성이 "백성의 어머니될 사람"이며 "국민의 지식을 인도하는 모범"이므로 이들의 교육이 중요하다고 강조하였다. 장지연은 을사조약이 체결되었을 때 황성신문에 '시일야방성대곡是日也放聲大哭'을 발표하여 조약의 부당함을 항변했던 인물이다. 그는 국가의 위기와 이를 극복하기 위한 자강의 필요성을 절실히 느꼈고, 그 방법으로 교과서를 제작하였으며, 이를 통한 민중 계몽과 여성 교육을 몸소 실천하였다. 교과서 상권에는 우리 나라에서 가정화목과 자녀교육 담당에 모범이 되었던 삶을 살았던 여성에 대해, 그리고 하권에는 서양과 중국에서 지덕체 개발이나 남녀평등권 확보, 또는 국권회복에 몸을 바쳤던 여성의 삶을 중심으로 다루고 있다.

『여자소학수신서』는 1909년에 발간한 것으로 이화학당 교장, 진명여학교감 양원여학교장 등이 관여하였다. 이 책은 총 53과로 구성되었으며, 주요 내용은 '수신서'라는 교재의 특성상 여자의 기본인 숙덕, 가사, 의복, 예절 등 생활규범 등으로 구성되었다.

> 사람이 세상에 나면 마땅히 행할 본무는 도와 덕이다. 그러나 도덕을 닦는 공부가 없으면 도와 덕을 얻어 행하기가 어려운 고로 인륜에 깨달아 행하는 것을 궁구하고 생각하여 그 방법을 기록하여 … 좋은 여자가 되려 하여도 이 책을 공부할 것이요. 좋은 어머니, 좋은 시모, 좋은 며느리와 동서, 좋은 올케와 좋은 자녀가 되려 하여도 이 책을 공부할 것이다. … 그르므로 오륜에 대하는 도리는 간략히 써서 여자로 하여금 못된 것은 버리고 좋은 것은 취하는 도움이 되기를 바라노라.[52]

51 장지연(1908), 『여자독본』 제1과 총론.
52 노병선(1909), 『여자소학수신서』 53과.

이 책의 저술에 관련한 사람들이 신교육을

선도하는 사람이었음에도 불구하고 좋은 여자, 좋은 어머니, 좋은 시모, 좋은 며느리와 동서 등을 지향했다는 점은 당시 지식인 여성이 여성 교육에 대해 지니고 있던 의식의 단면을 말해 준다.

이상과 같이 여성 교육의 궁극적 목표는 국가와 민족이 처한 위기를 타파하는 것이었다. 이를 위한 실천으로 각 여학교에서 실시되는 교육의 내용은 어진 아내와 어머니로서의 품성, 즉 현모양처를 강조하는 것이었다. 이처럼 남성이 유포한 여성 스스로에게 내면화했던 여성에 관한 담론은 여성도 국민의 일부라는 의식을 갖도록 하였다. 그러나 국가와 민족을 우선시하는 논리 속에서 여성은 자신의 권리 찾기보다 의무만을 강요당했다. 양적으로는 사회참여 기회가 증가했지만, 여성은 여전히 남성 중심적 사회 구조 속에서 타자화의 대상으로 남을 수밖에 없었다.

4. 의병이 된 여성

의병, 왜 일어났나?   청일전쟁 이후 조선은 정치 경제적으로 일본의 영향을 많이 받았고, 러일전쟁 이후에는 외교권을 박탈당하는 조약을 체결하였다. 이를 국권 침탈이라 인식한 조선인은 저항의 한 방법으로 의병을 일으켰다. 따라서 의병은 성립 초기부터 반일적이었다. 시간이 흐를수록 유교적 성향을 가지고 있던 보수층은 와해되었고 1904년 이후 의병은 민중 중심의 운동으로 발전되었다.[53]

의병이 본격적으로 확대되기 시작한 것은 1905년 11월 보호조약 이후의 일이었다. 조약의 강제 체결 소식이 전해지자 조약의 무효화와 조약 체결의 주범인 오적五賊을 처단해야 한다는 목소리가 커졌고, 이런 분위기 속에서 일제의 식민지배를 위한 정책—화폐정리사업, 토지

53 김호일(2000), 251~260; 류영렬(1997), 330~343.

관계법, 광업법 등—의 영향으로 일제에 기생한 몇몇 매판세력을 제외한 민중층이 의병에 참여하였다.

1907년의 헤이그 밀사 사건은 일제가 고종을 강제 퇴위시키는 빌미가 되었으며, 한일협약 체결을 통해 일제는 조선 민중의 직접 통치자가 되려는 야심을 보였다. 고종의 양위 소식에 서울 시민은 결사회 깃발을 앞세우고 반대시위를 행하였고, 이는 해산된 군인의 합류로 민족운동으로 나아가는 근거를 제공하였다.

그러나 일제의 대토벌은 1909년 2월부터 약 2개월에 걸친 살상, 방화, 약탈, 폭행 등의 방법으로 행해졌다. 토벌 후의 의병 활동은 더욱 분산화, 소규모화 되었으며 그 중심지는 황해도 · 경북 · 강원 등 산간 지역으로 옮겨졌다. 수십 명이 한 단위가 되어 게릴라식 활동을 벌였으며 다른 부대와 연합하여 공격을 가하기도 하였다. 이런 활동이 계속되면서 일본군의 토벌을 피하기 위해 또는 장기적으로 조직적인 무장항쟁을 위해 주된 근거지를 해외로 옮겨야 한다는 움직임이 나타났으며, 이후 의병활동의 근거지는 요동 지방 · 간도 · 노령 · 연해주 등으로 옮아갔다.

국망의 위기에 동참한 여성　1904년부터 1910년 사이 조선의 위기를 극복하기 위한 구국 활동에 남녀가 따로 없었다. 여성들 또한 이 시기에 일어난 일제의 침략 행위에 대해 조선인으로서의 구국적 자세를 보였고, 의병에 직접 참여한 사람도 나타났다. 예를 들면 을사보호조약 당시 한규설의 부인이 가졌던 마음가짐이나 행동[54]은 국망이라는 위기 속에서

54 한규설의 부인은 을사조약문 조인을 강요받은 참정대신 한규설이 찬반 투표에서 '부'를 던지는 행동에 대해 지탄한 바 있다. 즉 한규설의 부인은 조약체결이 강제로 성립되면 한규설이 그 자리에서 자결할 것이라고 믿었다. 그래서 자신도 순절하고자 소복 단장을 하고 약봉지를 준비한 채 밤을 지샜다고 한다. 그러나 한규설이 대성통곡하며 내실에 들어서자 부인은 살아 돌아온 한규설을 꾸짖으며 방문을 걸어 잠근 채 스스로 굶어 죽기로 결심하고 있다(박용옥(1984), 146~147).

조선인이 가질 수 있었던 구국적 자세의 단면이었다. 이밖에도 군부협변 이한영의 부인, 부교 조동윤의 부인, 능회 이두로의 부인도 목숨이 아까워 나라 일을 그르치고도 죽지 못한 남편을 꾸짖고 단식을 하였다는 기록[55]이 있다.

이와 같은 여성의 구국 의식은 천비와 천기와 주모에게도 예외는 아니었다. 오적의 하나인 군부대신 이한택의 노비와 침모는 역적의 하인이 될 수 없다고 주인의 집을 나왔으며, 또 이지용의 첩인 기생 산홍도 "어찌 역적의 첩애 되리오"하고 첩되기를 거절하였다고 한다. 또 경술국치 당시 충청도 결성군의 가난한 과부 이씨는 조선인 회유 명목으로 지급될 일제의 위로금 시혜 대상자로 이장이 자신을 추천하려 하자 "국토는 빼앗을망정 내 마음을 결코 약탈할 수 없다"면서 단호하게 이를 거절하였다.[56]

한편 윤희순[57]을 중심으로 하는 안사람 의병은 직접 의병활동에 참여하는 적극성을 보였다. 윤희순은 유생 의병의 선봉장 유인석의 재종형인 유홍식의 장남과 혼인하였다. 그녀는 자신이 살던 동리에 의병이 들어오자 그들을 위해 밥을 지어주고 군량도 마련해 주었다. 의병의 뒷수발을 해주던 윤희순은 시집 식구의 만류에도 불구하고 "의병활동에 유씨네부터 나서야 한다"고 강력하게 주장하면서 식구를 설득하여 유씨 문중을 중심으로 하는 '안사람들의 모임'을 만들었다. 이들은 안사람의 구국 의식을 고무하기 위해 '안사람 의병가'를 만들어 불렀으며 침략자 일본인에 대한 각종 경고문과 포고문을 만들어 위기에 대처하기도 하였다.

윤희순을 중심으로 하는 안사람 의병운동은 이에 만족하지 않고 남장을 하고 직접 의병 원정에 나서는 수준으로 발전하였는데 이

55 국사편찬위원회(1965), 『한국독립운동사 1』, 85~87.
56 박용옥(1984), 146~147.
57 윤희순에 관해서는 박용옥(1984)의 연구 참조.

때 유인석 부인도 함께 참여하였다. 이들은 자신의 고향을 중심으로 의병 부대의 식사와 빨래 등의 뒷바라지를 하였으며, 의병의 총에 쓰는 화약을 만들고 고된 훈련을 하면서도 군자금 마련을 위한 각종 모금활동에도 참여하였다.

이와 같은 노력에도 불구하고 1908년을 고비로 의병활동은 약화되고 일제의 공세로 그 활동 무대는 요동 지방·간도·노령·연해주 등지로 옮겨졌다. 윤희순도 1911년 중국으로 이주하여 인재 양성을 위한 학교와 독립단체를 설립하였으며 반일운동을 지도하기도 하였다. 윤희순은 "남을 가르치려면 내가 먼저 실력이 있어야 하고 내 집부터 실행해야 한다"고 하여 조선독립단 가족부대를 조직하였으며 군사훈련을 주도하는 방식으로 반일운동을 전개하였다. 또 중국인에게 반일의식을 선전하거나 옷과 양말을 기워 대한독립단으로 보내는 등, 그녀가 사망한 1935년까지 독립운동을 계속하였다.[58]

이와 같은 행동을 한 여성은 국망의 위기라는 상황 속에서 남녀가 따로 없다는 인식을 가졌다. 즉 여성도 남성과 똑같이 나라에 대해 걱정할 수 있고 위기가 닥쳤을 때 이를 극복하기 위한 행동을 보일 수 있다는 자신감이 내면화되어 갔다. 이는 일부 교육 받은 여성에게만 국한되지 않고 노비와 기생에까지 일반화된 현상으로 나타나고 있었다. 이러한 의식 변화가 여성의 주체적 성장을 의미하는 것이었다고 보기 어렵지만, 여성에 대한 사회적 인식을 변화시키고 여성의 사회적 활동 공간을 확대하는 계기가 되었던 것은 확실하다.

---

[58] 의암학회 편(2003), 『의병항쟁과 국권회복운동』, 경인문화사, 59~74.

여성운동의 적극화, 다양화

일제는 1910년 8월 29일 조선합병을 공포하여 '조선의 명칭 개정' '조선총독부 설치에 관한 건'을 발표하고 조선을 완전한 식민지로 삼았다. 초대 조선총독으로 부임한 데라우치는 일본의 수상 가쓰라와 조선 지배의 기본 방침을 무단정치로 결정하였다.

이러한 일본 지배에 대해 조선인은 저항적 민족 의식을 고취하였고, 자주 독립을 쟁취하겠다는 운동을 전개하였다. 1919년의 3·1운동은 일제의 탄압으로 좌절되었지만 일제에게나 우리 민족에게 커다란 전환점이 되었다. 무력 식민통치의 한계를 인식한 일제 당국자는 지금까지의 무단정치에서 문화정치로의 변화를 모색하였으며 조선인을 회유·동화시키기 위한 방침을 수립하였다.

일제의 문화정치 아래에서 민족운동은 새로운 활로를 모색하였고 그 활동은 전국적으로 파급되었으며 참여 계층도 다양화되었다. 특히 1910년 이전의 실력양성의 논리를 계승한 교육구국운동과 경제 회복을 위한 물산장려운동은 각 지방으로 파급되었고 일반 부인과 청년회 회원 그리고 기생이 참여하는 운동 등으로 전개되었다.

1. '유관순들'의 활동

만세운동이 일어나기까지 1919년의 3·1운동은 조선인이 그 이전부터 전개했던 다양한 활동의 결과로 나타난 거족적인 민족운동이었다. 여기에 당시의 국내외 정세도 만세운동이 일어날 수 있는 조건이 되었다.[59]

먼저 국내의 정세를 보면, 1910년대 일제

59 김운태 외(2001), 『한국사 47 일제의 무단통치와 3·1운동』, 국사편찬위원회. 13~15.

의 식민정책은 강압적인 무단통치였다. 특히 이 시기에 이루어진 토지조사사업은 소수의 친일 대지주 매판자본가를 제외한 전 민족의 생존을 위협하였고, 이에 대한 조선인의 분노와 저항은 고조되었다. 이때 일제가 유폐한 고종의 별세는 일제의 독살설로 이어졌고, 이는 항일운동이 민족적 운동으로 나갈 수 있는 정치 사회적 기반이 되었다.

한편 제1차 세계대전 종결 후, 미국의 윌슨이 제시한 민족자결주의는 미국 중심의 국제 질서 수립을 꾀하는 것이었지만 조선의 민족운동가는 조선의 독립을 위한 기회로 파악하였다. 이들은 파리강화회의에 대표를 파견하였으며 국제 사회에 조선의 상황을 알리려 노력하였다. 또한 러시아 혁명으로 세워진 소비에트 정권의 평화선언도 조선인의 독립의식을 고취시켰다.

이러한 국내외 정세를 기반으로 조선의 민족운동가는 시위를 위한 실제적 활동을 추진하였다. 1918년 말부터는 학생 종교단체를 중심으로 독립운동이 계획되었다. 먼저 천도교 측에서는 독립운동의 대중화 통일화 비폭력의 3대 원칙을 세웠으며, 기독교 불교계 측에서는 전국적인 시위운동을 계획하였다. 이 즈음 일어난 일본 동경 유학생의 2·8독립선언은 3·1운동의 실행을 촉진하였다. 각 종교인과 학생을 중심으로 한 운동의 주도 세력은 고종의 인산일을 앞두고 사람들이 지방에서 서울로 모여들 것을 예상하여 3월 1일을 거사일로 정하였다. 민족대표 진영의 독립선언이 계획되었고 1919년 2월 28일 밤 민족대표 33인이 선정되었으며 '독립선언서'의 인쇄 및 배포 등 거사 준비에 필요한 사전 준비가 이루어졌다.

이러한 계획은 국내뿐 아니라 국외에서도 동시에 진행되었다. 상해에서는 신한국청년당이 활동하였고, 미주에서는 이승만, 안창호, 서재필

등이 외교적 독립활동을 전개하였다. 또한 서간도 일대에서는 국내 독립선언에 앞서 여준 등 39명의 서명으로 최초의 독립선언서를 선포하였고, 노령에서는 이동휘 등이 국민의회를 조직하고 국권회복운동에 전념하였다. 운동의 흐름은 이와 같은 배경과 여건 속에서 성장하여 국내뿐 아니라 국외에서도 동시다발적으로 전개되었다.

여성들 '민족'과 하나가 되다 3월 1일 아침 시내 각지에서 '독립선언서'와 함께 조선독립신문이 뿌려지고 독립운동을 촉구하는 격문이 나붙었다. 오후 2시 태화관에서는 민족대표 33인이 '독립선언서'를 낭독하고 우리 조선이 독립국임과 조선 국민이 자주민임을 선언하였다. 파고다공원에서 민족대표가 나타나기를 기다리던 3천여 명의 학생과 민중은 민족대표가 없는 가운데 독립선언식을 거행하였고, 대한독립만세를 외쳤다. 서울뿐 아니라 평안남북도와 황해도 함경남도의 중요 도시에서 시작된 3·1운동은 3월 상순에는 13도 전역으로 퍼져나갔다. 4월 말에 이르면 전국 220개 군 가운데 218개 군에서 시위가 일어났고 200만 명 이상이 이에 참가하였으며 시위 회수는 1,500여 회에 달했다.[60]

1919년의 3·1운동은 여성의 사회 참여를 활성화시키는 중요한 계기가 되었다. 여성계에서는 김인종 등 8명의 명의로 된 '대한독립여자선언서'가 발표되어 국내외로 전달되었다. 3·1운동의 준비 단계에서는 일본 및 상해에서 활약했던 김마리아, 차경신, 황애시덕, 김순애 등 여성 지도자가 국내로 들어와 민족독립운동에 여성계도 적극 참여하도록 지도하였다.[61]

1919년 10월 김마리아를 회장으로 결성한 '대한민국애국부인회'는 그 취지문에서 국권

60 김운태 외(2001), 13~15.
61 박용옥(1996), 『한국 여성 항일운동사 연구』, 지식산업사, 18.

회복을 위한 여성의 역할을 강조하였다.[62]

> 고어에 이르기를, 나라를 내 집같이 사랑하라 하였거니와 가족으로 제 집
> 을 사랑하지 않으면 그 집이 안전할 수 없고 국민으로서 제 나라를 사랑하
> 지 않으면 그 나라를 보존하기 어려운 것은 우부우부愚夫愚婦라 할지라도 밝힐
> 수 있을 것이다.
> 아! 우리 부인도 국민 중의 일분자다. 국권과 인권을 회복할 목표를 향하
> 여 전진하고 후퇴할 수 없다. 국민성 있는 부인은 용기를 분발하여 그 이상
> 에 상통함으로써 단합을 견고히 하고 일제히 찬동하여 줄 것을 천만 희망하
> 는 바이다.

또한 1919년 5월 평양에서 결성된 비밀결사조직인 '대한애국부인회'
의 한영신은 "남자에게만 독립운동을 맡기고 부인이라 해서 수수방관함
은 동포의 의무에 반"하는 일이며 남자에게도 수치스러운 일이라고 강조
하였다. 이러한 주장에는 여자도 남자와 같은 국민이며 그 국민으로서의
의무를 평등하게 이행해야 하는 것이 당연하다는 의미가 담겨 있었다.
이들은 국내의 독립결사대나 독립단 그리고 임시정부의 독립운동을 후
원하기 위해 회비를 모았으며 이를 군자금으로 보냈다. 이러한 활동에
대해 황신덕은 3·1운동이 여성의 사회적 참여에 크게 기여했음을 다음
과 같이 서술하였다.

> 점차 개성에 자각하는 여자는 증가하여 가던 때
> 기미운동이 일어났다. 이 운동이 한국여자로 하여
> 금 사회의 일원으로서 남자와 협력하여 활약하기

62 이윤희(1995), 『한국민족주의와 여성운동』,
신서원, 78~79.

대한독립여자선언서

를 개시한 첫 자이었으니 이 첫 번 시험에서 여자는 병신도 아니요 천치도
아니었고 남자와 다름없는 사람이었던 것을 자타가 인정하게 되었었다.[63]

이처럼 3·1운동은 여성이 민족의 위기에 실천적으로 참여할 수 있다
는 가능성을 보여 주고 앞으로 보다 적극적이고 다양한 여성운동의 출현
을 예고하였다.

여학생에서 기생, 여공까지 국내외로 파급된
3·1운동은 학생, 부녀자, 기생, 여공 등 여성
의 적극적인 협조로 더욱 활발하게 확대되었

63 황신덕(1937), 조선부인운동의 사적 고찰,
『학해』 666~668.

시위에 동참한 여성들

다. 만세운동의 준비에서 독립선언서의 지방 배포, 태극기의 제작 및 시위 군중을 동원하는 연락 등은 거의 모두 여교사, 여학생, 전도부인이 담당하였다. 1919년 3월 1일의 시위 군중 속에는 숙명·배화·이화·정신·진명 여학교의 학생이 포함(〈부표 6〉 경성 시내 여학교 만세사건 공판에 관한 내용 참조)되어 있었으며 식민지 여성 교육 기관이라 할 수 있는 경성여고보 학생까지도 대거 참여하였다.

> 삼일독립운동에 참여한 한국 여성의 활약상은 매우 감동적인 애국운동이었다. 폐쇄적이고 집안에만 칩거해 있던 여성들이 진정한 의미에서의 범국민적 민족주의 운동인 삼일만세시위에 대대적으로 참여하였다. … 여학생 여교사 부녀자 심지어는 기생 여공까지 … 전국적으로 무려 1만여 명의 여학생들이 참여하였다. 만세운동에 참여하였다가 19,525명의 남녀가 검거되었는데 그 가운데 학생과 교원이 2,355명을 차지하였으며 여교사와 여학생은 218명이었다[64]

경성여고보생은 3월 1일 파고다공원에 나가 만세를 부르고 선언식에 참여하며 조선의 독립을 외쳤다. 이들이 비록 식민 교육 기관이었던 관립학교에 다니기는 했지만, 그렇다고 친일적 인간은 아니었다. 민족의 독립을 기원하는 바람은 다른 학교의 여학생과 다름이 없었다. 배화학당과 숙명여학교 학생은 격문을 돌리고 태극기와 독립가 같은 곡조를 제작하여 부르고 만세 시위를 주도하는 등의 활동을 전개하였다.

한편 서울 시내 각급 학교 학생의 만세 시위 운동이 쉽사리 가라앉지 않을 것이라 파악한 식민당국은 3월 10일 각 중등학교 이상에

64 정요섭(1987), 3·1운동과 여성, 『한국근대여성연구』, 41.

여학생의 시위와 일본 순사의 탄압

대해 임시휴교령을 내려 고향으로 돌아가도록 하였다. 그러나 학생들은
자신의 고향에서 만세운동을 주도하는 등의 활동을 전개하며 탄압에 저
항하였다.

3·1운동 이후 여성의 사회참여는 여학생에서 기생, 여공으로까지 계
층적 확산을 가져왔다. 서울 시내 800여 명의 기생은 누구보다 독립심이
강한 것으로 알려졌는데, 그 이유는 당시 요정이 독립운동가의 비밀연락
장소로 자주 이용되었다는 데에서 찾을 수 있다. 또 서울 교북동의 은사
수산제사장에서 근무하던 96명의 여공은 2~3명씩 결근함으로써 그리고
부인성격학원에서는 학생들이 등교를 거부함으로써 저항을 표시하였다.

이러한 열성적인 여성 참가자에게 일제는 잔혹한 고문으로 탄압하였
지만 여성은 옥중에서도 단식과 만세투쟁을 계속하였다. 또한 운동은 비
밀결사의 저항 활동 등의 방법으로 다양화되었다.

거리로 나온 부녀자들

　3 · 1운동은 억압적인 식민 권력에 저항한 민족적 투쟁으로서 구국의
식에 남녀가 따로 없다는 것을 보여 주었다. 여성도 민족의 일원이 되어
남성과 똑같이 투쟁에 참여하였다. 그러나 3 · 1운동의 진행 과정에서 보
여준 여성의 힘은 여성해방을 위한 힘으로 결집되지는 못하였다. 그 이
후에 보여진 여성의 사회적 위상은 그 이전과 별다름 없이 어머니와 아
내로서의 역할을 강조하는 것이었다.

2. 배워야 산다, 교육받는 여성 인구의 증가

　여성의 교육열　1919년의 3 · 1운동을 계기로 조선인은 실력양성의 필

요성을 더욱 절감하였는데, 이는 교육이 민족의 독립을 보장할 수 있는 수단이라고 인식했기 때문이다. 이 시기 여성 교육은 적어도 양적 측면에서 뚜렷한 증가를 보이며 전개되었다. 그것은 당시 존재했던 여러 교육 시설에서 나타나는 공통된 현상이었다.

먼저 식민지 교육정책에 따라 초등단계인 보통학교 설치 계획이 일제 말까지 계속 추진되었다. 1면1교 계획, 3면1교 계획에 따라 보통학교는 1910년의 173개교에서 일제 말인 1942년에는 3,263개교로 약 20배 증가하였다. 이에 따라 학생수도 증가하여 1910년의 20,000여 명에서 1942년에는 1,700,000여 명에 이르렀다. 여학생의 수는 남학생에 비해 소수이기는 하지만, 초등교육을 받는 여학생의 수도 1910년의 1,274명에서 1942년의 500,000여 명으로 390배 이상 증가하였다.

또 서당에 다니는 여학생의 비율도 크게 증가하였다. 서당은 조선시대부터 있었던 동몽童蒙 교육 시설로서 여자는 원칙적으로 입학이 허용되지 않았다. 그러나 1911년에 서당 전체 학생 가운데 0.1%에 불과했던 여학생의 비율은 일제 말인 1942년에 이르면 31.1%까지 올라간다. 이는 서당의 간이학교화라는 식민 교육정책의 영향도 있었지만, 교육의 대상이 된 여자의 수가 증가했음을 말해 주는 것이다.

그리고 비제도적 교육 시설로서의 여자 야학이 확대되었다. 식민지 교육정책은 보통학교 중심으로 전개되었으며 일제 말까지 보통학교의 설치가 계속되었다고는 하지만, 거기에 다닐 수 있는 비율은 학령아동의 20~30% 정도에 불과하였다. 더구나 초등교육 단계에서 여학생의 구성비가 1/10에서 1/5 정도였음을 감안한다면, 실제로 정규교육을 통해 교육받는 여성의 수는 아주 미미한 것이었다. 여기서 부족한 교육 시설의 문제를 해결할 수 있는 대안으로 등장한 것이 서당이나 야학, 강습소 등

숙명여고보 졸업식(조선일보 1925. 2. 28)

이었다. 대체로 초등학교에 취학할 연령의 여아가 정규 보통학교에 취학
이 여의치 않을 경우 서당으로 진출하였고, 학령이 지났거나 부녀자를
위해서는 야학이 그 역할을 담당하였다.[65]

그러나 여자도 교육을 받아야 한다는 인식이 사회에 널리 자리잡았고
이를 위한 교육의 문이 이전에 비해 확대되었다고는 해도 교육받기를 원
하는 모든 사람이 학교에 갈 수 있었던 것은 아니다. 학교에 들어가기를
원하는 사람은 많았지만 학교 교육의 기회는 매우 제한되어 있었다. 다
음은 1924년 4월 『신여성』에 실린 글이다.

> 입학난! 이것은 조선 사람이 금방 당하는 큰 설움이지만 그 중에도 여자
> 의 입학난 이것은 정말 심하다. 보아라 조선에 조선 사람을 가르키는 학교
> 라고 원톄 몇 곳이 못되는 것이나 여자를 가르키는 학교는 그 중에도 적지
> 아는가.[66]

1929년까지 조선에 설립된 조선인 여자고
등보통학교[67]는 공사립을 합쳐 모두 16개교

[65] 김재인 외(2000), 『한국 여성 교육의 변천과
정 연구』, 한국여성개발원, 132~133.

공립 6, 사립 10개교였다.[68] 물론 상급학교의 부족이 입학난의 표면적 이유였다. 여기에서 한 가지 주지할 것은 보통학교를 졸업한 여학생이 진학할 학교가 여고보 이외에는 없었다는 것이다.

1920년대 조선의 학교 계통도를 보면 당시의 학교는 일본인이 다니는 학교와 조선인이 다니는 학교 그리고 공학이 존재하였는데, 그 경계는 뚜렷하였다. 예를 들면 보통학교를 졸업한 조선의 여학생이 진학을 하려면 일본으로 유학가거나 여고보로 진학하는 수밖에 없었다. 따라서 배워야 한다는 일념의 교육열을 충족시킬 수 있는 제도가 제대로 갖추어져 있지 않은 상황 속에서 당시 여학생은 입학난에 시달리지 않을 수 없었다.

누가 어디에서 배울까　당시 여자가 교육받을 수 있는 기회는 보통학교, 여고보, 서당, 야학 등을 통해서였다. 그러면 이들 각 교육기관에 다니는 학생의 경제적 사정은 어떠했는가? 일 년에 85석을 추수하는 상농上農의 경우에 총 수입의 40%에 가까운 33석을 중등학생의 비용으로 사용했다는 자료를 통해 고등보통학교에 다니는 학생을 둔 가정의 경제적 형편을 추측해 볼 수 있다.[69] 더불어 당시 고등보통학교가 도회지에 집중되어 있어 상당수의 학생은 유학이라는 형식을 취하지 않을 수 없었다. 따라서 교육비를 포함한 숙식비도 경제적 부담을 가중시키는 요인이 되었다. 이러한 부담으로 많은 학생이 상급학교로의 진학을 포기할 수밖에 없었다.

이러한 사실은 여고보에 다니는 학생의 경제적 상황을 추측케 한다. 당시 존재했던 여

66 『신여성』, 1924.4(조선의 절뚝바리 교육).
67 여자고등보통학교(이하 여고보)는 현재의 중학교에 해당하는 것으로 초등단계인 보통학교를 졸업한 여자가 들어갈 수 있었다.
68 박철희(2002), 식민지기 한국 중등교육 연구, 서울대학교 박사학위논문, 32.
69 박철희(2002), 75.

고보 가운데 경성여고보에 다니는 학생의 출신 지역, 신분, 학부모의 직업을 살펴보면 다음과 같다. 먼저 출신 지역 분포를 보면 경성과 경기 지역 출신의 학생이 전체의 50% 이상을 차지하고 있다. 다음으로 신분은 중인, 상민, 평민에 비해 양반이 많은 수를 차지하고 있다. 학부모의 직업에서도 50% 이상이 공무 자유업─군인, 경관, 교원, 법률가, 전당포, 인쇄업 등─과 상업에 종사하고 있음을 보여 준다.[70] 이는 경성여고보에 다니는 학생의 사회 경제적 배경이 중류 이상임을 보여준다. 특히 여성의 사회적 진출에 대해 보수적 입장을 취하던 당시의 사회적 인식과 관련시켜 본다면 여자에게 중등교육까지 시킬 수 있는 가정의 경제 배경을 짐작

學校系統圖

1920년대 학교계통도

할 수 있다. 물론 신문이나 잡지를 통해 인력거와 삯바느질을 하면서 딸을 유학까지 보내는 사례[71]가 소개되는 경우도 있었지만 이는 아주 드문 경우였다.

　그러면 대다수 노동자와 농민의 자식은 어디에서 교육을 받았는가?

노동자·농민·도시·빈민 및 정규 교육 기관에서 교육의 기회를 가질 수 없었던 다양한 계층의 민중에게 서당과 야학은 중요한 교육 시설이었다. 서당과 야학은 식민지 교육에 저항하는 조선인이 선택한 교육 시설로서 알려져 있기도 하지만 수업료를 낼 수 없었던 대다수 노동자, 농민에게 교육의 기회를 제공해 주는 역할도 담당하였다.

한편, 일제의 보통교육 확대 정책에도 불구하고 이로부터 사실상 소외된 대다수 여성, 특히 성인 여성의 의식 형성을 위해 설립된 여자야학은 1910년 이후 1930년에 이르기까지 약 635개에 달하였다. 이 가운데 591개가 1920년대 설치되었다. 여자야학의 설립 및 경영은 청년회나 부인회에서 주도하는 경우가 많았는데 이는 문화정치 이후 일제가 단체 허용을 단행한 결과였다.

여학교에서 가르친 것, 여학생이 배운 것   당시 여자고등보통학교의 교육 목표는 "여생도의 신체의 발달 및 부덕의 함양에 유의하여 이에 덕육을 실시하고 생활에 유용한 보통의 지식 및 기능을 교수하여 국민으로서의 생활을 양성하고 국어에 숙달시킬 것"을 목적으로 하였다. 이러한 교육 목표 아래 학생은 어떤 교과를 배웠고, 내용을 통해 어떤 여성의 역할을 습득하였을까?

첫째, 여고보 교육 과정의 구성상에 나타나는 특징은 기예교과의 존재다. 기예교과란 재봉, 수예, 가사 등 실생활에 필요한 실기 위주의 교과를 말한다.

70 현경미(1998), 식민지여성 교육 사례연구, 서울대학교 석사학위논문, 51~53.
71 조선일보 1925. 2. 19.

여자에게는 특히 생활상 유용한 지식 기능을 가르치는 것을 본지로 하고 있어 재봉 수예에 중점을

경성여고보 자수수업

두며 경성의 진명여자고등보통학교 같은 곳에서는 기직機織까지 가르치고 있다. 일찍기 여자의 훈육은 그 천분과 생활의 실제를 고려하여 수신제가에 적절한 것을 기대하며 무엇보다도 부화경조한 기운을 경계한다[72]

　당시 여자에게는 재봉과 수예가 중시되었다. 이는 여자에게 생활에 유용한 지식과 기능을 가르친다는 데 초점을 둔 것이지만, 궁극적으로는 남자가 해야 할 일과 여자가 해야 할 일의 분리를 의미하였다.

　둘째, 동일한 교과라 하더라도 여고보 학생과 남고보 학생은 다른 교과서로 배웠고 교과목에 따라서는 교수 시수도 차등적으로 부가되었다. 예를 들면 1923년에 2학년인 여고보생과 남고보생의 교과목에 따른 교수 시수를 보면 국어 여 6시간 · 남 8시간, 외국어 여 3시간 · 남 7시간, 수학 여 2시간 · 남 4시간이었다. 또 동일 교과라 하더라도 서로 다른 교과서로 가르쳤는데, 조선어 교과의 경우 여자용 교과명은 '여자고등조선어독본'이며 남자용에 있는 한문이 없고 조선어만으로 구성되었다. 남고보용은 '고등조선어 및 한문독본'이고 교과서는 조선어와 한문으로 구성되었다. 교과서의 내용에서도 남고보 교과서의 경우는 한자의 유래나 운동경기 대회를 소개하는 데 비해, 여고보 교과서의 경우는 전통적인 여필종부의 도를 가르치고 정절과 부덕한 여성에 관한 내용과 제사 절차와 제수를 장만하는 태도 등이 많았다. 이는 여성의 활동 영역을 '부엌'과 '방'에 국한시켜 여자는 집안 일에, 남자는 학업에 정진해야 함을 강조하는 것이었다.

넷글에 하얏스되 여자의 유행은 원부모형데라 하얏스니 녀필종부는 자연한 법리라. 집생각 너무

72 폐원탄, 『조선교육론』, 육맹관, 1919.

여학생만을 대상으로 했던 요리실습

말고 일으나 느지나 조심하고 공경하야 구고를 지성으로 밧들어 녜사람의
효도를 본밧고 군자를 공경하야 섬겨서 뜻을 어긔지 말며[73]

또한 교과서에는 일본에 대한 내용이 많았는데 여기서 일본은 박애의
나라, 문명국으로 설명되었다. 반면 조선은 일본의 한 지방이라는 의식
을 심어 주어 교과서를 통해 식민지민으로서의 의식과 그 사회 체제에
적합한 여성을 길러내고자 하였다.

이처럼 여고보에서 가르치는 교육 내용에는 '여성의 도리'와 '여성이
해야 할 것과 남성이 해야 할 것'을 뚜렷이 구분하였고 조선이 일본의 일
부임을 강조하였다. 그러면 이런 교육을 여학
생은 어떻게 받아들였을까? 결론부터 말하자
면 식민지 교육을 통해 전달하고자 했던 의도

[73] 『여자고등보통학교 수신서 권 4』 제17과,
1927.

가 학생에게 그대로 반영되지 않았던 듯하다. 왜냐하면 식민통치 기간 동안에 끊임없이 나타났던 저항의 양상은 독립을 위한 조선인의 열망을 나타내는 것이었기 때문이다.

먼저 일제가 여고보의 교육 내용을 통해 '여성으로서의 도리'나 '조선이 일본의 식민지'임을 주입했다고 할지라도 그것을 가르치는 교사는 학생에게 시대적 상황에 대한 지식과 사상을 전달하였다.

숭의의 교사들은 교수 과정에서 애국 애족 사상을 은밀히 주입시켰다. 역사 속의 위대한 인물, 애국지사 이야기, 각국의 독립투쟁사 등을 가르치고 소개하였다. 아름다운 금수강산이 일본인들에 의해 짓밟히고 있는 절절한 아픔을 들려 주었고, 해외로 망명하여 독립운동을 하다가 굶주려서 병들어서 죽었다거나, 망명한 애국자들의 가족이 얼마나 비참한 삶을 살고 있는지를 들려 주었다. 이런 이야기를 들을 때마다 학생들의 가슴은 비분강개했다. 특히 민비 시해사건을 듣는 학생들은 총칼을 든 잔인무도한 일본 낭인들에 의해 국모가 처참하게 난도질 당했다는 사실 앞에 더욱 분노[74]

여학생들은 몇몇 교사가 남몰래 들려주던 조선 역사, 이순신 장군, 세종대왕, 3·1운동, 이준 열사, 상해 임시정부, 독립군 이야기를 들으며 시대의 아픔에 동참하였다. 일본의 식민화 정책에 위기와 분노를 느낀 조선의 학교는 일제의 뜻을 그대로 따르지 않았다. 배화여학교의 경우 1915년의 개정사립학교 규칙에 의거해 학교 체제를 개편해 교육에 임하기로 하였으나, 성서나 예배 등 기독교 교육에 대해서는 독자적인 방안을 제시한 바 있다. 또 조선 역사에 대한 교과가 통제를 받고 있는 상황에서 "초기부터 꾸

74『숭의 90년사』 1993, 122~123.

준히 지속해 온 한국 역사에 대한 교육은 남궁 억 선생의 지혜로 영문법과 같은 다른 과목 시간에 은밀히 교육"[75]하는 등의 방법을 사용하였다.

> 이 시간만 돌아오면 가슴이 두근거렸어요. 마음대로 사용하지 못하도록 하는 말을 마음대로 쓸 수 있어 신났어요. 지명받아 낭독할 때면 더욱 기뻤어요. 우리말 선생님인 오문환 선생님이 가장 인기 있었구요. … 우리의 시, 시조, 소설, 수필 등을 읽으면 가슴이 뭉클뭉클 했어요. 선생님이 이런 글 속에 등장하는 우리 역사 이야기나 역사 속의 인물 이야기를 해 줄때면 꼭 쥔 주먹에 땀이 나고 교실은 항상 물을 끼얹어 놓은 듯 조용하고 엄숙했어요.[76]

1938년 제3차 조선교육령으로 조선어 사용이 금지된 상황 속에서도 주당 1시간의 조선어 시간을 배정하여 조선어로 강의하는 경우도 있었다. 이밖에도 일본어 공부를 거부하고 일인 교사를 배척하기 위한 단체 활동을 벌이고, 일본인 교사에게 영어를 배우지 않으려고 수업거부를 행하는 등의 모습은 식민지 교과와 교육 내용을 통해 끊임없이 주입했던 동화정책이 실패로 끝났음을 알려 주는 증거라 할 것이다.

서당과 야학에서는 무엇을 가르쳤나　여성을 대상으로 하는 교육운동은 도시뿐 아니라 농촌에서도 활발히 전개되었다. 이는 여성이 우매하면 그 가정이 우매할 것이고 사회와 민족도 그와 같이 될 수밖에 없다는 논리를 바탕으로 한 것이었다. 여성을 교육한다는 것이 곧 민족을 위한 교육운동을 의미했고, 이러한 취지 아래 교육받는 여성 인구는 이전

75 『배화 백년사』 1999, 124.
76 『숭의 90년사』 1993, 205~206.

시기에 비해 상당한 정도의 증가를 보였다(〈부표 7〉 학교유형에 따른 학생의 성별구성비, 〈부표 8〉 사립학교의 유형별 학교수와 성별 학생수 참조). 한편, 정규 사립여학교에 다닐 수 없었던 여성은 서당이나 야학이라는 비제도적 교육기관을 통해 지적 욕구를 충족시켜 나갔다.

> 남들과 같이 배워야 되고 알아야 된다는 향학열은 구가정의 좁은 녀성들의 가슴에도 기미 3·1운동의 파동이 넘쳤다. 이미 남의 부녀가 된 몸으로 모두 현모양처의 지위에 있는 그이들이 어찌 배울 장소를 얻으며 여가인들 있을까만은 그래도 하루 종일 동안의 가정살이 총총한 일을 보고 책보를 끼고 배울 곳을 찾아 다니는 부인들을 위하여[77]

이처럼 여성이 교육받을 수 있는 조건은 그리 녹록한 것이 아니었다. 어머니와 아내로서의 역할을 감당해야 하는 열악한 환경 속에서도 이들은 배우겠다는 신념을 굽히지 않았다.

> 광주 사회의 한 송이 꽃이라 할 만한 광주청년회 경영의 녀자야학강습생 중에는 부모의 허락이 너그럽지 못하며 남편의 동정이 두텁지 못하여 남 모르는 고통을 느끼는 이도 없지 못하나 모진 바람 사나운 비를 개의치 않고 일주년이 가까워오는 금일까지 하루밤의 결석도 없으며 불볕이 내려 쪼이는 여름 더위에 하기휴가를 하자는 선생의 말에 찬성한 사람은 오직 한 사람뿐이라 한다[78]

이와 같이 어려운 조건 속에서도 교육받는 여성의 숫자는 증가했으며 민족독립운동을

[77] 동아일보 1926. 8. 11.
[78] 동아일보 1921. 9. 2.

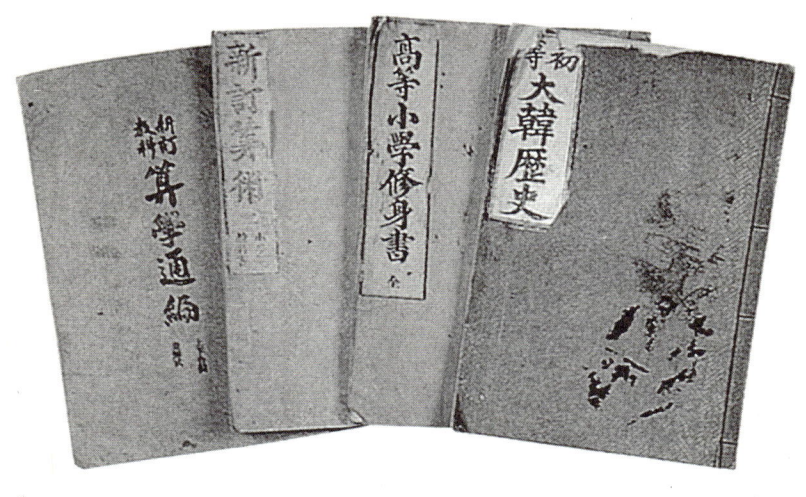

:::
서당, 야학에서 사용한 교과서

위한 의식을 연마했다. 야학을 통해 당시 여성은 일상적인 생활에 필요한 읽기, 쓰기, 셈하기 등을 배웠다. 조선어와 산술 교육이 중점적으로 교수되었고 다음은 일어, 한문, 습자, 작문 등이 채택되었다. 또한 조선 지리나 조선 역사 등의 교과도 교수함으로써 민족의식 함양에 일익을 담당하였다.

여성은 어머니가 그랬듯이 봉건적 전통의 가정에서 무지하고 몽매한 생활을 계속하고 싶지 않았으므로 많은 어려움에도 불구하고 야학의 길을 선택했다. 이는 여성 스스로에게 매우 어려운 일이었지만 교육을 받음으로써 새로운 삶을 개척할 수 있다는 희망이 담겨 있었다. 그러나 교육을 통해 배운 것은 순종이나 복종과 같은 여자로서의 덕목이었고 재봉이나 가사와 같이 가정 생활에 필요한 실질적 내용이었다. 따라서 여성은 주체적 자립이나 해방으로부터 멀어져 갔고 남성 중심의 사회 구조는 변함없이 존속되었다.

3. 조선 여성이여, 우리 것을 사용하자

민족자본의 육성과 국산품 애용　1919년 3·1운동 이후 일제는 식민지 지배 방침을 무단정치에서 문화정치로 전환하였다. 문화정치는 회유정책에 입각하여 민심을 완화시키는 것 같았지만, 실은 조선의 중산층을 급속도로 몰락시키고 농민들이 농토를 잃고 유랑의 길을 떠나는 참상을 속출시켰다. 이러한 현상의 원인을 민족의 경제적 역량이 없기 때문이라고 파악한 민족운동가는 민족자본의 육성, 국산품 애용 등으로 민족 경제를 일으키기 위하여 물산장려운동을 전개하였다.

물산장려운동은 민족자본인 조선인 소유 민족 기업의 육성을 지원하고, 일본인 대자본의 경제 침략을 저지하여 민족 경제의 자립을 추구하자는 민족운동이었다. 물산장려운동은 1920년 봄부터 조만식을 지도자로 하여 사회·종교·교육계 인사들이 시작하였으며 같은 해 8월 23일 조선물산장려회를 발족시켰다.

> 조선 사람의 생활이 날로 파멸의 함정에서 고통하는 것을 구제하고자 하는 방책과 또 우리 물산을 장려하여 외국시장까지 세력을 얻기 위하는 목적으로 서울에 있는 이십여 단체의 유지 삼십여 인이 9일 오후 6시에 청년회 연합회에 모여서 여러 가지로 의논한 결과 조선물산장려회 발기준비회를 조직하고 우선 위원 열 사람을 아래와 같이 선정하여 발기인을 널리 더 모집한 후 구체적으로 회를 조직하여 가지고 철저하게 실행할 터이더라[79]

---

79 동아일보 1923. 1. 11.

창립총회에서 채택한 취지문에는 외래품에

전국 각지로 파급된 물산장려운동(동아일보 1923. 2. 16)

의존하는 의식주의 현황이 조선 사람의 경제적 파멸을 초래한다고 주장
하였다. 민족의 파멸을 구하기 위해서는 민족 기업의 육성과 국산품 애
용이 절실히 요청된다는 점을 강조하였다. 뒤이어 서울의 조선청년연합
회도 1922년 12월부터 '내 살림 내 것으로', '조선 사람 조선 것으로'라
는 구호 아래 물산장려운동을 시작하였다.[80]

　물산장려운동의 본격적 활동은 1922년 말부터 전개되었으나, 운동은
그 이전부터 이미 시작되었다. 1920년 12월 7일 염태진 등 50여 명을 중
심으로 조선물산을 장려하여 자작자급의 정
신을 키우고 산업의 진흥을 도모하여 경제적　　　　80 동아일보 1923. 1. 27.

위기를 구제할 목적으로 '자작회'를 발기하였다. 자작회는 서대문에 작은 상점을 열고 순수한 국산품을 진열하여 "외국산을 배척하고 허장성세의 선전을 하지 않고 한 사람 한 사람씩 착실한 애국심으로 역량을 육성하자는 것"을 강조하였다.

"민족의 파멸을 구하기 위해서는……우리 조선 사람의 물산을 장려하기 위해 조선 사람이 지은 것을 사 쓰고……조선 사람이 단결하여 그 쓰는 물건을 스스로 제작하여 공급"[81]하는 것을 목적으로 조직된 물산장려회는 조선의 산업을 장려하여 조선인이 만든 생산품을 애용하게 함으로써 조선인의 경제발전을 이룰 수 있다고 보았다.

서울을 조직의 중심 기반으로 하여 전국적인 조직 체계를 갖추고 지속적인 활동을 추구하였던 물산장려운동은 민족의 경제를 구제하기 위하여 적극적으로 생활필수품을 자급자작하여야 함을 조선 백성에게 계몽하였고, 일제의 착취 대상은 되지 말아야 한다는 민족감정을 고취시켰다.

여성의 물산장려운동　물산장려운동에는 부녀자도 적극 참여하였다. 1923년 2월에 경성을 중심으로 '토산애용부인회', 동래를 중심으로 '조선물산장려회', 대전을 중심으로 '우리물산장려회' 등이 설립되었다. 이들은 물산장려에 관한 강연회·선전·계몽활동·기관지 간행 등의 활동을 전개하였으며 '내 살림 내 것으로 하자', '살림을 조려 살자', '새로 짓는 옷은 조선 본목과 저마포로 합시다' 등의 슬로건을 내걸고 대대적인 군중집회도 열었다.

평양 부인들은 토산품 이외에는 절대 사용치 말자는 맹렬한 태도를 보였으며, "남과 같이 살기 위해 우리가 만든 물건으로 먹고 쓰자는 것은 조선인의 공통된 부

81 동아일보 1923. 1. 17.

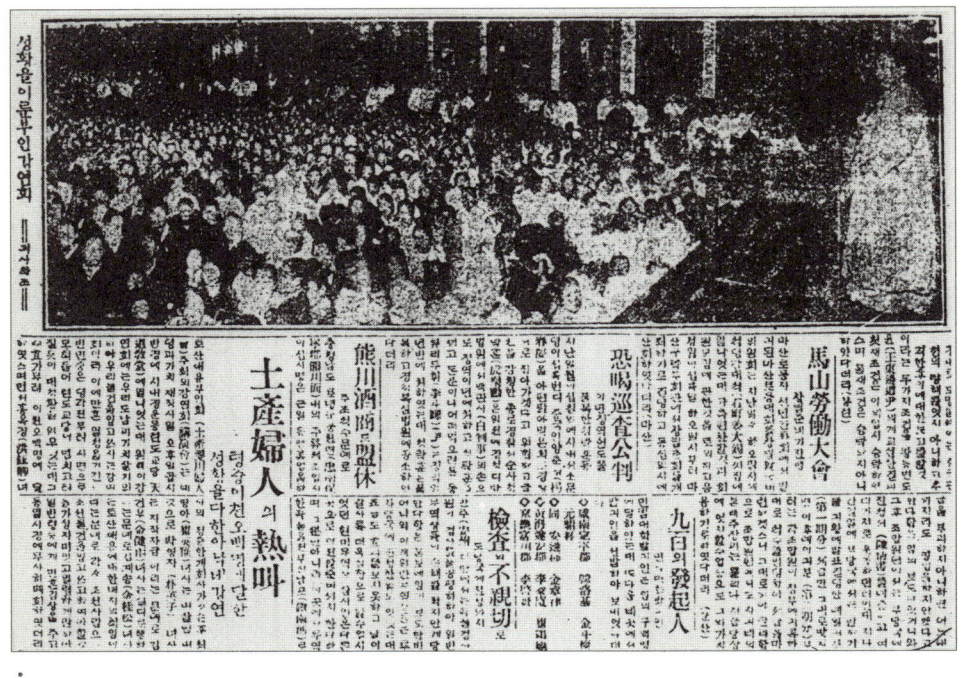

토산애용 부인회가 주최한 강연회에 모인 여성들(동아일보 1923. 3. 6)

르짖음이다"고 주장하였다. 이들은 운동의 절실함을 강조하기 위해 각 단
체와 합동하여 대대적인 선전행렬에 참가하는 한편, 내부적으로는 조선
물산으로 만든 의복이 아니면 입지 않기로 다짐하였다.

'토산애용부인회' 창립에 관해 당시 동아일보는 다음과 같이 보도하고
격려하였다.[82]

　　죽어가는 우리 목숨을 살리는 길이 무엇보담도 남의 나라의 빗군이 되지
　　말고 스스로 살림을 충실하게 함에 있다 하여 최근에 토산장려의 운동이 일
　　어나 캄캄한 우리의 앞길도 다소의 밝은 빛이 보이는 터인데 이 운동으로

말하면 각기 스스로 또는 제각기 가정으로부터 실행하여야 할 것임으로 가정의 주부가 특별히 이에 깨달음이 있어야 하며 더욱 사치하는 악습으로 말하면 실로 부인 계급이 심하므로 부인들의 철저한 깨달음이 없고는 이 운동도 완전하게 이룰 수 없는 터인바[83]

이외에도 마산에서는 기생조합이 총회를 열어 조선물산을 사용하여 검소한 생활을 할 것을 결의하기도 하였다.[84]

1923년 1월 물산장려회가 창립된 이후 활발히 전개된 이 운동은 민족의 일치단결과 애국애족의 정신을 다시 한 번 보여 주는 계기가 되었다. 특히 이 운동에 참여했던 부녀자는 교육을 받았거나 받지 못했거나, 또는 어떠한 처지에 있는 여성이든 국가의 위기를 타파하기 위해 적극 가담하였다.

한편, 이 운동은 조선 민족 기업이 민중의 요구에 미숙하게 대처했다는 평가를 받기도 한다. 즉 조선물산장려운동으로 수요는 급등하고 공급이 이에 달하지 못하자 일부 상인이 지나친 이윤을 추구함으로써 물가 폭등을 초래했고, 이에 운동의 실질적 실효성에 문제가 있었다는 것이다. 이는 운동의 부진 요인으로 작용하였다. 또한 운동이 지나치게 보수 우파적인 시각에서 전개되었다는 점에 대한 사회주의 좌파 지식인의 비판도 부진의 요인으로 작용하였다. 즉 운동이 일부 자본주의 계층의 이익을 위한 방향으로 전개되었다는 평가와 함께, 전 민중과 민족적인 차원으로 승화되지 못한 데에는 이데올로기와 계급적 요인이 자리잡고 있었다.

---

82 이윤희(1995), 122.
83 동아일보 1923. 2. 7.
84 이윤희(1995), 121.

여성해방을 실천하다

3·1운동은 1900년대 초기 애국계몽운동과 국내외에서 전개된 일련의 독립운동의 총체적인 결집으로서 근대 개화의식과 반제 반봉건 및 평등의 가치를 모두 포함한 사회운동이었다. 3·1운동에 가담했던 남성이 다양한 직업을 보인 것과는 대조적으로 3·1운동에 동참했던 여성 대부분은 교육받은 계층인 학생과 교사였다. 이는 당시 사회의 특수한 여성 지위를 반영한 것으로 인텔리 여성지식인의 사회현실 문제에 대한 높은 관심을 짐작할 수 있다.

당시 여성에게 근대 여성의식을 심어 주고 여권운동을 태동시킨 계기가 된 것은 무엇보다 천도교, 기독교와 같은 종교계의 활동이었다. 이들 종교에 전제된 반차별적인 평등 사상은 유교의 가부장적 질서에 억눌려 있던 여성에게 새로운 세계를 보여 주었다. 여성을 억압하던 신분질서를 비판하며 모든 인간은 평등하다는 이념과 여성도 남성과 동등한 인격체라는 교리는 당시 조선 여성에게 성평등 이데올로기를 뿌리내리게 하였다.

초기 여성운동은 우파적인 계몽주의적 경향이 주류였으나 점차 여성 노동자, 농민의 의식이 성장하면서 민중 계급의 문제를 고민하는 사회주의 여성운동이 등장하였다. 당시 유행한 사회주의, 무정부주의는 식민지 조선의 여성에게도 영향을 미쳐 기존의 교육 계몽운동에 머물러 있던 여성운동의 한계를 지적하면서 사회주의 여성운동을 대안으로 내세웠다. 사회주의 여성운동은 민중 여성의 노동운동과 소작쟁의에 주목하여 계급적 민족적 모순과 중첩된 조선 여성의 문제를 지적하였다. 1920년대 중반을 기점으로 사회주의 여성단체가 결성되면서 본격적인 여성 계급운동이 출현하였다.

이 시기 여성의 의식 성장도 주목해 볼 수 있다. 일제 독점자본이 진출하면서 값싼 노동력에 대한 수요 때문에 많은 여성이 공장에 취업했고, 근대 산업시설이 갖추어지면서 여성은 다양한 분야에서 경제 활동을 담당하였다. 도시로 일자리를 찾아 나선 여성은 제사업, 방직업, 정미업, 고무공업과 같은 근대적 공장의 여직공으로 생산 현장에 참여하게 되었다. 당시 사회 구조에서 여성은 열악한 노동 환경으로부터 자신들의 권리를 확보하기 위해 노동운동을 전개하였으며, 피폐화된 농촌에 남아 있던 여성 역시 소작쟁의에 참여하며 최소한의 생존권을 지키고자 하였다. 또한 제주도에서도 해녀투쟁을 전개하여 자신의 경제적 권리를 지키려는 치열한 여성운동이 전개되었다. 1920~1930년대를 지나면서 민중 여성의 계급적 각성과 양적 성장으로 "노동자 계급의 계급투쟁과 합류하는 노동부녀의 대중적 활동이 활발해지면서 참다운 부인해방운

85 윤형식, 1931년의 여성운동과 금후전망, 『신여성』 연도미상, 8.

동"[85]의 길로 접어들었다.

1. 여성해방을 제창하며 사회로

신여성은 누구인가   1920년대 여성의 사회적 지위 변화가 전면에 드러
나는 상황에서 신여성은 일종의 전환기를 상징하는 존재가 되었다. 이들
은 무엇보다 그동안 여성에게 가해졌던 봉건적 굴레와 억압, 구습으로부
터 탈피할 것을 주장하며 '구여성'과는 전혀 다른 새로운 여성상을 제시
하였다. 즉 가정에 파묻혀 종노릇을 하는 것이 아니라 자아에 눈을 뜨고
세상이 어떻게 변화되는지를 인식하라고 하였다.

> 구여성이란 것은 그야말로 가정의 노예로 하야 생식의 도구로 하야 세상
> 이 어떠케 도라가는지도 모르고 그저 땅속의 지렁이처럼 어둑컴컴한 뒷골
> 방에서 코랑내 나는 버선목 다리나 깃고 사나이의 종노릇이나를 다하는 것
> 인 줄로 아는 자들 ⋯ 신여성이란 것은 새로운 시대의 교육을 받은 자가 아
> 닌가. 세상이 어떠케 도라가는 것도 짐작하고 자녀를 바루 가르킬 줄도 알
> 고 통트러 자기의 개성이라는데 눈을 뜬 자가 아닌가.[86]
>
> 위선 신여성이란 무엇인가? 다시 말하면 왜 신여성이라고 부르며 또 신여
> 성이라는 말이 무엇때문에 생기게 되엿는가? 를 생각하여 볼 대에 나는 고
> 시古時와 현시現時로 구별하는 것 보다도 현재 학교에 나와서 새 학문을 배우
> 고 딸아 책임이 중한 자 곳 우리들을 신여성이라고 이르며 그럼을 딸아 문
> 명되지 못한 나라에서 이 신여성과 구별하기 위하여 구여성이라는 이름이
> 잔재한 줄로 생각합니다. ⋯ 신여성이라고 다
> 신여성이 아니고 자기의 지위를 철저히 자각   86 나일부, 신여성과 구여성, 『비판』 1938. 11.
> 하는 동시에 적어도 자기 자신은 물론 사회에   59.

대한 인격적 확실성을 띠고 놉흔 이상과 굿은 결심과 뜨거운 열성으로 자기를 위하여 사회를 위하여 압길을 개척하는 여성이라야만 비롯오 신여성이란 부문에 편입할 수 잇는 것임니다.[87]

이처럼 신여성은 구여성과 구별지어 주로 새로운 학문을 익힌 배운 여성을 지칭하였다. 신여성은 학력, 직업, 선진문화 향유 등 여러 차원에서 구여성과는 달랐다. 대개 여자고등보통학교 이상 수료하였거나 가정의 범주에서 벗어나 사회 활동을 하고 봉건 사회를 개혁하려는 합리적인 의식을 지닌 여성을 의미하였다. "신여성이란 개념이 모호해서 그 정의를 무엇이라고 했으면 좋을런지 모르겠다. 외양이 현대 타잎이라고 반드시 신여성은 아니다. 외모야 어떻든지 신시대 여성으로서 조금도 부끄럽지 않은 사상 감정을 가진 새로운 두뇌의 소유자를 신여성이라고 할 수 있다"[88]고 하면서 밖으로 드러난 현대적인 모습으로 신여성, 구여성을 구분하는 것은 아님을 분명히 하였다. 이들 신여성은 여성의 불리한 지위가 성 편견과 관련되었다고 보고 종전의 남녀차별적인 사회 문화를 변화시키고자 하였다.

신여성도 교육 배경과 사상적 영향에 따라 다양하였다. 자유주의 신여성, 사회주의 신여성, 종교계 신여성 등 선진적이고 지도적인 위치에 있던 여성을 모두 포함하는 공통된 코드는 '배운 여성'이라는 점이었다. 그들은 신학문을 교육받아 자신들의 권리 신장과 지위 향상을 목표로 봉건의식을 개혁하고 여성해방을 실천하고자 했다. 그들은 남성과 동등하게 권리를 행사하고 가정에서의 역할도 분담하며 적극적으로 사회 활동을 할 수 있는 여건을 마련하고자 하였다. 따라서 남성 우월 사

[87] 편순남, 신여성의 사명, 『부녀』 제7권 제5호, 1927. 6. 40~41.
[88] 박원진, 조선신여성잡관, 『동방평론』 1932. 3.

상을 비판하고 여성의 자유로운 사회 교제를 주장하며 가부장적인 성도덕 체계를 정면으로 거부하는 여성해방 의식의 일면을 보여 주었다. 서구 교육의 영향으로 사회적 존재로서 자신의 목소리를 갖고 조선의 차별적인 남녀관계를 비판하며 여성해방과 남녀평등을 몸으로 실천하고자 하였다.

> 조선의 남녀관계가 너머도 차별적인 것은 명백한 사실이다. 현 사회의 부녀들은 3중의 심한 압박 하에서 신음하고 잇다. 제일은 사회적 압박으로 부녀들은 남자에게 대하야 사회적으로 종속의 지위에 잇는 결과 모든 방면에 잇서서 열등한 사회적 지위에 신음하지 아니할 수 업게 되고, 제2는 윤리적 압박으로 혹은 정조문제, 혹은 친척관계, 혹은 사교관계 등에 잇서서 부녀들은 항상 남녀에게 대하야 불평등한 지위에 서게 되고 불평등한 관념에 지배됨으로 그로 인하야 적잔흔 고통과 적잔흔 압제를 밧게 되는 것이 사실이다.[89]

이처럼 신여성은 근대 여성 교육을 통해 남녀유별관을 극복하기 위해서는 무엇보다 먼저 가정에서의 불평등한 여성관을 개혁해야 한다고 생각했다. 여성의 사회진출을 막는 불합리한 관행을 타파하고 여성의 법적 사회적 지위를 향상시키고자 하였다. 이들이 주장하는 "남녀평등은 남자나 여자나 공부할 수 있는 기회를 동등하게 갖고 같은 지식을 가진 여자라면 남자와 같은 직업에서 같은 지위를 얻어야 하며, 여자도 남자처럼 직업과 결혼을 자유롭게 하고 무엇이든지 남자와 같게 하라"[90]는 것이었다. 즉

89 양명, 부녀의 사회적 지위—유물사관으로 본 부녀의 사회적 지위, 『신여성』 1926. 3. 10~11.

90 김은희, 무산부인운동론—승전(承前): 4. 과거의 소위 '부인운동', 즉 불조아부인운동, 『삼천리』 1932. 2, 64.

공창문제대강연회(동아일보 1934. 6. 12)　　공창폐지대강연회 공고(동아일보 1934. 6. 22)

가부장적 문화가 낳은 남녀불평등을 철폐하고 여성의 적극적인 권리를 주장하며 종전의 개인적인 문제로 치부되었던 부부관계나 가정에서의 여성 역할과 관련된 논의를 사회적 공간으로 끌어 올렸다.

근대 여성운동사에서 여성해방에 대한 본격적인 주장은 신식 교육을 받은 신여성에 의해 체계화되었다. 그들은 1920년대 미국, 일본, 중국 등지에서 유학하였거나 신식 교육을 받아 서구의 여성해방론을 전폭 수용하여 남녀평등에 기초한 여성해방을 강조하였다. 여성해방은 노예해방과 같이 여성의 인격을 인정하고 존중하는 것을 떠나서는 의미가 없었다.[91] "남자가 여자를 구속하고 여자가 남자에 복종하는 악습이 없어지고 서로의 지위가 수평선상에 있어 한 점 차별이 없어야 함"[92]이 강조되었다. 사회 발전에 따르는 진정한 여성해방을 논하면서 기존 여성의 성역할과 사회적 위상에 대한 변화를 촉구하였다. 따라서 여성에게 아내와 어머니로서의 의무만을 강요해 왔던 전통 이데올로기에 대해 거부감을 갖고 주체적인 인간으로 여성이 제대로 존중받지 못하고 있는 현실을 강하게 비판하였다.

> 한 개의 사람으로서 사람다운 교양을 밧아보지 못하고 남의 집 며나리감 소위 현모양처라는 구실아래서 노랑저고리 다홍치마 속에서 인형노릇을 하고 더부사리의 생활을 하는 것이 아즉가지 우리의 살아온 경로가 안이엿든가? … 우리 태반의 여성들은 어려서는 부모에게 자라서는 남편에게 좀 더 늙어서는 자녀에게 기탁 … 수만은 사람들이 그와 갓흔 길을 밟고 잇는 것이 안인가? … 그러면 달로서의 안해로서의 어머니로서의 지위를 버서바리자는 것이 아니다. 다만 사람으로서 남편을 섬기고 또한 사람으로서 자녀를 기르자는 말이다.[93]

나아가 이들 "인테리 신여성은 남성이 하는 일이라면 무엇이든지 여성도 할 수 있다는 것을 보여 주어야 한다"고 생각하여 "가정에 갇혀서 살림만 하는 것이 아니라 적극적으로 사회 활동을 해야 한다"[94]고 하였다. 이처럼 '신

91 "다만 집안에만 머물러 살던 여자를 문 밖으로 끌어내는 것만이 해방이 아니오. 형식적으로 남자와 어깨를 나란히 하여 사교장에 출입하는 것만이 해방이 아니오. 자기의 이행할 직책을 등한히 하고 방자한 생활을 영위함이 해방이 아니오. 처지와 경우를 가리지 않고 의를 등지고 이치를 거스르는 일을 행함이 해방이 아니라, 오직 인격을 완성하여 스스로 성인으로서의 사람이 되고 또 다른 사람으로부터 인격자로서의 대우를 받으면 이것이 곧 해방이니라", 최두선, 우선 여자의 인격을 존중하라, 『개벽』 1920. 9.
92 윤익선, 여자구속은 사람이 만든 악습일뿐, 『개벽』 1920. 9.
93 조현경, 피를 노철에 흘닐진댄, 『신여성』 1931. 6, 61.

식'으로 대별되는 서구의 가치관을 수용한 배운 여성은 사회에서도 남성과 동등하게 여성이 역할할 것을 강조하며 반봉건과 계몽의 중심에 서 있었다. 특히 이들의 여성해방론은 3·1운동 이후 문화통치가 시작되면서 언론출판의 자유가 다소 보장되던 1920년대 시대적 흐름과 맞물려 대중잡지 등을 통해 유포되었다. 『녀자시론』, 『신가정』, 『신녀자』, 『녀자계』, 『부인』, 『신녀성』, 『부녀지광』, 『부녀세계』, 『현대부인』과 같은 여성 관련 잡지들이 발간되었고 다양한 여성단체가 조직되면서 이들의 여성해방론은 더욱 활기를 띠었다.

> 조선 여성은 두 겹 세 겹의 모든 합리치 못한 쇠사슬에 억매여 잇는 그들 자신을 새로운 세계에 안주 식히고자 소리를 웨치며 몸부름친지 이미 십 여 년의 길고 오랜 시일을 흘여 보내엿다. … 누가 조선 여성을 손질하야 인형의 치마를 버서버리지 못한 여성이라고 부르겟느냐 그러나 일천만의 조선 여성이 통터러 제자신의 삶에 눈뜨고 갈 바 길우에 거름을 빨니하는 우리들이라고 한다면 이덧은 확실히 잘못이다. 조선 여성은 두갈내 층으로 나누어 잇다. 하나는 일군층의 여성들이요, 또 하나는 깨다라야 할 층의 여성들이란 말이다. 이 여성층들은 우리와 거름을 갓치할 바 여성을 가르처 말함임은 물론이다.[95]

위에서 언급한 것처럼 당시 조선 여성을 두 부류로 구분하면서 신여성은 불합리한 인습에 얽매여 있는 구여성에게 여성해방의 가르침을 주며 이들을 깨우치는 일군이 되어야 한

[94] "본래는 새로운 교육을 밧은 녀성들, 즉 학교를 단니거나 마친 녀성들 지식이 잇는 녀성들을 가르처 신여성이라는 말이 생긴 것입니다. 좀 더 새로운 문자로는 그 소위 인테리녀성이라는 것이나 마찬가지의 뜻이엇습니다. … 남성이 하는 일이라면 무엇이고 녀성도 할 수 잇다는 것을 보이어 주어야 합니다.… 인테리 녀성은 무엇보담도 가정을 벗어 나와서 사회적 활동을 하기에 힘써야 하겟습니다. 가정 속에 가치어서 아히 낫는 도구로나 살림사릿군으로써 만족하야서는 인테리여성의 한 치욕입니다", 심은숙, 우리 신여성의 진로, 『여성』 1937. 2. 25.

[95] 『여인』 창간사.

다고 하였다. 신여성의 여성해방론은 식민지 조선의 봉건적 요소를 여성의 자유를 억압하는 요소로 여기며 이러한 구습이 타파되어야만 진정한 여성해방이 실현될 수 있다는 것이었다. 또한 이러한 "사회 분위기를 개조하려면 먼저 사회의 원소인 가정을 개조해야 하고, 가정을 개조하려면 우선 가정의 주인이 될 여자를 해방하여야 한다"는 논리였다.

『신녀성』에 실린 '모던여성 십계명'[96]을 보더라도 자아를 가진 신여성의 당당한 인식과 태도를 강조하는 당시 여성해방론의 일면을 살펴볼 수 있다. "예전 사람인 노인 말을 듣지 말라"고 하여 노인이 옛것만을 고집하고 신세대의 흐름을 잘 모르는 것을 비판하였다. "땅을 보지 말라"고 하여 머리를 숙이고 눈을 아래로 하는 것이 여성의 미덕이라고 생각하는 것은 잘못된 것이며 "모던 여성에게 눈을 크게 뜨고 머리를 들고 똑바로 앞길을 바라보며 정면을 주시"하라고 하였다. 또한 "남녀동등이 남자가 하는 것을 흉내내는 것이 아니라 남자의 열등한 것을 극복하고 여성으로서 훌륭한 진전을 이룩하는 것"이라고 하였다. 그 밖에도 "연애를 밥거리로 생각하지 말 것"을 당부하면서 "그 대신 튼튼한 신발을 만들어 새로운 길을 걸어가라"고 강조하였다. 즉 나약하게 남자에게 기대는 삶이 아니라 주도적으로 자신의 삶을 살 필요가 있음을 지적하였다. 이러한 기표는 신여성의 여성해방에 관한 의식을 보여 준다. 이들은 세계적인 여성해방운동의 흐름을 받아들이되 구국이라는 민족운동에 여성이 적극적으로 참여하지 않고는 남녀동권을 획득할 수 없다며 여성의 참여의식을 강조하였다.

나가자 직업전선으로! 여성은 근대 교육을 받으면서 스스로를 자각함과 동시에 독립적

96 윤지훈, 모던녀성십계명, 『신여성』 1931. 3, 70~73.

인 생활을 확보하기 위해 반드시 직업을 가져야 된다고 생각하였다. 여성이 직업을 갖는 것은 여성해방의 첫걸음이라고 보았다.

> 여자가 교육을 요구하는 것은 그 자각의 내용을 충실하게 하고 그 정도를 심수深邃하게 하자 함이오. 여자가 직업을 요구하는 것은 그 생활의 독립을 확보하자 함이오. 따라서 그 인격의 가치를 가치대로 완전히 발휘하자 함이니 양자는 여자 해방에 여자의 인류로서의 생활에 생활다운 생활의 내용을 구성하는 것이라. 교육이 업시 엇지 자각을 구하며 직업이 업시 엇지 광휘光輝 잇는 생활과 가치 잇는 사업을 경영하리오.[97]

여성의 사회 참여가 본격화되면서, 이른바 직업 여성은 의사, 교원, 기자 등 전문직에서부터 예술가, 사무직, 서비스직, 노무직 등에 이르기까지 다양하게 나타났다. 식민지 교육제도 하에서 부족하나마 신교육이 실시되어 여성의 사회 진출에 바탕이 되었다. 근대 도시문화로 인해 새롭게 등장한 직업인 비행사, 점원, 버스 차장, 전화 교환수, 카페나 다방 여급과 같은 새로운 직업에도 많은 여성이 진출하였다. 물론 생활의 어려움 때문에 직업을 구한 여성이 많았으나 직업 여성의 활동이 일반화되면서 직업을 통한 생활의 독립이 남녀평등을 위한 기본 조건이라는 인식을 갖게 되었다.

> 사회의 진전을 따라 급속도로 벗어나가는 세태는 우리의 두뇌를 선명하게 씨서주며 형형색색으로 우리의 압길을 지도하얏으니 이것이 곳 눈 압헤 분명이 보이는 현금 직업여성들의 천태만상이라 하겟다. 혹은 '타이피스트'로 혹은 '회사원'으로 혹

97 동아일보 1922. 7. 9.

은 '점원'으로 기타 환경을 따라 '깨소링걸'로 '웨트렛스'로 '비행사'로 지배하는 남성들을 대적하야 용감스럽게 싸우고 잇는 것을 볼 때에 누구나 다 감개무량일 것이다. 나아가자 직업전선으로 그리하야 굿세고 활기잇게! 현금의 여성들은 재래의 여성 그것에 비하야 참으로 행복스럽다 하겟다.[98]

직업 여성은 가정의 굴레를 벗어나 사회인으로 존재하면서 사회문제와 여성의 문제가 어디에서 비롯되었는가를 보다 잘 이해할 수 있었다. 특히 전문직 여성은 사회에서의 선진적인 활동을 통해 보다 많은 여성에게 사회 생활의 동기를 부여해 주는 역할 모델이 되었다. 여성의 종속적 지위와 남녀관계의 차별을 극복하기 위해서는 무엇보다 여성이 직업을 가져 사회 경제적으로 독립하지 않으면 안 된다고 여겼다. 따라서 여성해방은 무엇보다 여성 스스로가 해방해야 하며 그기 위해서는 실력이 있어야 하고 직업전선에 나서서 경제적 독립을 쟁취해야 한다고 인식하였다.[99] 직업전선에서 남녀에게 기회와 진출이 균등하게 제공되어야 한다고 강조했다. 여성이라고 해서 불리하거나 혹은 우선적인 혜택을 받아서도 안 되며, 정치·경제·교육·종교 등 각종 기관에 거리낌없이 진출해야 한다고 하였다. 이를 위해 먼저 "구직자보다는 사람을 쓰는 사회기관의 마음이 바뀌어야 된다"고 지적하였다. 결국 재래의 제도와 구풍속이 여성에게 불리하게 작용하는 현실을 돌아보며 "남성과 여성이 인격으로 기술로 사업성취로 모든 것이 균등하게 진행되어야만 보다 좋은 사회생활을 공히 향유하게 될 것"이라고 하였다.[100]

98 백장미, 조선의 여성들아! 주저말고 직업전선으로!!, 『여성』 1934. 4. 9.
99 "해방은 오로지 여자의 힘 여자 스사로가 해방하여야 할 것이다. 그러자면 남자와 대등될 만한 체력과 지력이 잇서야 할 것이다. 몬저가 실력양성이다. 남성들이 깜작놀랠만큼, 항복할 만큼, 이편에서 나서야 할 것이다. 거기에는 실력이 제일이요 다음에 여성단체의 단결운동이다. 그리고 중요한 것은 물질이다. 즉 경제독립이다. 경제독립을 하자면 직업전선으로 나서야 할 것이다", 전유덕, 여자해방운동, 『삼천리』 1932. 1. 95~96.

이러한 문제의식 속에서 '직업부인협회'가 만들어졌다. 직업부인협회는 조선 여성의 경제적 통일에 노력하여 "여성 한 개인이 경제적으로 독립을 한다는 것이 개인문제가 아니라 사회적 문제"[101]임을 지적하였다. '조선여자직업조합', '조선여자흥업사', '조선직업부인협회' 등도 조직되어 직업을 가진 여성의 권익을 위해 활발히 활동하였다. 1926년 5월에 창립된 '조선여자직업조합'은 "여자의 해방문제는 여자의 노력문제요, 활동문제며 여성의 경제적 독립과 사회적 활동을 위한 여성의 직업장려"를 목적으로 출범하였다.

1927년에 발기한 '조선여자흥업사'는 "조선 여자가 경제적 해방을 얻지 않으면 안 되겠다"는 차원에서 여성 스스로의 자활 방침의 하나로 만들어진 조직이었다. 여성에게 직업을 주어 자신의 생활을 보장할 수 있도록 하고 여성이 출자하는 형태의 기업을 기획하였다. 역원役員의 선거와 피선거권 및 의결권을 출자액에 관계없이 평등하게 부여하여 출자자는 갑부사원으로, 노력제공의 직공은 을부사원으로 구분하되 노사 간의 권리를 동등하게 운영하였다.[102] 이처럼 자본가와 노동자가 평등한 상호공생적 관계를 갖고 운영된 '조선여자흥업사'는 열악한 근로조건과 생계유지조차 어려워 저임금과 인간 이하의 대우를 받던 여성노동자의 문제를 해결하려는 의도에서 만들어졌다.[103]

1929년에 창설된 '조선직업부인협회'는 박인덕, 최활란, 황에스더, 정현숙 등이 중심이 되어 각 여학교 교원을 우선 대상으로 묶은 조직이었다. 전 세계 직업부인을 망라한 '국제직업부인협회'에까지 연맹을 맺어 '단정한 직업을 가진 여성'을 포함하는 조직으로 구성

100 김활란, 직업전선과 조선여성, 『신동아』 1932. 9, 112~144.
101 경성여성단체의 신년 신계획―직업부인협회, 『신가정』 1934. 1.
102 조선일보 1927. 6. 9.
103 박용옥(1996), 1920년대 한국여성단체운동, 『한국여성항일운동사연구』, 지식산업사, 260.

되었다. 구체적 사업으로 여성 실직자를 위한 직업소개와 재봉부·세탁부·염색부를 직영하여 여성에게 직업을 공급하고 실제 생활을 위해 필요한 기술훈련을 실시하였다. 이렇듯 1920년대 직업여성을 중심으로 구성된 단체는 맹아의 형태지만 여권의식을 바탕으로 한 여성의 지위 향상과 남녀동등권을 주창하며 근대 여성운동의 모습을 보여 주었다.

대표적인 전문직인 교육계, 언론계, 의료계에서도 여성의 활동은 두드러졌다. 이른바 인텔리 여성은 주로 교육계로 많이 진출하였다. 교사직은 당시 사회에서 가장 안정되고 촉망받는 여성 직업이었고, 정규 여학교를 마치고 교사로서 자격을 갖춘 여성은 더 많은 여성에게 배움의 기회를 주어야 한다는 선구적인 소명의식을 갖고 교육계로 진출하였다. 민족 독립을 위해 우선 여성이 개명해야 한다는 생각을 갖고 유학을 다녀오거나 선교사로부터 근대교육을 받은 후 자연스럽게 교육자로 활동하였다. 이들은 특히 농촌 여성의 문맹퇴치와 여성 대중 교육을 확대하기 위한 계몽활동에 전력하였다.

신문 및 잡지, 출판 등 언론계에 종사했던 여성 역시 전문여성으로서 주체적 의식을 갖고 여성의 사회활동 범위를 확대시켰다. 최초의 여자 신문기자 최은희는 이른바 조선일보 '부인기자'[104]의 첫 사례였는데 당대 최고의 전문 여기자로서 뿐만 아니라 사회운동에도 적극적으로 참여하였다. 그는 근우회 발기인이었으며 중앙집행위원과 재무부장을 역임하는 등 중요한 역할을 담당하였다. 이어 조선일보의 윤성상, 동아일보의 허정숙, 이현경,

104 "부인긔자의 활동하는 범위는 별수업시 가뎡 방문이나 계속긔사로 가뎡 학예방면에 국한되고 아즉도 다른 나라의 그네들가티 진긔한 통쾌한 재료를 골나낸다든지 기맛긴 체험을 스사로 맛보와 일대파문을 이릇켜 놋는다든지, 그러한 솜씨는 보이지 못하나 그래도 직업 중에도 가장 활력과 큰 용긔를 가저야 직혀 갈 수 잇스며 사회의 뎨일선에서서 악전고투하는 신문긔자 노릇을 하는 안악네가 세 신문사에 다각기 한분식 계시다는 것은 엇쨋든 깃브고 든든한 노릇이다", 외돗생, 동아, 조선, 중외 3신문사 여기자 평판기, 『별건곤』 1929. 12. 18.

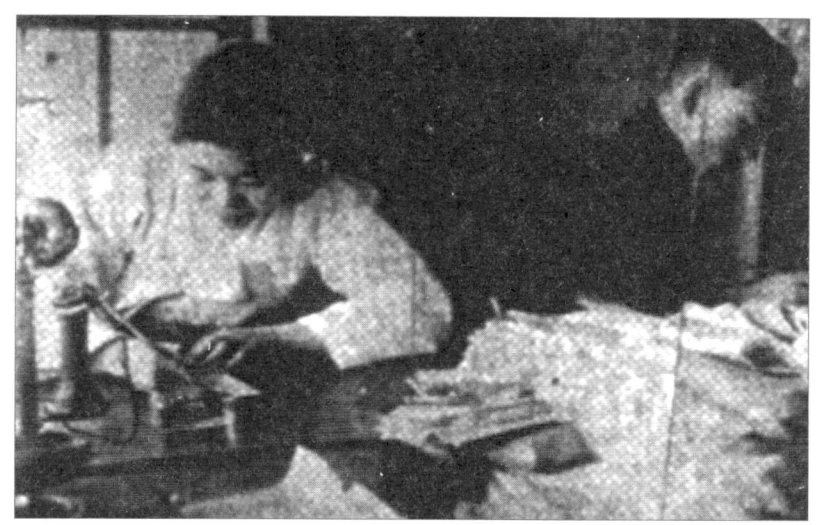

기사 쓰는 최은희

최의순, 중외일보의 김말봉, 시대일보의 황신덕 등이 활약하였다. 이처럼 1920~1930년대는 여기자들의 활동이 두드러졌다.[105] 이들은 여성이 할 수 있는 직업이라고 보아 기자가 되었다고 그 동기를 밝히고 있다. 또한 남녀평등문제에 대한 입장도 여성이 사회생활을 하면서 동시에 집안 일도 담당하고 있기에 오히려 남성보다 우월하다고 하여 일하는 여성으로서의 당당한 의식을 보여 주었다. 당시 신문사 여기자는 소수에 불과하였고 가정란으로 취재 영역이 제한된 측면이 있었지만 직업 성격상 사회와 여성에 대한 새로운 사상을 쉽게 접함으로써 민족이나 계층, 여성

105 "여기자 좌담회―4월 2일 하오5시 본사에서", 『신동아』 1932년 5월을 보면 당시 활약하던 조선일보 윤성상, 동아일보 허영숙, 최의순, 불교잡지 김일엽, 아인생활 박은혜, 여론 조현경, 보인공론 권유순, 삼천리 최정희 등 여기자들이 모여 기자가 된 동기와 연애와 정조, 남녀차별, 독신과 이혼, 의복과 오락, 남성의 못마땅한 점들과 관련한 상호좌담 기사가 실려 있다.

문제에 대해 적극적인 의식을 갖
고 여성운동에 앞장설 수 있었다.

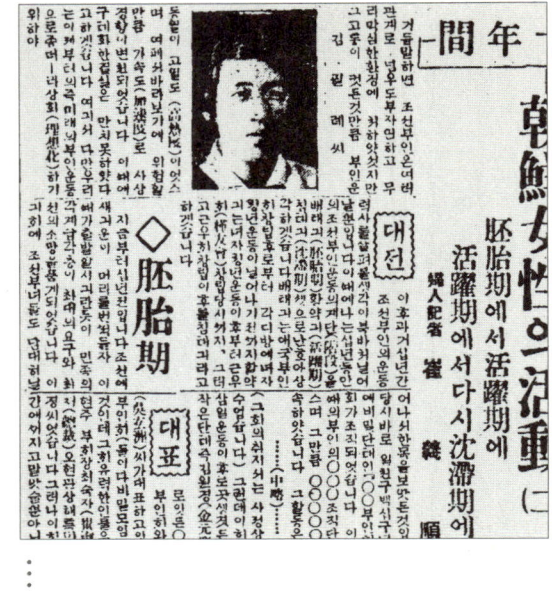

조선에 처음인 여기자로서 나
의 생활이 일천만 여자계에 큰
공헌이 없다면 아무 가치 없는
직업이라고 생각되기 때문에—
경제적으로 자본주의자인 남성
에게 노예가 되고 성적으로 남
편에게 구속 받는 이중 사슬에
얽매인 우리 여자계의 현상을
볼 때, 나는 단지 남성을 반역
하는 운동으로부터는 해방의

부인기자 최의순(동아일보 1929. 1. 2)

승리를 얻지 못할 것이요, 근본적으로 이러한 남성을 만들어내는 사회조직
을 먼저 개혁하여야겠다.[106]

이처럼 사회 개혁을 위해 노력하겠다는 여기자로서의 소명의식을 갖
고 여성에게 기여하거나 공헌하지 못한다면 아무런 가치가 없다는 선구
적 직업의식을 보여 주었다.

한편, 미국이나 일본에서 근대의학을 배우고 돌아와 의료직에 진출한
여성도 적지 않았다. '녀자의학강습소'라는 기관이 생겨 여성에게도 의
학을 가르쳤다. 이들은 주로 출산과 육아라는 여성에 대한 고정된 성 범
주로 인해 산부인과와 소아과 진료를 담당하
였지만 전문직으로서 여성의 지위를 높이는   106 최은희, 조선일보 1926. 1. 1.

데 크게 일조하였다. 조선 여자로는 처음으로 의사 자격을 얻었던 박에스더의 뒤를 이어 허영숙은 지금의 길강여의학교를 졸업하고 조선 여자로서 처음으로 영혜의원을 개원하여 첫 개업의가 되었다. 이어 정자영도 동경여의전을 졸업하고 진성당의원을 개업하여 내과, 소아과, 산부인과를 운영하였다. 안수경 역시 경성의전을 졸업하고 여성환자만 상대하는 동대문부인병원에서 근무하다가 대대로 선교 목적으로 온 서양 의사의 뒤를 이어 병원장이 되었다. 이처럼 당시 여의사는 지극히 소수였지만 근대의료 체계가 보급되면서 여성에게만 과해지는 특수 의료 분야의 여성 의료진이 양성되었고 의료계에도 여러 여성이 진출하였다.

간호사의 경우도 1920년 보구 여관에 최초의 간호원 양성소가 설치되면서 배출되기 시작하였다. 우리 나라 최초의 간호사로 알려진 황애덕은 '송죽회'를 결성하여 독립사상을 계몽하였으며, 1920년 콜레라가 발생하여 세브란스에서 자원봉사 간호원을 모집했을 때 오화영과 장의숙 등 간호원은 자원하여 구급간호를 맡았다.[107] 1924년에는 '조선간호부협회'가 발기되어 매년 일본에서 열리는 일본간호부협회 총회에 참석하였다. 세브란스 간호부장이었던 이정애가 4년 만에 열리는 국제간호부회의에도 참석[108]하여 조선을 알리기도 하였다. 서서령, 이효경, 이정애 등이 중요 간부가 만든 조선간호부협회는 "조선에서 오직 하나인 간호부회로서 본부를 세부란스 병원에 두고 간호업에 취미를 증진시키고 회원이 난경에 빠졌을 때 서로 도와주며 조선의 보건 사업과 간호 교육을 향상시킨다는 목적으로" 특히 사회의 공중위생과 영아보건을 위해 노력하였다. 그러나 여성 의료직에서 비중이 컸던 간호부의 경우 상대적으로 열악한 처우 때문에 총독부 의원과 세브란스

107 여자직업탐방기―소의 소복에 순결이 넘치는 구호의 녀신 간호부, 동아일보 1928. 2. 27.
108 국제간호부회의에 빛날 조선대표 이정애씨와 일문일답, 『여성』 1937. 8, 60.

세브란스 간호원의 본사견학(동아일보 1930. 10. 4) _ 위
여자의학강습소 개강식(동아일보 1928. 9. 5) _ 아래

의원 내 간호부는 불평등한 대우에 대한 개선을 요구하며 동맹휴업을 하는 등 자신의 권리를 주장하였다. 이와 같이 전문직 여성의 경우 자아실현과 사회 역할의 장을 확대시켜 전반적인 여성 직업인의 질적 향상을 도모하였다.

여학생운동의 전개와 그 의미 개화기 이래 여성운동은 주로 여성 교육의 진흥에 초점이 맞추어졌다. 각종 강연회와 토론회를 개최하고 야학과 강습소를 운영하여 점진적으로 여성의 의식을 계몽시켜 나가고자 하였다. 특히 1920년대 초기에 결성된 여성단체는 대체로 자유주의적 색채를 띠고 구여성을 어떻게 계몽시킬 것인가에 깊은 관심을 보였다. "여성의 경제적 독립과 가정제도의 합리화 및 가사생활의 간이화, 남성 위주의 전통 사상을 배격하고 여성 자신이 좀 더 향상할 것을 교육하고 위생이나 육아법"[109]에 관심을 갖고 여성에게 가르치고자 하였다.

> 근자에 녀성이란 말을 만히 쓰고 또는 운동이란 말을 만히들 쓴다. 글고 이 둘을 합하야 녀성운동이란 말도 만히들 쓴다. 그러나 그 내용에 드러가서 정의를 내라하면 낼 사람이 쉽지 안타. 그러타고 정의가 업슬것은 아니다. 구라파의 력사로 보면 이 운동은 즉 녀자의 법률적, 경제적, 사회적 향상운동이라 하겟다. 지금 조선서는 이우에 엇던 것이냐 하면 제일노 샤회적이라 하겟다. 아니 그 보다도 사상운동이라 하겟다.[110]

109 주요섭, 구식부인을 어떠케 계몽식힐까, 『신여성』 1931. 11. 52.
110 「청년」의 말: 3. 녀성운동에 대하야, 『부녀』 1927. 6. 3.

여성지식인은 여성 지위 향상의 방법으로 무엇보다 여성이 근대 교육을 받아야 한다고 보았다. 또한 교육받은 여성은 사회에서의 지위 향상은 물론 역사 발전에 선구적인 역할을 할 수 있어야 한다고 역설하였다. 이에 교육 중인 여학생에게 특별한 사명의식을 심어주고자 하였다.

> 금일 조선 여학생의 사명은 크외다. 첫째 남존여비의 악관습을 버서나서 남자와 사회적 지위를 동등으로 만드는 일이 잇고, 둘째는 미신이 가득한 조선의 가정을 개선하는 일이 잇고, 셋째는 남자와 가티 힘과 마음을 합하야 조선 사회의 운명을 붓들고 개척하는 임무가 잇습니다.[111]

무지한 여성을 지도하는 자리에 교육받은 여성이 있어야 한다고 하면서 이들에게 높은 관심과 기대를 표명하였다. 여학생에게 학과 교과목 이외에도 세상 일을 잘 알아야 한다고 강조하며 "신문사설쯤은 볼 줄도 알고 이에 대해 평할 줄 알아야 한다"고 하였다. 또한 "조선정형朝鮮情形을 정확히 알아야 한다"고 하며 오늘날 조선이 어떠한 상황이며 금후 어디로 갈 것인가에 대한 통찰력을 기를 것과 정치 경제적 지식을 가져야 한다고 강조하였다.

> 조선의 여학생은 지도자의 자리에 잇습니다. … 남이 다 밧지 못하는 교육을 밧는 조선의 여학생은 어느듯 수만흔 무지한 여성을 지도하여야 할 자리에 잇는 것을 아러야 되겟습니다.
> 우리의 일상생활에 잇서서 어느 하나 이 정치생활, 경제생활 안인 것이 업습니다. … 남들은 부인참정권 문제이니 남녀평등문제이니 하야 떠드는 이 때에 잇서서 우리의 선진 여자들이 초보일망정 정치, 경제지식을 가지지 안으면 전민족적으로 일대 불행일 것입니다.[112]

111 현상윤, 조선여학생에게 보내는 글, 『신여성』 1933. 10, 18.

졸업생들에게 주는 말―"활동무대는 농촌, 명예와 형식을 취하지 말 것"
(동아일보 1929. 3. 14)

이처럼 식민지 시대의 상황을 정확히 인식할 것과 현실문제에 대한 의식을 가질 것을 역설하였다. 열악한 환경에서 이루어지는 교육이었기에 충분한 성과를 거두기에는 부족했지만 민족운동을 위한 여성 인력을 계발하고자 노력하였다. 또한 농촌 여성에 관심을 갖고 이들에 대한 교육의 중요성도 강조되었다. 농촌 여성 교육의 필요성에 대해 〈조선농민〉은 "글 배우는 학도는 아무 차별 또는 제한이 없어야 되고 남자 여자 자란 사람 어린 사람 연로한 남녀까지도 다 학도될 자격을 주어야" 한다고 하였으며,[113] 따라서 신교육을 받을 수 없는 여성에게 새로운 생활지식을 교육하는 야학강습소가 곳곳에 설립되었다. 농촌 여성도 배우겠다는 열망을 보여 각지에서 야학은 문전성시를

112 이성환, 조선의 여학생은 무엇을 배울가, 『학생』 1929. 9, 11~12.
113 이성환, 조선농민 교육의 이상과 방법, 『조선농민』 1926. 11, 13.

이루었다. 나아가 취학 여성을 위한 여학교 설립운동과 일반 부인을 계몽시키기 위한 노력이 병행되어 여성 일반이 근대의식을 갖는 데 도움을 주었다.

당시 여성 교육운동을 선도한 대표적 여성단체는 1920년 4월에 창설된 '조선여자교육협회'였다. 김미리사가 창간한 조선여자교육협회는 여성 교육의 대중화운동을 주장하며 남녀관계를 수레의 두 바퀴에 비유하면서 한 쪽이 기울어진 수레바퀴를 바로 잡는 일은 여자 교육으로만 가능하다[114]고 하였다. 이에 여성 교육을 제대로 하기 위해서는 교육과 가정뿐 아니라 교육과 사회 간에 유기적인 관계가 필요하다고 역설하였다.[115] 양자제도, 호주상속제도, 재가문제 등과 같은 봉건적인 가족제도의 문제를 타파하는 가정개혁이 먼저 진행되어야 하고, 인습에 의해 정규 학교 교육을 받지 못했던 가정 부인을 위한 교육의 중요성도 강조되었다. 토론회를 통한 생활개선 및 문맹퇴치, 여성의 지위 향상을 위한 평등 사상을 보급하고자 하였다. 여성 교육의 이념은 사회와 구체적인 실생활에 필요한 실용적인 기술 교육과 보통 교육에 두었다.

1921년 조직된 '조선여자청년회'도 여성 교육을 주요 강령으로 채택하고 실용적인 교육을 주장하였다. 조선에서 여성 교육은 우선 인격수양에 힘써 허영이나 사치, 외래풍조에 휩쓸리는 것을 배격하는 데 초점을 맞추어야 하고, 조선의 현실을 이해하며 졸업 후 가정과 사회에서 활용할 수 있는 실용적인 교육에서 출발해야 한다는 것이다. 나아가 타국과 비교하여 조선의 상황에서 교육받은 여성은 사회적 책임감과 사명감을 가질 수 있도록 해야 한다고 하였다.

114 김미리사, 일천만의 여자에게, 동아일보 1920. 10. 17.
115 김미리사, 선구 여성들의 신년 신기염, 동아일보 1928. 1. 1.

앞으로 여자 교육은 좀 더 실제생활에 가까운 교육을 힘써 보겠습니다. 과거에는 넘우 '아카데믹' 교육으로 치우쳐엇섯습니다. … 앞으로의 조선여자 교육은 실제 가정생활에 필요한 교육과 사회운동에 필요한 교육을 겸행시켜야 될 줄 압니다. 결국 가정은 사회의 기초이니까 거기 대한 교육을 중시하지 아늘 수 없지오.[116]

한편 3·1운동 이후 여학생은 항일애국활동을 위한 비밀결사를 조직하여 동맹휴학과 백지동맹 형식으로 일제의 식민지 교육에 저항하였다. 예를 들어 1921년 숙명여학교 학생이 일본인 교사의 교수 방법에 불만을 품고 동맹휴학을 한 사건이 여학생운동의 시초였다. 1927년에는 일인교사를 배척하고자 진명여학교와 양정학교 학부형, 그리고 숙명여학교 졸업생이 단합하여 '양명회養明會'를 조직하기도 하였다. 1927년 광주여고보의 경우는 비밀결사조직인 '소녀회'를 만들어 여성해방과 조국해방, 그리고 경제해방의 방법을 연구하며 남학생 비밀결사인 '독서회'와 긴밀한 관계를 갖고 항일의식을 키워 나갔다. 1928년 경성여자상업학교에서 발생한 동맹파학도 대표적인 여학생운동의 하나였다. 한국인 교사가 파면된 것에 항의하여 맹휴를 단행하였는데, 그 주된 이유는 학교 수업료의 과다책정과 문제 있는 친일 선생 때문이었다.[117]

이러한 맹휴방식을 통한 항일여학생운동은

116 철학박사 김활란양 회견기, 『신동아』 1932. 2. 67.

117 "① 조선의 경제는 지금 극도의 불황을 정하고 잇다. 특히 우리 농촌경제는 더욱 더 그러하다. 이러한 때에 제하야서의 학교수교료 3원이라는 것은 고등(高騰)하기 짝이 업다. 그럼으로 우리는 수업료 3원에 대한 3할을 인하키 요구한다. ② 신정숙, 고웅민, 이승원 등 선생으로 말하면 그의 교육가적 인격에 잇서서 또 그 학적 실력에 잇서서 우리로서 환영할 수 업는 선생이다. 이는 선생을 초빙할 때에 학교전교원과 아울너 학생대중의 의사로서 한 것이 안이다. 일부의 특권교원은 교장 단독의사로서 이 교정(校政)을 옹호하기 위한 인사선택이기 때문에 이러하게 우리가 환영치 안는 선생을 오게 한 것이다. 우리는 이 선생을 보내야 한다. ③ 수업시간을 느려줄 것 ④ 나태한 선생을 반성케 할 것", 경여상(京女商) 5월맹파(五月盟罷)의 진상, 『이러타』 창간호, 1931. 20.

1927~1928년 들어 보다 구조적인 차원에서 식민지 교육의 모순을 지적하는 방향으로 나아갔다. 이들은 "조선어를 교수 용어로, 조선 역사와 조선 지리 수업 실시, 학우회의 자치권 획득, 일본 식민지 교육의 반대, 조선인 본위의 교육"과 같은 요구를 하였다. 이어 1929년 광주학생운동이 터지면서 여학생운동은 일제에 항거하는 민족운동으로 발전하였다. 동맹휴교 차원에서 벗어나 '일제타도 민족해방'의 문제를 제기하며 가두시위 형태로 발전하였다. 광주학생운동의 경우 남녀학생을 불문하고 전국적으로 호응을 받으며 거국적인 항일항쟁으로 나아갔다. 특히 근우회와 여자기독교청년회가 연합하여 활약함으로써 전국의 여학생이 총궐기할 수 있는 계기를 만들어 주었다.

남녀평등, 종교를 통해 확산되다　당시 여성에게 근대적 여성의식을 심어준 모태가 된 것은 천도교, 기독교에 내재된 남녀평등 사상이었다. 신분이나 성에 따른 차별을 거부하는 이들 종교의 평등 사상은 가부장적 봉건질서에 대한 도전이었다. 천도교는 기본적으로 정신 개벽, 민족 개벽, 사회 개벽 등 3대 개벽을 이념으로 하여 만인평등의 개벽 사회를 건설하고자 하였다. 민중종교로서 천도교는 소외 계층이었던 여성에게 큰 영향을 미쳤다. 여성해방과 남녀평등은 교리에 자연스럽게 따라오는 사상으로, 특히 천도교가 주장한 일부일처제는 축첩의 문제점을 지적하면서 남성 중심의 가부장적 사회 문화를 흔들었다. 남존여비, 여필종부, 일부종사, 삼종지도, 칠거지악으로 그동안 여성을 구속해 왔던 이데올로기에서 벗어나 남녀관계나 부부관계에 있어 새로운 근대적 의식을 접할 수 있었다.

　천주교 사상도 전통적인 여성의식 구조에 큰 변화를 가져와 자아를 발

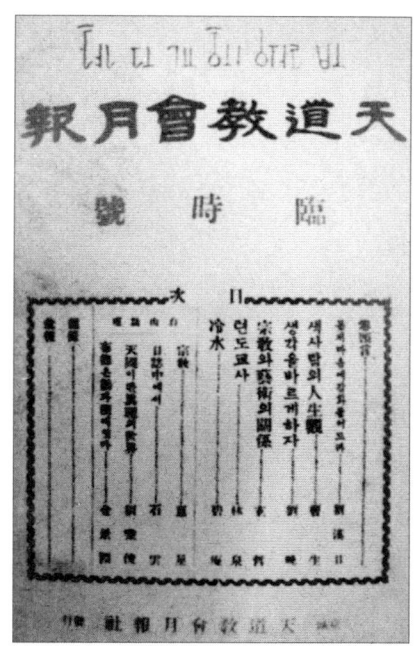

천도교회월보

견하고 형성하는 데 혁신적인 동인이 되었다. 또한 여성은 포교활동을 하면서 교회 업무에서 남녀가 분담하여 논의하는 평등한 관계를 배웠다. 수많은 부인 전도사는 남성과 함께 포교하면서 당시 자생적인 여성운동을 유도했으며 여성의 사회적 지위 향상에 의미 있는 역할을 담당하였다. 특히 천도교의 내칙內則과 내수도문內修道文은 생명의 존엄과 평등, 사랑, 여성복지의 사상을 강조하였다. 여성이 한 가정의 당당한 주인이라는 이른바 '부인주인론'은 신분이나 계급을 초월하여 인간평등을 강조하며 남녀 구분을 벗어나 여성의 사회 진출을 허용하는 개념으로 발전하였다. 교주 최시형은 미래에는 남녀의 동권이 이루어지고 사회 발전에 여성이 크게 기여하리라고 예언하였다.[118]

천도교의 여성운동은 단순히 교내 여성의 권익을 신장시키는 데 국한하지 않고 천도교 여성단체를 조직하거나 일반 대중을 위한 강연과 강습을 통해 또는 『개벽』, 『부인』, 『신녀성』등의 잡지를 통해 여성계를 일깨우는 데 기여하였다. 구시대의 여성관을 벗어버리고 신천지를 개척하는 발전적인 여성상을 제시하며 여성을 계몽시켜야 사회를 진정으로 발전시킬 수 있다고 본 것이다.[119] 천도교는 이러한 여성관에 따라 여성 교육기관을 세

118 천도교중앙총부(1992), 『천도교의 유래와 사상』, 천도교중앙총부출판부, 21.

119 박용옥(2001), 1920년대 신여성 연구―『신여자』와 『신여성』을 중심으로, 『여성: 역사와 현재』, 국학자료원, 145.

농촌부녀강좌-천도교회(동아일보 1928. 12. 2)　　전조선여자웅변대회(동아일보 1928. 9. 11)

위 일반 여성을 대상으로 한 사회교육을 실시하였다.

현재 조선 전체를 두고 아무 교육이 없이 인사人事, 인모人母가 된 여자가 십
十의 팔구八九는 될 터인즉 이들을 교육하지 않고는 조선여자 교육의 단서가
열렸다 이르지 못할지며 … 그 방법은 각 교
회에서 여자야학부, 일요강습소를 설하든가
아무 종교도 신信치 않는 가정의 여자를 위하
여는 마을마다 유지들이 야학부 또는 강습소
를 발기하여 일반 여자들을 교육케 함이 필요
하다.[120]

천도교 내에 있는 여성단체로 '내성단內誠
團'[121]의 경우 주옥경, 손광화, 김우경[122] 등이
주축이 되어 당원 훈련과 교리강습, 문맹퇴치
및 의식주 생활의 개선과 같은 계몽운동을 전

120 백두산인, 부인교육의 실제문제, 『개벽』
　　 1921. 4. 50.

121 1930년 12월 천도교 내 신·구파가 합동함
　　 에 따라 내수단은 1931년 3월 구파의 천도교여
　　 성동맹과 합동하여 천도교내성단으로 변모하
　　 였다. 그러나 다시 신·구파의 분열로 약화되
　　 고 중일전쟁 이후 1939년 일제의 통제와 탄압
　　 으로 해산하였다.

122 내수단을 이끌었던 임원 가운데, 주옥경은
　　 송병희의 부인, 손광화는 손병희의 딸, 김우경
　　 은 최린의 부인, 차기숙은 조기금의 부인, 최덕
　　 화는 조종오의 부인이었다. 이처럼 대체로 천
　　 도교 종리원과 천도교 청년당 임원의 부인들이
　　 주축이 되었다. 대부분이 국내의 근대적 교육
　　 기관에서 수학하였고, 주옥경, 김우경, 차기숙
　　 등은 일본 유학생이었다.

개하였다. 교리를 포교하는 종교적인 측면만이 아니라 여성에게 법률적, 사회 경제적인 남녀평등을 내용으로 하는 강좌를 개최하였다. 내성단은 1929년『부인필독』을 발간하여 사회진화와 부인 지위의 변천, 조선 부인의 현재 상태, 부인문제와 부인운동의 대강을 살피고 다른 종교의 부인관과 천도교의 부인관을 비교하여 설명하였다. 조혼, 매혼 등의 혼인문제, 모성보호, 참정권문제, 직업문제, 노동조건과 임금관련 노동문제도 제기하고 이러한 문제를 해결하는 차원에서의 여성운동의 방향을 설정하였다.[123] 이는 여성 교인의 수를 늘림으로써 천도교의 교세를 강화하려는 의도에서 출발하였지만, 결과적으로 여성이 남존여비라는 전근대 의식이나 봉건적 규범을 탈피하는 데 자극을 주었고 근대적 변혁기에 여성이 적극적으로 자유와 평등을 주장하는 중요한 토대가 되었다.

　근대 여성운동을 특징짓는 두드러진 현상은 기독교 여성단체의 활발한 활동이었다. 주요 여성단체 가운데 80~90%가 기독교 관련 단체였다. 기독교[124]는 근대 여성의 정신적 개화에 지속적으로 영향을 미친 자유주의 여성운동을 이끌었던 지도자의 대부분이 기독교와 떼어서 생각할 수 없을 만큼 밀접한 관계가 있었다. 기독교 차원의 교육과 봉사, 기독교윤리 실천, 기독교의 세계관과 선교 정책은 여성을 지적·신분적으로 해방시키는 데 적극적인 역할을 담당하였다. 선교 활동 과정에서 수반되었던 문자해독을 위한 교육과 봉건적 인습을 배격하는 자세는 당시 여성에게 최소한의 교육받을 권리와 여성을 억압하였던 구제도로부터 탈피할 것을 인식

123 조규태, 천도교 내수단과 여성운동, 박용옥 편(2001), 304~305.

124 "기독교가 드러온때부터의 여성의 각성—조선의 여성들은 죄인이 옥중생활을 하는 것과 조금도 다름업는 생활을 계속하여 오던차 이조 말년에서부터 외국문명이 수입됨에 따라 종교 이용주의자들은 기독교를 전국에 배포하기에 노력한 것이다. 그래서 일부문으로 조선여성에게 문호개방을 시키고 여학교 등을 설치하야 교육을 시키게 된 것이다. … 교도가 될만한 여성을 유인하려면 그 수단방법으로서 교육을 실시하는 것이 제일적당한 까닭이엇음이다.", 최정희, 조선여성 운동의 발전과정, 『삼천리』 1931. 11, 252.

YMCA 건물(1920년대)

시켜 주었다.

근대에 자유평등사상이 남녀 양성관계에까지 미쳐서 소위 부인문제를 야
기한 것은 세인이 주지하는 사실입니다. 부인문제의 중심은 부인해방 요구
에 있습니다.—소위 부인해방론자와 그 운동자의 언론과 문장에 나타나는
것을 보면 현대의 정치, 법률, 경제, 교육의 각 방면에 대한 남녀 양성의 지
위가 극히 불평등한 것을 지적하고 금일의 사회제도는 남성을 표준한 것이
기 때문에 여성에게는 불이익하다 합니다. 그러므로 이것을 개조하지 않으
면 아니된다고 주장합니다.—여성해방을 부르짖게 되어 젊은 여성 사이에
는 남녀평등의 신념이 점점 강하게 되어 갑니다. 여자도 사람이니 사람다운

여자기독청년회 사회강연(동아일보 1928. 10. 29)

대우를 하라는 주장이 청년 남녀간에 많이 반복되는 소리입니다. 최근에 와서는 '여자기독교청년회' 주최로 '조선여자의 과거와 현재'라는 문제로 김혜련 양이 강연한 것이 이 소리 가운데 하나라고 하겠습니다.[125]

특히 대표적 기독교 여성단체였던 '조선여자기독교청년연합회'는 1923년 김활란, 김필례, 유각경이 만들었는데 "기독교인의 품성 계발과 여자 청년의 영적·지적·신체적 행복의 증진"을 목표로 조직되었다. 기독교 여성 세력의 증대라는 사회적 배경 하에 탄생되어 주로 계몽운동을 중심으로 활동하였다. 여성에게 실질적인 실습 교육을 중요하게 여겨 재봉강습회 등과 같은 프로그램을 추진하였다. 당시 여성문제의

125 임진실, 여자의 지위에 대한 일고찰, 『청년』 1926. 3.

현안이었던 축첩폐지와 이혼문제에 관심을 두었으며 공창폐지운동과 물산장려운동 등과 같은 사회운동에도 적극적이었다. 세계 YMCA에 가입하여 국제적인 문화교류와 친선활동을 통해 당시 여성의 국제적 시야를 넓히고자 하였다. 이처럼 기독교 여성단체는 여성운동을 한 차원 높은 단계로 끌어 올렸으며 범사회적인 차원에서 집안에 갇힌 여성에게 사회참여의식을 제고시켰다.

> 제일노 내부적 조직이 충실합니다. … 조직상이나 정신상으로 전국여자를 통일한 기관은 오직 나하나 뿐임니다. 외부로는 세계 여자와 확실한 관계를 매젓습니다. 이년 전에 세계여자기독교청년회 총위원회에서 나의 개성을 시인하는 동시에 가맹을 승락하엿습니다. 또 학생부는 세계기독교학생연맹에 가맹되엿습니다. 조선여자로 하여금 세계여자와 동권을 가지고 손을 잡게 한 기관도 내가 알기까지는 아직 나 하나뿐임니다.[126]

위 글에서 언급한 바처럼 조선여자기독청년회는 당시 여성단체 가운데 가장 큰 세력을 갖고 있었다. 선교활동만이 아니라 남녀평등에 기초한 여성의 사회 복지의 문제를 거론하며 여성을 위한 구체적인 사업을 추진하였다. 나아가 여성 농민의 생활 수준을 향상시키기 위한 농촌 사업의 일환으로 YMCA와 함께 농촌강습소를 개설하여 문맹퇴치와 생활개선, 구습타파, 부업을 장려하였고 과학적인 농업지식을 보급하기 위한 교육을 진행하여 여성 농민의 의식 개혁을 도모하였다.

126 김활란, 조선여자기독교청년회의 자기담(自己談), 『청년』 1926. 3. 30.

2. 또 다른 여성운동의 시작, 사회주의 여성운동

조선 여성은 노예의 지위 사회주의자는 일제식민국가의 강압적인 통치하에서 여성이 상대적으로 차별받는 계급으로서 많은 불이익을 당하고 있다고 보았다. 특히 여성의 노동권과 생존권 문제에 우선적인 관심을 표명하였다. 이념적 물적 토대가 다른 여성 집단은 정치사회적 문제에 대한 인식과 사회 경제적 권리를 확보하기 위한 노력이 다를 수밖에 없다고 보았다. 따라서 자유주의 사상에 뿌리를 두고 전개되는 여성운동은 식민지 민중 여성의 척박한 현실과 거리가 있다는 것이다.

계몽주의적인 여성단체의 교육과 계몽을 통한 현실 변화는 대다수 빈곤 여성의 실제 삶과 유리된 측면이 있어 근본적으로 한계가 있다고 하였다. 이들 여성단체가 실력양성운동과 맥을 같이하여 여성 자질을 향상시킬 것과 구시대 관습이나 생활태도, 봉건의식을 변화시키는 교육이 선행되어야 한다는 주장은 보수적이라는 것이다. 예컨대 국산품 애용과 생활의 검소와 절약을 주장하였던 '토산애용부인회'나 기독교 신앙을 바탕으로 사랑과 봉사를 강조하였던 '조선여자기독청년회' 등의 여성운동이 여성의 사회 경제적 해방을 위해 적극적이지 못했다고 비판하였다. 결국 기존의 여성운동은 "여성을 대상으로 문자 보급과 위생 강연, 생활 개선에 더 주력하여 조선인의 생활을 부로 이끈다"는 일종의 '브나로드 운동' 등의 연장선에서 여성의 척박한 삶을 피상적으로 인식하고 있다고 비판하였다. 이에 새로운 여성운동의 가능성으로 사회주의에 관심을 표명하였다.

사회주의 여성운동은 수적으로 다수를 차지하였던 무산자인 노동자와 농민이 동맹군을 형성하여 지배 계급을 타파하고 사회적 평등을 추진해야 한다고 보았다. 자유주의 여성운동이 부르주아 상층에 한정되어 상당 부분 개량화됨을 지적하면서 여성 노동자 농민과 함께 민중운동을 전개하며 대중성을 확보하고자 하였다. 1922년 2월 조선고학생동우회의 '동우회 선언'은 조선에서 사회주의 운동이 표면화되는 직접적인 계기가 되었다. 같은 해 3월에 조직된 '무산자동맹회'의 경우도 무산계급의 생존권 기초를 확립하고 그들의 계급의식을 각성시키며 동시에 부인해방운동을 적극적으로 응원하고 여성의 계급해방과 경제적으로 완전한 해방을 기할 수 있도록 노력할 것임을 강령으로 하였다. 따라서 이들은 사회주의 건설과 조선 여성의 정치 경제적 해방을 당면 목표로 설정하여 계급해방과 여성해방의 과제를 동시적으로 해결하고자 하였다.

사회주의 사상이 널리 확대되는 당시 분위기를 반영하여 여성 잡지도 농촌 여성문제를 다루면서 지식인 여성의 농촌 부흥에 대한 기여를 언급하였다. 이렇게 시작된 사회주의 여성운동은 계급적 관점에서 여성 문제를 인식했다는 점에서 이전의 자유주의 여성운동과 대조적이었다. 무산계급 여성을 중심으로 여성운동은 여성의 경제권 확보가 여권 획득의 절대적인 열쇠라는 의식을 갖고 방향 전환을 하기에 이르렀다.

> 현금 조선의 여성은 봉건적 자본주의적 양대 고질에 속박되야 잇다. 아니 외래 자본주의는 봉건적 제를 유지하기에 전력을 다한다. 여자에게 참정권을 주지 않는 것은 물론 이어니와 민법상의 능력자됨도 인정치 않고 교육, 취직 기타 온갖 방면에 차별적 대우를 한다. … 현모양처주의의 주입은 그 '이데올리기'적 배양이다. 그럼으로 만일 조선의 여성이 남성과 평등을 주장하랴할진대 종래의 모든 사회적 인습을 타파하는 동시에 외래의 자본주의와도 투쟁치 않으면 안된다.[127]

이들 사회주의 여성해방론은 기본적으로 여성의 삶이 계급에 따라 다르다고 본다. 그들은 마르크스 레닌주의에 입각하여 한 계급이 다른 계급을 경제적으로 착취하는 것으로 사회 구조를 분석하기에 성 불평등 문제를 당시 사회의 구조적 모순에서 찾았다. 사회주의 여성해방론은 여성 문제가 역사상 경제 제도의 변화와 연관되어 있고, 식민지 시대 조선 여성의 삶이 국가·계급·성에 따른 삼중고의 성격을 지닌다고 보았다. 단지 제도적 차원의 개혁이 아니라 여성이 계급 의식을 갖는 것과 경제권을 확보하는 것이 무엇보다 남녀동등과 여권을 획득하는 기본 열쇠라고 인식하였다. 즉 "조선의 여성은 삼중의 압박을 받고 있는 셈이다. 왜냐하면 조선의 여성은 부르주아 가정에 태어났거나 프로레타리아 가정에 태어났거나 관계없이 모두 남성에게 압박당하고 경제권을 빼앗기고 붙매어 있기 때문이다. 그러므로 인류 사회의 계급은 마르크스가 말한 바와 같이 양대 계급뿐만 아니다. 이러한 봉건시대 자본주의 사회에서 발생하는 나쁜 관념을 타파하는 데 노력해야 한다"[128]는 것이었다. 이들은 여성 해방의 목표를 위한 투쟁의 주체 세력으로 무산계급 여성을 설정하고 신분평등과 계급평등을 제창하며 당시 제기되고 있던 여성의 노동운동과 소작쟁의를 적극 지지하였다.

대표적인 사회주의 여성운동가인 허정숙은 1928년 1월 동아일보에 "부인운동과 부인문제 연구―조선 여성 지위는 특수"라는 글을 실어 조선 여성의 열악한 상황을 조선 민중 전체가 무산계급화 한 상황과 결합하여 파악하였다.

조선 여성은 인류의 역사 중에서 가장 가혹한 역사를 가진 인간일 것이다.―현재 조선 여성의 대

127 함상훈, 조선여성에게 보내고 싶흔 말―기자로서, 『선녀(線女)』, 『부인공론(婦人公論)』 개제(改題), 84.
128 정래동, 닥치는 대로 하지오, 『신가정』 292~293.

다수가 무교육자인 가정 부인이다. 자산가이나 노동장에 나아간 부인이나 다같이 여성의 대부분은 무식계급이다. 또 경제적 독립을 한 여성이 극소수가 되고 대부분이 경제상으로 무산계급에 속한 여성이다. 빈한과 아사로 협박을 받는 조선의 무산부인은 외국의 노동부인보다 더 하층에 처하여 있다. 대체로 보아 조선의 여성은 경제적으로 무산계급에 속하였고 개성으로 보아 노예의 지위에 처하여 있다.

즉, 여성문제는 무산계급 문제와 동일한 것으로 여성문제의 궁극적인 해결은 사회의 근본문제를 해결함으로써 가능하다고 보았다. 일제의 수탈이 심해지면서 조선 민족이 노예화되고 무산계급화되는 현실은 곧 무산계급의 해방이 민족해방이고, 또한 여성해방임을 새삼 인식시켜 주었다. 이제 여성운동의 방향이 민중운동의 차원에서 전개되어야 하는 사회주의 여성운동으로 자리잡았다.

경제권 확립이 우선　사회주의 여성운동은 진정한 여성해방을 위해서는 경제적 지식을 갖고 독립하는 것이 무엇보다 중요하다고 보았다. "조선에서 녀성으로 가장 급박하고 긴요한 것은 조선 여자의 경제운동과 생활개선과 구관습의 타파 운동이다. 경제운동은 조선경제의 지식보급으로서 종래 조선 여자가 남성으로부터 해방되지 못하고 종속적인 존재에 불과하여 존재를 무시당한 것은 순전히 여성이 경제적 생활기초가 없는 까닭"이라고 하였다.[129] 이에 "남성에게 빌붙는 성질을 먼저 없애야" 한다고 하였다.

우리 여성이 불평한 처지에서 버서 날랴면　　**129** 이인, 무엇보다 경제운동, 『신가정』 291.

女性解放은 經濟로부터

和信商會 女事務員 崔 塡 瑛

내가 學忿을 대나 實社 會眯 第一步로 商界에 나 와 初陣인 만큼 別 感想 은 없습니다 마는 우리 女 性이 不平한 處地에서 버 서 나라면 爲先 經濟的의 知 識이 必要하다고 생각하니

여성해방은 경제로부터

위선 경제적 지식이 필요하다고 생각합니다. 남다른 비참한 우리 사회에 태어나 인습적으로 사회에 이중 고통을 당하는 우리 여성은 같은 인생으로 동등한 권리와 지위를 잡지 못하고 노예적 생활로 이롭지 못한 경우를 당한 것은 제일 경제적 지식이 없어 타인에게 의뢰하여 온 원인입니다. 이중고통의 신음에서 버서날랴면 경제적 정신을 양성할 필요가 잇으며 경제적 독립적 사상을 가저야 합니다.[130]

이처럼 사회주의 여성운동은 여성이 이중 고통에서 벗어나 기본적으로 여성해방을 쟁취하기 위해서는 경제적 독립이 근본이라는 관점을 갖고 무산계급의 노동권 문제를 제기하였다. 그들은 여성이 일상생활 수단을 남성에게 의존하기 때문에 성적으로나 경제적으로 종속되어 있다고 보았다. 매매춘 여성이나 가정 부인이나 모두 남성 혹은 남편에게 성을 제공하고 그 대가로 의식을 해결하고 있다고 하면서 경제적으로나 인격적으로 동일한 예속상태임을 지적하였다. 따라서 "부녀의 진정한 해방은 결국 경제적 독립이 있기 전에는 안 된다. 그러므로 부녀 직업을 확장하여야 되고, 부녀동맹은 여성이 할 수 있는 여러 직업의 길을 개척해서 소개해야 한다"고 하였다. 그

130 최기영, 여성해방은 경제로부터, 『동광』 1932. 1, 74.

다음 경제력이 있으면 부녀구제기관을 설치하고 경제 외의 압박으로 불행에 빠지는 여성을 구제해야 한다"[131]고 하였다. 이와 같이 여성의 경제권 박탈은 여성이 남성에게 종속되는 원인이 되었다고 하여 성차별 역사에 대한 문제를 인식하게 했다.

> 1924년은 조선여성 운동이 기분운동氣分運動에서 단결, 조직에 전력하는 조직적 운동으로, 분립에서 통일에로 운동의 진용이 정돈되는 해로서 이러한 전환기를 넘어서는 조선의 사회운동이 소수 사상가의 손을 떠나 농촌에서 공장에서 가로街路에서 실제운동이 전개될 터이니 곧 사회운동의 민중화 시대로 접하게 되는 시대이다.[132]

결국 여성 억압의 문제를 경제 관계 속에서 인식하는 것이 진정한 여성해방을 위한 첫번째 조건이자 출발점이라며 여성의 경제적 독립을 강조하였다. 여성의 참다운 해방은 여성 자신이 경제적 생활을 남성에게 의존하지 않게 되는 때라야만 비로소 실현될 수 있다는 것이다. '민중화 시대'에 사회주의 여성해방론은 여성문제가 역사상 경제 제도의 변화와 연관되고 계급에 따라 다른 성격을 가진다고 보고 여성의 완전한 해방을 요구하였다. 이를 위해 남성에 대한 투쟁보다는 여성의 경제권 확보가 우선이며 성 범주를 초월한 계급적 연대를 강조하였다.

1922년 민사령 개정 이후 재판상 이혼청구권을 부여하여 어느 정도 여성의 법적 지위가 개선되었다고는 하나 경제적인 면에서는 여전히 남편에게 예속되어 여성의 경제적 독립은 법적·사회적 위상의 개선과 관련하여 중요한 문제였다. 사회주의 여성운동은 "부인의 해방은

131 신언준, 부녀의 교양과 조직, 『신가정』 286.
132 적성산인(赤城山人), 여성운동—조선사회운동개관, 동아일보 1925. 1. 1.

결국 경제적 독립에 있다. 자본주의 경제 조직 하에서는 여성의 경제적 독립을 기대하기가 절대적으로 불가능하다. 부인 해방운동은 무산계급 해방운동과 같이 현재의 자본주의 경제조직을 사회주의 경제조직으로 변혁하는 운동이 되어야 한다"[133]고 지적하였다. 이에 여성이 단순한 의식계몽의 대상이 아니라 사회 경제적 문제에 관심을 갖고 여성 자신의 직업권과 노동권을 인정받을 수 있는 체제 변혁을 기대하였다.

> 금후 조선의 여자운동이 가장 완전한대로 나아가려 함에는 무엇보다 먼저 경제적 지위를 얻어야 되겠다. 그런대 조선에 있어서는 남자를 대항하여 지위를 쟁탈하기 보다도 살기 위하여 여자의 경제적 독립을 요하는 때이다.[134]

1923~1924년을 기점으로 사회주의 사상이 널리 확대되던 사회 분위기를 반영하여 여성계도 본격적으로 여성의 경제권 문제를 다루기 시작하였다. 여성운동이 여성을 단순히 교육계몽을 위한 대상이 아니라 경제권을 갖는 주체로 설 것을 강조하는 방향으로 나아갔다. 여성 일반의 의식적인 각성을 촉구할 뿐만 아니라 무산여성의 이익을 대변하고 초보적이나마 이들을 정치 세력화하기 위한 조직체의 결성을 모색하게 되었다.

최초의 사회주의 여성단체―'조선여성동우회' 최초의 사회주의 여성운동 단체는 여성의 사회 경제적 해방을 주창하며 정종명, 허정숙, 주세죽, 정칠성 등이 발기인이 되어 1924년 5월에 조직한 '조선여성동우회朝鮮女性同友會'였다. 조선여성동우회는 조선 여성이 노예 상태에 놓여 있음을 지적하면서 부

133 황신덕(1927), 조선부인운동의 과거 현재급(及)장래, 『조선급조선민족(朝鮮及朝鮮民族)』 제1집, 조선사상통신사.
134 이대위, 금후 조선의 여자운동, 『THE CHIN SAING』 1929. 11. 6.

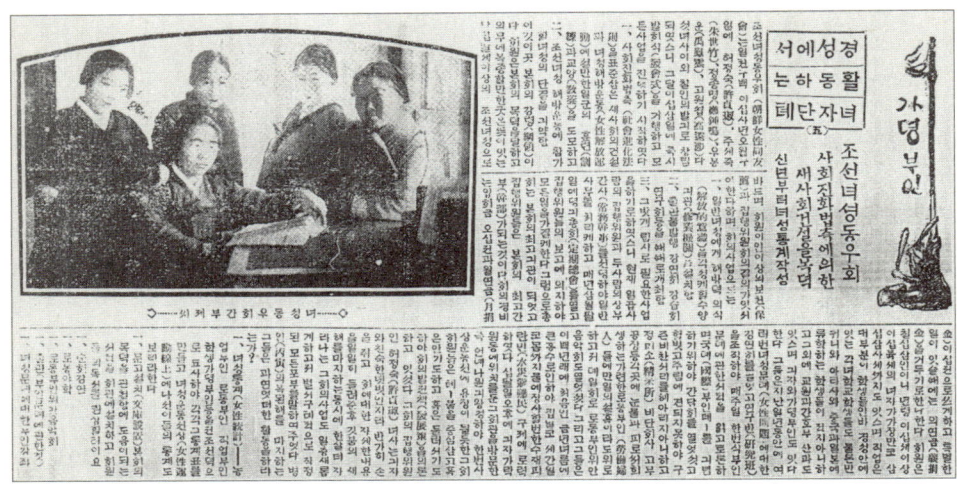

경성에서 활동하는 여자단체:조선여성동우회(조선일보 1935. 12. 21)

인해방을 전제로 여성의 인간적 경제적 평등권을 주장하였다. 조선여성 동우회는 여성문제의 궁극적인 해결을 위해 신사회 건설이라는 사회주의의 실현을 목표로 여성해방을 위해 현 자본주의 제도를 파괴하며 동시에 여성 스스로가 현모양처라는 허위의식에서 벗어나 계급운동에 동참해야 한다고 하였다. 즉 여성의 사회적 해방은 남녀 간의 형식적인 평등을 넘어서 여성도 남자 중심의 사회 경제 질서에 균등하게 참여할 때 가능하다고 보았다.

사람으로서 사람다운 생활을 하지 못하고 권리 없는 의무만을 지켜오던 여성대중도 인류역사의 발달을 따라 어느 때까지든지 그와 같은 굴욕과 학대만을 감수하고 있을 수는 도저히 없게 되었다. 우리도 사람이다. 우리에게도 자유가 있으며 권리가 있으며 생명이 있다. … 우리는 성적으로나 경제적으로나 남성의 압박 노예가 되고 말았다. … 아! 우리도 살아야 하겠다. 우리도 잃었던 온갖 우리의 것을 찾아야 하겠다. … 본회는 사회진화 법칙에 의하여 신사회 건설과 여성해방운동에 입할 일꾼의 양성과 훈련을 기함. 본회는 조선여성해방운동에 참가할 여성의 단결을 기함.[135]

이렇듯 조선여성동우회는 기존 여성단체가 부르주아적 계몽운동의 한계를 노정하면서 침체될 즈음 그동안 역사의 사각 지대에 놓여 있던 민중 여성을 포함하는 조직으로 발전하였다. 당시 사회 경제 구조에서 착취를 당하던 여성의 권리를 옹호하는 새로운 형태의 진보적인 여성운동의 방향을 제시하였다. 조선여성동우회는 성적 착취와 경제적 착취가 밀접한 상호관계를 갖고 있다고 보고 "경제적 착취의 산물인 계급제도가 성적 착취의 계속되는 근본 원칙이며 계급제도의 근원이 사유재산제도에 있다"[136]고 하여 여성해방을 사회 혁명 또는 사회 변혁이라는 관점에서 접근하였다.

조선의 여성단체가 오늘에 와서는 그 수가 적다고 못할지나 대개는 종교적인 그늘 밑에서 청년단체로서 조직된 것은 각지에 잇다할지나 여성의 사상운동단체로서는 조선여성동우회가 그 효시라고 할 것이다. … 조선의 여성단체로써 가장 색채가 선명하고 그가 농후하다 할 수 잇으며 그 중에도 종래의 도덕과 인습에 억압되야 비판력 업시 거저 복종하는 것으로만 미덕으로 아는 조선의 여성이 이제는 완연히 반기를 거하고 계급적으로 의식을 갓고 참된 해방과 인간성 회복에 노력하고 잇는 것이다. 거긔에 조선여성동우회의 존재의 의의가 잇다.[137]

---

135 조선여성동우회 창립선언, 1924. 5. 23.
136 윤광파, 무산운동과 여성운동, 동아일보 1924. 12. 8.
137 Ty생, 사회운동단체의 현황─단체, 강령, 사업, 인물, 『개벽』 1926. 3, 49~50

조선여자동우회가 조직된 때는 사회주의 운동이 고조되면서 '조선노동총동맹', '조선청년총동맹'이 결성되던 시기였다. 이러한 사회적 분위기에 힘입어 조선여성동우회는 지식인 계층의 교육 활동, 사회 사업, 종교 및 문화 활동 중심의 여성운동의 성격을 지양하고 보다 거시적인 차원에서 사회구조적인 문제로 여성운동을 끌어올렸다. 이들은 사회주의 사상강연회나 여성해방과 관련한 토론회를 개최하고 노동단체와 연대하여 여성 대중으로 하여금 여성문제를 과학적으로 인식하게 하는 데 주력하였다. 조선여성동우회는 창립 직후부터 무산여성에게 그들의 존재를 알려가면서 전국 각지에 지부를 설치하고 기층 여성의 편에 서서 적극적으로 활동을 벌여 나갔다. 여성운동의 범위도 확대하여 청년여자, 직업부인, 가정 부인, 여학생, 지방 여성, 농촌 여성, 근로 여성 등 전체 조선여성을 대상으로 하는 조직으로 발전시켜 광범위한 여성운동을 전개하고자 하였다.

조선여성동우회는 일종의 조선 공산당의 여성운동기관으로서 성별 조직 원리에 입각한 조직방침을 갖고 사회주의 여성운동을 지도하였다. 1924년 창립되어 1927년 해체하기까지 각 지방에 40여 개의 여자청년회를 조직하였고, 순회강연과 토론 강좌를 통해 사회주의를 소개하고 신문잡지 등 언론의 힘을 빌려 여론을 환기시키는 일에 주력하였다.[138] 그러나 조선여자동우회는 내부적으로 무산계급운동을 추진하려는 급진 세력과 기존의 민족주의적 관점이 충돌하면서 주도권 장악을 위한 세력투쟁으로 계열 간 대립이 첨예화되어 신생단체로 흡수 해체되었다.

다양한 계파의 이합집산 3·1운동으로부터 근우회가 창립되기까지 약 7년 간의 한국 여

[138] 황신덕(1937), 조선부인운동의 사적 고찰, 『학해』 창간호.

성운동은 다양한 변화를 보였다. 1920년대 중반 사회주의 운동 계열에서 벌어지고 있던 파벌경쟁의 여파가 여성계에도 영향을 미쳤다. 1925년 1월 '경성여자청년동맹'이 창립되어 정면으로 계급투쟁과 사회주의 혁명을 내세운 급진주의 노선을 표방하였다. 경성여자청년동맹은 무산계급의 청년 여성을 조직하여 여성해방과 사회주의 건설을 위한 여성혁명가를 양성하고자 하였다. 만 26세 미만의 무산계급 여자청년을 핵심 축으로 하여 이들에게 사회투쟁적인 교양과 조직적 차원의 훈련을 강조하면서 여성 대중을 묶어내고자 하였다.

> 경성여자청년동맹은 사회주의적의 색채가 농후한 여자청년단체로써 다른 일반 여자청년단체와는 그 성질을 달리하야 계급의식을 갓고 그에 의하야 참된 여자의 해방을 획득코저 하며 경제적으로의 독립이란 것도 현금의 자본주의의 사회에서는 도저히 실현의 가능성이 가무可無라 하야 계급적으로 투쟁을 급선의 목표로 한다.[139]

이처럼 경성여자청년동맹은 일반 청년 여성을 사회주의적으로 훈련시키기 위한 이론학습과 여성해방 의식을 고취시키기 위한 교양이 주된 사업이었다. 여성운동이 좌경화되면서 주세죽, 김조이, 허정숙 등을 중심으로 결성된 경성여자청년동맹은 박헌영 등이 주도했던 조선청년총동맹의 방계 여성단체로서 깊은 연계를 맺고 있었다. 이들은 첫 사업으로 '국제 부인 데이' 기념 모임을 갖고 무산여성을 위한 날로 기념할 것을 결의하였다.

한편 박원희, 김숙정 등이 주축이 되어 1925년 2월 '경성여자청년회'가 결성되었다.

139 Ty생(1926), 『개벽』, 55.

이들은 모성보호를 제창하며 보다 온건한 인상을 주어 많은 여성을 동지로 규합하고자 하였다. 부인의 독립과 자유를 확보하며 모성보호와 남녀의 사회적 평등을 위한 사회제도의 구축을 제창하였다. 부인해방에 관한 사회과학적 인식을 분명히 하기 위해 강령에도 사회주의 여성운동을 전개해야 할 이유와 사회주의 이론에 입각한 여성해방의 방향을 언급하였다. 경성여자청년회는 여성의 독립과 자유를 확보하여 남녀평등권을 실현하고 여성해방에 필요한 교리를 보급하는 데 주로 초점을 두었다. 그 밖에도 김현제가 '여성해방동맹'을 결성하였고 임송흡 등이 '푸로여성동맹'을 결성하였다. 이들은 여성운동전선의 통일

국제무산부인 데이 기념대강연회
(동아일보 1927. 3. 5)

과 남성의 전제를 배격하고 여성 교육과 혼인문제, 부녀노동의 임금문제, 직업 부인의 생활동태 조사, 미신 타파 문제에 관심을 보였다.

1926년 8월 이현경, 황신덕 등이 활동하면서 여성운동의 통일전선에 대해 모색하기 시작하였다. 그 결과 사회주의 여성운동의 통일을 도모하는 차원에서 '중앙여자청년동맹'이 결성되었다. 이 단체 역시 여성 억압의 본질이 식민지 조선의 민족모순과 계급모순 속에 있다고 보고 여성해방의 핵심은 무산여성을 운동전선에 끌어들이는 데 있다고 파악하였다. 중앙여자청년동맹은 무산계급의 권리 및 여성해방을 위한 견인차 역할을 담당할 청년 여자를 키우기 위해 지방의 여자청년회 세력을 흡수했다. 이들은 전체 여성을 해방운동 대열로 결집시키기 위한 선결조건으로

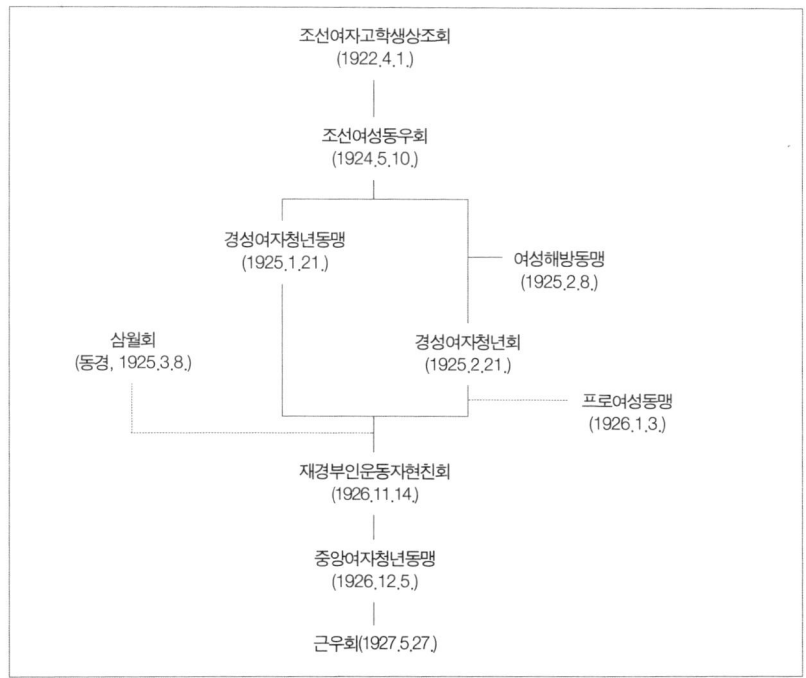

| 그림 | 사회주의 여성단체(중앙) 계보

조선여자고학생상조회
(1922.4.1.)

조선여성동우회
(1924.5.10.)

경성여자청년동맹
(1925.1.21.)

여성해방동맹
(1925.2.8.)

삼월회
(동경, 1925.3.8.)

경성여자청년회
(1925.2.21.)

프로여성동맹
(1926.1.3.)

재경부인운동자현친회
(1926.11.14.)

중앙여자청년동맹
(1926.12.5.)

근우회(1927.5.27.)

출처:박혜란(1993), 1920년대 사회주의 여성운동의 조직과 활동

무엇보다 봉건적 구속을 우선적으로 타파할 것을 제창하였다.

봉건적 구속에 대한 싸움은 계급적 해방운동을 위한 일보전진이오, 계급적 운동은 여자의 완전한 해방을 위한 최후 해결의 길이다. … 여자의 성적 해방운동과 계급적 해방운동은 그 본질상으로 서로 떨어질 수 없는 관계상 연결되어야 할 운동이다.[140]

140 녀자운동선에도 방향변환의 필요―성덕해방에서 계급해방으로, 동아일보 1927. 4. 21~22.

이처럼, '조선여성동우회' 이후 사회주의 계열의 여성단체는 다양하게 이합집산되었으며, 1927년 '근우회'가 창설되면서 새로운 전기를 맞았다. 근우회는 전 조선 여성의 단일한 운동단체를 지향하며 종래의 좌우익 분열주의를 극복하고 여성운동에 있어 통일성과 단합을 강조하였다. 근우회는 자유주의, 사회주의 양대 세력의 여성운동가가 최초로 합의한 좌우합작운동의 결실이었다.

좌우합작운동의 결실—'근우회' 자유주의 여성운동과 사회주의 여성운동으로 양분되었던 여성계는 신간회 활동에 대한 여성 조직을 통합시켜 '근우회槿友會'를 탄생시켰다. 재경 동경여자유학생친목회가 근우회의 산파 역할을 하였다. 1927년 4월 조선일보사 후원으로 각국의 여자 유학생이 처음으로 한자리에 모여 범여성적인 전국 여성기관을 조직하자는 데 만장일치하였다.[141] 당시 모인 발기인은 주로 여의사, 교원, 종교인, 기자, 문학인, 실업인 등으로 사회 각계 각층에서 활약하는 대표적인 여성지식인이었다. 반 년에 걸친 준비 과정 동안 이념과 활동 목적 및 방법론이 서로 달랐던 두 진영의 여성운동이 통합되어 전체 여성운동의 대열을 재정비하고 새로운 질적 전환을 마련하였다.

> 근우회의 조직의 동기는 전체운동의 민족통일이 고조되던 당시의 충동으로이다. … 여성운동의 민족적 통일 즉 사회주의 경향이라고 할만한 신진소불조아 여성과의 통일을 고조하는데서 근우회가 조직된 것이다. 그럼으로 그의 강령도 광범하게 즉 말하자면 막연하게 세우고 통일조직을 감행한 것이다.[142]

141 조선일보 1927. 4. 18.
142 김정원, 현단계 여성운동을 여시아관(如是我觀), 『비판』 1931. 5, 92~93.

근우회는 창립선언문에서 "여성운동을 전개함에 있어 조선 여성의 모든 특수성을 고려하여 여성 따로의 기관을 조직해야 하며 이러한 조직으로서만 능히 현재의 조선 여성을 유력하게 지도할 수 있다"고 하여 성별 대중조직체로서의 위상을 분명히 하였다. 여성의 지위를 향상하기 위해서는 먼저 경제적 독립과 지식을 획득해야 한다고 보고 봉건적 구속으로부터의 해방운동과 재산적 설움을 극복하기 위한 경제운동을 결합하고자 하였다. 여성에 대한 성적 억압은 봉건적 요소에 기인하고 경제적 억압은 자본주의적 요소에서 비롯된다고 보고, 자유주의 여성운동은 반봉건 측면을 담당하고 사회주의 여성운동은 주로 계급해방을 책임진다는 이분법적인 인식 틀 내에서 여러 계층의 여성운동을 통합하여 통일전선체를 만들었다.

근우회는 기본 강령에 "조선 여성의 견고한 단결 및 지위 향상을 도모하고 조선 여성의 정치적 경제적 사회적 각성을 촉진한다"고 명시하였다. 이에 과거에 실천하고 배운 바를 갖고 "실지로 우리 자체를 위하여 분투하려면 조선 자매 전체의 역량을 공고히 단결하여 운동이 전체적으로 발전하지 않으면 안 된다"[143]고 하였다.

> 10여년 전부터 여성운동이 눈을 터가지고 이래 여러 단체가 전도前道에 업는데 없시 생겨낫스나 환경의 장애와 전선의 불통일로 말미암아 고생은 크고 공은 적엇다. 그러튼 그네들은 이제 운동선運動線의 통일과 확장을 위하야 전조선적으로 여성의 단결화를 부르짓게 되니 근우회는 그러한 욕구하에서 조직되는 것이라고 우리는 보는 바이라. [144]

143 조선일보 1927. 5. 11.
144 여성운동의 단일화─근우회의 창립, 『현대평론』 1927. 6, 40~41.

이에 근우회는 세를 확대하기 위하여 모든

근우회 강령과 규약

여성을 조직화하는 데 노력하였다. 근우회는 기관지인 『근우』를 창간하면서 근우회운동의 이념과 목적을 재천명하고 이론적 기반을 새롭게 다지고자 하였다. 또한 '여자의 날'을 정해 사회여론을 환기시키고 여성 교양을 높이는 사업을 지속적으로 추진하였다.

특히, 근우회 이전에 존재하였던 사회주의 여성운동이 일반 여성 대중을 포섭하는 데 실패했기 때문에, 소수 여성지식인 운동의 한계를 극복할 것을 제창하였다. 이에 지방에 61개 지회를 설립하고 각 계층을 아우르는 전국 규모의 광범위한 대중운동으로 발전시키고자 하였다. 근우회 초창기는 주로 선전과 조직에 힘을 기울여 정치적 색채나 사상, 종교, 계급 여하를 불구하고 각 방면의 여성이 참가하는 형태로 전국적 차원의 지회를 조직하여 체계를 갖추어 나갔다. 근우회 지회는 조선 여성을 묶는 성별 단일 조직을 위한 지역단위 실현체로서 의의를 지녔다. 기존의 청년여성단체는 물론 기타 여성단체를 통합하여 근우회 지회로 재편성

「근우」, 「여자시론」 표지

하였다.

각 지회는 중요 사업으로 여성의 의식을 향상시키기 위한 강연회와 토론회, 회원 모집과 친목을 위한 야유회, 체육대회 및 여성의 기술교육을 위한 강습회, 어려운 동포 구제를 위한 음악회, 문맹퇴치를 위한 부인 야학 등을 실시하였다. 또한 부인 직업소개소를 설치하거나 여성 실업을 진작시키고자 공장 설립을 기획하였다. 사회주의 진영은 지회 수립에 더 관심을 갖고 활동하였으며 이는 후에 근우회 노선이 사회주의 색채를 지니는 밑바탕이 되었다.

근우회가 주최한 강연회와 토론회 주제는 "조선 여성운동의 현실과 그 방침", "조선 여자의 지위 향상과 단결", "여성운동의 금후", "근대 여성운동의 두 가지 조류", "경제사관에 나타난 여성의 지위 변천과 현 과정에의 그 비판", "현대 사회와 여성의 지위", "조선 여성의 임무" 등으로서 여성문제에 대한 확실한 방향을 보여 주었다.

근우회는 창립 직후부터 이러한 부인강좌와 강연회, 여성문제토론회 등을 통해, 특히 농촌 여성을 계몽 · 의식화시키고자 하였다. 또한 노동 여성의 조직화[145]를 위해 노농부를 설치하여 노동상황을 조사하거나 쟁의를 지지하였으며 배운 여성을 조직하여 여학생운동

145 근우회는 출범 초기부터 조직 정비를 위해 회원 확보에 많은 힘을 기울였다. 회원은 18세 이상의 여성으로서 근우회 회원 2명 이상의 보증 추천과 집행위원회의 허락을 얻으면 가능하였다. 확보된 회원을 관리하기 위해 중앙집행위원들은 전회원의 가정을 방문하였으며, 친목회, 망년회, 음악회 등을 개최하여 친목을 다지면서 공동의식을 가질 수 있도록 하였다. 동아일보 1927. 9. 15.

:
:
근우회 전국대회(동아일보 1928. 7. 16)

을 지원하였다. 근우회의 여성운동은 무학무식의 노농민중 부녀를 대상
으로 여성해방의 이념을 확산시키기 위한 선전, 계몽활동 못지 않게 보
다 중요한 측면으로 근우회운동을 추진할 지도급 여성을 육성하고자 하
였다. 이러한 면에서 근우회는 여성지도자 훈련을 위한 각종 프로그램을
마련하였고, 이를 위한 기부금을 모금하고 자체 수익 사업과 지회 설립
을 통해 전국여성단체로서 모습을 갖추는 데 총력을 기울였다. 또한 민
족운동을 지원하는 일에 앞장서면서 매월 15일을 근우회 선전일로 정하
여 다양한 계층을 위한 실천적인 프로그램을 운영하였다.

　근우회의 발회식은 조선여성 전체가 단결하여 여성으로서의 통일된 운동

마산근우지회 집행위원회(동아일보 1929. 5. 17)

을 하겠다는 것입니다. … 이해상반의 관계 같은 각종 계급을 한꺼번에 조직하여 놓은 것이 근우회입니다. 그럼으로 근우회는 조선 각계급 여성의 협동전선입니다. 즉 조선여성은 민족적으로 역사적으로 공동된 역할이 있는 것이니까 이 역할을 수행하기 위하여서 서로 제휴하게 된 것입니다.[146]

근우회 지도부 명단을 보면 그 시기 여성운동을 이끌었던 지도급 인물이 총망라되어 있다. 김활란, 이현경, 유각경, 현덕신, 박원희, 최은희, 정칠성, 정종명, 김선, 황신덕 등이 근우회의 중앙집행위원으로 활동하였다. 하지만 근우회를 이끌었던 대부분의 인물은 사회주의 색채를 지니고 있었다. 이들은 여성이 각 시대를 통하여 가장 불리한 지위에 있다고 하면서 가부장적 여성 억압과 자본주의적 수탈 때문에 민중 여성이 프롤레타리아로 전락한다고 보았다. 따라서 조선 여성의 해방운동은 이러한 역사적·사회적 배경을 이해해야만 파악될 수 있다고 하였다.

1929년 7월 근우회는 7개 항의 행동강령을

146 근우회의 포부를 듣고, 동아일보 1927. 6. 21.

새로이 제정하였다. 아래의 행동강령은 근우회 운동의 방향과 목표를 종합한 것으로 "여성 지위 향상"을 위한 구체적 방향과 방법을 제시하였다.

> 1. 여성에 대한 사회적, 법률적 일체 차별 철폐 2. 일체 봉건적 민습과 미신타파 3. 조혼폐지 및 결혼의 자유 4. 인신매매 및 공창 폐지 5. 농민부인의 경제적 이익옹호 6. 부인노동의 임금차별 철폐 및 산후 임금지불 7. 부인 및 소년공의 위험노동 및 야업 폐지

강령 1은 현실 사회에서의 여성차별적인 모순을 지적하였고 강령 2, 3, 4는 봉건적 구습에 의한 여성 억압에 대해 언급하였으며 강령 5, 6, 7은 여성의 경제적 불이익에 대한 차별 철폐를 언급하였다. 이처럼 근우회의 행동강령은 자유주의 여성운동과 사회주의 여성운동이 종합 수렴되는 형태로 나타났다. 봉건적 잔재와 인습에서 탈피하여 여성에게도 동등한 법적·제도적인 평등권을 보장하고 여성의 경제 활동에 대해 정당한 대우를 요구함으로써 향후 여성운동의 실천적 방향성을 선명하게 제시하였다.

과도기적 상황에서 근우회는 한시적인 성별 조직으로 규정되었다. 1928년 근우회 전국대회 토의안에 의하면 신간회 내에 여성을 대표하는 최고기관으로 근우회가 단체로 가입하되, 여성이라는 성적 존재가 아니라 자신이 속한 계층으로 가입할 것과 신간회에 여성부의 설치를 언급하였다. 근우회는 구체적인 여성의 요구를 담아 사회운동에서 여성문제를 함께 인식하도록 경종을 울렸으며 근대 여성운동의 성격을 분명히 하였다.[147]

신간회가 조선의 민족운동을 표방하고 기세잇게 자라나든때—바로 1927년에 많은 인테리 녀성들로 망라된 근우회가 조직되엇다. 회원들도 그 범위가 훨신 넓어 사회층의 최고수준의 교양잇는 녀성들로만 조직되엇고 그 목적과 계획이 획기적 사실이어서 조선녀성으로 된 단체 가운데는 가장 으뜸될만한 회엿섯다.[148]

근우회는 종래의 가부장적인 폐습과 식민지 자본주의 사회 구조에서 비롯된 여성에게 제기되는 억압의 문제를 주체적으로 극복하고 해결하기 위해 전 조선 여성이 합심하여 단일한 조직을 만들어 민족해방과 계급해방, 여성해방을 동시에 진행시켜야 한다고 보았다. 근대 여성운동사에서 근우회는 여성의 힘을 하나로 결집시켰던 운동조직으로서 시사하는 바가 크다.

민족협동전선과 여성 연대의 한계 민족독립 운동이라는 절박한 시대적 과제는 좌우익 여성운동 연대를 모색하게 하여 민족협동전선의 상징으로서 근우회를 탄생시켰다. 그러나 1930년 7월부터 시작된 신간회 해소 논쟁의 영향 아래 근우회도 해소 논쟁에 휩싸였다. 근우회는 "조선의 노농부인 문제를 전적으로 해결해 주지 못하므로 존재 의의가 없다"는 것이었다. 전체 사회주의 운동이 국제 공산주의 노선을 철저히 따르는 것으로 방향 전환하면서 국내 사회주의 세력은 더 이상 근우회에

147 "조선에는 근우회라는 훌륭한 부인단체가 잇슴에도 불구하고 정치운동 그쪽으로만 나가는 것은 엇던 필연적 현상이라고 볼는지 모르지만은 정치운동의 한 부문운동이라고 볼 수 잇는 계몽운동을 전연 무시하고 한길로만 나가는 것을 나는 적지아니 섭섭한 일이라고 봅니다. 그것이 하로안에 다 되는 것이 아닌 이상 전조선 부인을 전부 망라하여 동하는 것이 나로 보아서 ○○를 속히 하는 데에 큰 관계가 잇다고 생각합니다. 그러케될랴면 첫째로 계몽 그것에 철저히 여성자신들이 발벗고 나서야 할 것입니다. 주요섭, 구식부인을 어떠케 계몽식힐까, 『신여성』 1931. 11. 52.

148 경성 각여성단체의 진용—근우회, 『신가정』. 270.

서 활동하는 것이 무의미하다고 보고 직접 일반 민중 속으로 들어가야
한다고 하였다.[149] 근우회가 조선의 노농부인의 문제를 전적으로 해결해
주지 못하기 때문에 존재 의의가 없다는 것이었다. 이는 사회주의 입장
에서 근우회가 계급투쟁으로 나아가지 못했음을 지적하는 것이었다.

근우회가 더욱 침체한 배경에는 중앙집행부에서 활동하던 기독교계
여성의 집단 탈퇴에도 한 원인이 있었다. 1927년 말부터 1928년에 들어
서서 근우회운동이 점차 좌파적 경향이 강해지자 자유주의 계열의 여성
운동 지도자가 점차 퇴진하고 여공 파업과 같은 노동운동이 격화되는 사
회적 흐름 속에서 중앙집행위원회 구성이 급격히 좌경화되었다. 이는 전
반적인 사회주의 진영의 흐름에 따라 근우회도 민족협동 노선에서 좌익
노선으로 방향을 전환했다는 의미다. 코민테른의 영향을 받은 사회주의
운동은 모든 문제를 계급과 경제문제로 귀결시켜 여성의 완전 해방은 결
국 사회 구조 변혁과 경제 독립과 같은 체제 혁명을 통해서만 가능하다
고 보았다. 이에 조선 여성의 지위 향상을 목적으로 활동한 근우회에 참
여했던 우익 기독교계 여성은 근우회가 계급
론에 입각한 급진적인 운동 노선으로 바뀌자
이를 탈퇴하기에 이른다.

종교계 녀성예수교이 먼저 발을 끈코 나가고
다음에는 부자집의 따님이나 며눌님들은 흐
지부지하야 나오지를 아니하고 공장의 직공
이나 농사짓는 부인네들은 그에 가입한 수가
극히 적고 다만 남은 것은 사회주의덕 색채를
갓고 잇는 그들 녀성만히 남어잇다는 것이 오

149 "…… 해소파에서는 이론으로 해체와 다르
다고 주장하지만은 현금 형편으로 보아서는 형
식으로나 실질로나 해체와 조금도 다름이 업다
고 보게 되지 안엇습닛가. 이번 해소결의로 말
미암아 조선민중운동상에 획득이 잇다면 아마
민족운동자와 계급운동자가 판연히 분립된 그
것이겟지요. 주의와 정책이 다름에 불구하고
막연한 협동체의 긔발아래 모혀서 상호저주, 상
호명시라는 이보다는 찰아리 백색은 백색, 적
색은 적색, 회색은 회색, 서로 각각뭉처서 전민
족적으로 협동전선을 취할 때에는 가티 진출하
는 것이 유력하겟지요.…" 이인, 신간회 해소와
조선운동의 금후 전망—무엇보다 경제운동,
『혜성』1931. 7. 6.

날의 근후회의 진영이다. 이래의 조선의 녀성운동은 남성들의 사회운동, 대중운동과 언제나 긔치를 가티 하야 왓다. 그는 남자들이 나팔부는대로 이리로 행군하고 저리로 행군하는 그런류라고 보아서는 오해다. 조선의 운동은 계급운동으로 한거름 한거름 보조를 심각히 하고 잇고 녀성운동이란 그것도 그가 한거름 한거름 진전하고 잇슬사록 계급운동의 일부분이 되고 잇는 까닭이다.이럿케 생각하면 신간회가 해소를 부르짓게 되자 근후회도 해소를 부르게 된 것이 결코 남의 장구에 억개춤 춘다고는 못할 것이다.[150]

근우회가 관심을 가지고 지원한 1929년 광주학생운동을 계기로 정종명, 허정숙, 정칠성 등이 배후 조종자로 검거되자 중앙지도부는 계속 분열되었다. 결국 광주학생운동 및 그로 파급된 만세시위 운동에 적극 관여하였던 근우회 간부의 형집행은 운동에도 적지 않은 타격을 초래하였다. 결과적으로 근우회는 1930년 말 이후 극도로 침체되면서 1931년에는 거의 마비상태에 이르렀다. 이는 반일민족운동의 경향으로 근우회 행사 때마다 일본 경찰의 위협과 엄중한 감시로 좌절을 겪으면서 탄압의 초점이 되었던 점도 한 요인이 되었다. 항일구국독립운동에 남성처럼 여성도 평등하게 참여해야 한다는 인식을 갖고 여성해방이야말로 민족을 완전히 해방시키는 것으로 보고 민족협동전선을 형성하여 여성운동을 전개했던 근우회는 자체 갈등과 일제 탄압으로 소멸되었다.

하지만 근우회는 "여성운동에 있어서 과거의 근우회 같은 조직은 실로 주목할 값이 있는 것이었으며 최근에 와서는 여성운동의 표현 단체라고 할 만한 것이 전혀 없다. 물론 여기에는 조선이 특수 지역이라는 이롭지 못한 조건이 있기는 하지마는, 전혀 객관적 정세로만 빙자할

150 김선비, 압흐로 근우회는 엇더케 되나, 『신여성』 1931. 1, 16~17.

광주학생운동의 공판 보도(동아일보 1930. 2. 20)

수도 없을 것"[151]이라고 하는 평가를 받았다. 근우회가 해소된 이후 여성운동은 양 갈래 길을 걸어갔다. YWCA를 비롯한 자유주의적 여성운동단체는 일제의 공세적 영향을 받아 개량주의적 형태로 여성 대중에게 기술강습회와 같은 프로그램을 통해 일정한 영향력을 행사하였다. 반면 봉건적 잔재와 제국주의와의 비타협적인 투쟁을 강조하였던 사회주의 여성운동은 여성을 지도할 수 있는 전국 규모의 투쟁 공간을 확보하지 못한 채 지하로 잠복해 들어갔다. 민족독립운동이라는 절박한 과제를 해결하기 위해 노력하는 상황에서 여성만의 독자적인 별도의 운동 노선은 시급성을 또한 상실하였다. 근우회 해산 이후 1930년대에 들어서면서 여성운동은 농민운동, 노동운동, 학생운동 등 각 부문의 운동 속에서 전개되었다.

3. 기층여성, 역사의 전면으로 나오다

여성노동자가 단결하다　여성 노동자계급은 일제의 근대산업화 과정에서 등장하였다. 일제 자본 하에 구축된 식민지 산업 구조는 정미업, 제사업, 방적업, 고무공업 등과 같이 주로 여성의 값싼 노동력을 기반으로 하는 산업을 근간으로 형성되었다. 식민지 가부장적 체제 하에서 기층여성의 대부분은 가족부양자로서 막중한 역할을 맡아 생계를 위한 노동 현장에 뛰어들지 않을 수 없었다. 그들 중에는 모집원의 감언이설에 속아 공장으로 유입된 경우도 많았다.

일제 독점자본은 이윤 확보를 극대화하기 위해 일본 남성 노동자의 1/4에도 못미치는 저임금 노동력으로 조선 여성을 착취하였다. 특히 나이 어린 여공의 80%가 12시간 이상의 장시간 노동을 강요당하였다. 또한 사생활까지 침범당하는 기숙사 생활과 인신 구속 및 욕설과

151 새해 첫머리에 드리는 말슴 — 여성지도단체의 조직, 『신가정』 1934. 1, 10~11.

폭행, 성희롱과 같은 비인간적인 수모를 겪었다. 만성피로와 불량한 식사로 인한 영양실조, 불결하고 비위생적인 작업환경으로 인해 많은 여공이 직업병과 각종 산업 재해에 시달렸으며 불량품 배상제도, 벌금, 보증금제도 등의 불리한 노동조건으로 고통받았다. 사회주의는 여성 노동자의 임금노예화에 주목하여 자본주의 사회에서의 여성은 "모든 무리한 요구에 순종하고 갖은 모욕을 받으면서도 일순구식—旬九食의 보장"[152]조차 받지 못한다고 지적하면서 극한 궁핍에 의한 여성의 임노동자화를 지적하였다. "여성들의 반역성이 없고 온순한 기질을 이용하여 말썽 없는 임금노예"로 만들었다고 비판하였다.

> 처음 모집원이 말하기는 일은 쉽고 시간을 짧고 돈은 만히 모힐 수 잇고 또 재봉과 료리법 등 그외에도 녀자의게 필요한 것은 잘 가라처주며 또 려행도 식혀주고 이삼년간만 잘하는 사람의게는 시집갈 준비까지 해준다고 햇담니다. 그러나 하로 잇틀 지낼사록 공장에 내막을 알게 되엿음니다. 모집원이 이약이하든 것과는 전부 틀닌 것을! 우리들은 정도에 넘치는 로동과 영양부족, 수면부족으로 몸은 약해질때로 약해짐니다. … 죽게 되는데까지 이르기 전엔 공장에서 벗서나기가 대단히 어렵슴니다.[153]

여성 임노동자의 수가 전반적으로 증대되면서 1920년 4월 조선노동공제회가 창립되었다. 이를 전후하여 전국 각지에 노동회, 노우회, 노동친목회, 노동조합, 노동계 등의 이름을 내건 노동단체가 조직되었다. 여성도 이익을 최소한 확보하고자 여공단체를 급히 조직하였다. '원산여자노우회',

152 이춘수, 신년을 제하여—특히 무산부인에게, 조선일보 1926. 1. 4.
153 최옥순, 12시간 노동을 하고—병상에서 신음하는 폐병환자 여공의 하소연, 『시대공론』 1931. 9.

면사공장에서 일하는 여성 노동자

'부산여공조합', '평양처녀양말직공조합', '연호부인노동조합', '안주염 직소공녀조합' 등이 대표적인 예다. 노조 결성은 여성의 경제적 권리를 지키려는 의식이 신장되었음을 보여 주는 것으로 여성노동운동의 발전 이라고 하겠다. 사실상 이들 노조는 여성 노동자의 절박한 사회 경제적 이해에 기초하는 생존투쟁의 성격을 지닌 것이었다.

여성 노동자는 더 이상 무지와 궁핍에 짓눌려 정치적으로 무력한 대중 이 아니었다. 그들은 여성노동운동을 주도하고 나아가 무산계급 해방의 중요한 동력으로서의 가능성을 보여 주었다. 공장에서 자신들이 처한 열 악한 상황을 개선하기 위해서는 저항이 필요하다는 것을 인식하고 보다 주체적인 노동자로 성장하여 갔다. 여성 노동자의 초기 대응은 개인적인 차원에서 도망치거나 부분적인 태업과 같은 소극적인 저항이었다. 그러나 시간이 흐를수록 시위와 파업과 같은 보다 적극적인 쟁의 형태로 변화되었다. 동맹파업과 같은 노동쟁의는 일상적인 차원에서 여공이 생활하면서 느끼고 있던 문제와 불만이 최대로 집약되어 표출된 행동이었다. 이들은 '여직공의 임금을 생활이 보장될 정도로 지급할 것'[154]과 '남녀소년직공을 동일 노동에 동일 임금으로 할 것'과 같은 요구를 하였다.[155] "세상에서 흔히 여자는 다 어리석고 아무 것도 모르는 무지한 자고 약한 인간이라 하며 더욱이 우리 같은 여공들은 사람같이 보지 않고 무시하지만 이번에 동맹파업을 일으킨 뒤로 여공들의 단결된 굳센 힘은 회사중역들을 놀라게 했다. 우리들은 요구하는 중요한 조건을 들어줄 때까지는 죽음을 굴치 않고 싸울 작정이다"[156]라고 각오를 다지며 강한 투쟁의지를 보여 주었다. 이와 같이 당시 여성 노동자들은 쟁의에 수동적으로 참가했던 것이 아니라 주체적인 파업의 일원으로서 당당한 모습을 보여 주었다.

최초의 여성노동조합은 1923년 창설된 '경성고무여자직공조합'이었다. 경성 지역 고무공장에서 일하는 여성 노동자가 조직한 것으로서 여성 노동자로서는 처음으로 연대 투쟁하여 동맹파업을 단행하였다. 아사동맹餓死同盟을 결성하여 파업을 이끌면서 전국의 노동단체는 물론이고 재일 한국인 노동운동계의 성원을 받기도 하였다. 1924년에 발생하였던 선미여공의 노동투쟁은 "요즈음의 쌀은 티끌이 많으니 한 말에 3전 받던 것을 올려 달라"는 임금 인상에 대한 요구와 "일본인 감독 중에 두 명이 여공에 대한 태도가 좋지 못하므로 파면시켜 달라"는 내용이었다. 이외에도 민족차별 철폐와 여직공에 대한 임금차별 철폐, 단체 가맹의 자유 및 8시간

154 1926년 5월 7일 경성방직 쟁의, 동아일보 1926. 5. 9.
155 1931년 5월 8일 경성방직 쟁의, 동아일보 1931. 5. 31.
156 동아일보 1930. 1. 20.

원산에서 총파업에 돌입한 노동자들

노동제, 직공에 대한 임의 해고와 일제 경찰에 의한 직공 검속, 부서 폐지에 따른 대량 감원에 대해서도 단결하는 모습을 보여 주었다. 이렇게 여성 노동자가 민족적 · 성적 차별에 대한 문제의식을 표출하면서 동일 부분 · 동일 지역 노동자의 동정파업을 이끌어 내면서 서로 협조하는 계급적 연대성을 보여 주었다.

1929년 1월 원산노동자 총파업의 경우는 조직과 계급의식을 강화한 식민지 노동운동의 대표적인 사례였다. 장기간에 걸쳐 적극적으로 대응함으로써 노동운동이 단순히 노동자의 이익만을 위한 투쟁이 아니라 민족운동임을 극명하게 보여 주었다. 초기에는 임금 인하에 반대하면서 일어났던 파업이 후에는 산전 산후 3주간 휴양 및 수유 시간 보장과 같은 모성보호를 요구하며 여성 노동자의 특수한 사항을 강조하였다. 이는 단순한 생존권적 요구를 넘어서 여성 노동자로서 권리를 확보하고자 한 것이었다. 일찍이 조선여성동우회와 근우회 등 여성단체가 주요 강령으로 근로 여성의 모성보호를 설정하여 여성 노동자에 대한 사회의 보호를 요구하였던 기본 의식이 반영된 것이라 하겠다.

1930년대 들어와서는 특히 고무공업 분야에서 여성 노동자의 쟁의가 많이 발생하였다. 이는 1920년 이후 급격히 성장한 고무신 공장이 공황을 맞아 임금 인하를 단행하면서 빚어진 결과였다. 1931년 5월 평양 평원고무공장의 파업의 경우는 여성 노동자가 새로 고용된 노동자의 조업에 항의하여 투석하거나 공장을 습격하고 무장 경찰대와 충돌하는 등 과격한 노동운동의 행태가 등장하였다. 파업에 참여했던 여성 노동자들은 단식동맹을 조직하여 공장을 점령하며 농성을 전개하였다. 대표적인 파업주동자였던 강주룡은 평양 을밀대에 올라가 무산자의 단결을 호소하며 여직공의 노동 생활의 참상을 고발하고 고용주를 타매하는 연설을 하였다. 이렇게 평원고무공장 노동자의 투쟁이 진행되는 동안 주변의 공장에서도 동정파업이 일어났고 사회 노동단체에서도 적극적인 지지와 응원을 결의하였다.

> 평양고무쟁의 때의 부인노동자의 영웅적 투쟁을 회상하면 족한 것이며 이 외에도 우리는 지배권력의 언어도단한 강압에도 불구하고 이르는 곳마다 노동조합, 농민조합의 확대강화. 조합부인부의 확립 등의 새조직이 이미 건전한 축성의 토대가 자리 잡히기 시작한 것을 보고 잇다. 그럼으로 근우회의 동면이나 사멸을 보고 곳 여성운동의 침체를 말하는 것은 가을날의 낙엽을 보고 수목이 고사한 것으로 단정하는 것과 같은 우견이다.[157]

1930년대 이후 좌익적색노조운동은 사회주의 색채가 농후하여 대중시위와 공장습격,

[157] 과거 일년간의 조선 여성운동, 『동광』 28호, 1931. 12. 14.

폭동, 아사동맹 등과 같은 비합법적인 폭력투쟁으로 나아갔다. 이처럼 여성노동이 활발해지면서 전국 조직으로서 '조선노동총동맹회'는 여자부를 따로 두어 여성노동운동을 조직적으로 지도하였다. 일제로부터 정치경제적, 사회적으로 가장 밑바닥에서 수탈당하던 여성 노동자는 치열하게 자신의 권리를 주장하며 생존을 위한 격렬한 투쟁을 전개하여 전체 노동운동의 지평을 넓히는 데 일조하였다.

여성 농민, 생존권 투쟁 일제 식민통치에서 약탈의 주 대상은 농민이었다. "조선의 급격한 자본주의화는 자급자족 경제의 근저를 그만큼 급격하게 동요시키고 말았다. 따라서 전업 혹은 부업으로 가내 수공업에 종사하던 무수한 농촌 여성은 갑자기 생산적 지위에서 순소비자적 지위로 경제적 지위가 바뀌지 않을 수 없었다. 그리하여 그들 대부분은 농업에만 귀의하여 생계를 세우게 되었으나 화폐경제 시대의 교환 경제는 농업경제의 수지 불균형을 필연적으로 초래하게 되어 농촌의 빈곤은 격화되었고 그 사회적 과잉인구에 의해 이촌현상이 현저히 나타나게 되었다."[158] 이처럼 농촌은 피폐화되고 여성 농민은 남성에 비해 두 배 이상의 노동을 행하고 있음에도 제대로 대접받지 못하는 비참한 상황에 놓였다.

토지조사 사업과 산미증식 계획과 같은 일제의 국가총동원체제 속에서 농민 여성의 빈궁한 상황은 1930년대에 들어 극도에 달했다. 조선 농촌과 여성 농민의 삶은 일제와 친일지주 및 자본가들의 이중적인 착취로 참담한 실정이었다. 당시 발생하였던 무수한 소작쟁의는 조선 농촌의 일반적인 사회현상이 되었다. 소작쟁의의 원인은 주로 소작인에 대한 착취나 소작권 관계가 대부분으로, 농민은 소작권 이양과 소작권 박

158 이여성, 여성조선의 현상과 추이(상), 『신가정』1936. 3, 150.

탈 반대, 소작률 인하를 요구하였다. 또한 지주에 대한 무상노역이나 물품증여의 관습에 반대하며 점차 지주의 착취적 성격을 인식하는 계급운동의 성격을 띠게 되었다.

이러한 차원에서 1920년 4월 '조선노동공제회'가 결성되면서 농민운동이 활발해졌다. 조선노동공제회는 "조선 노동 사회의 지적 계발과 저축장려, 위생사상 향상, 환난구제 및 직업소개, 일반노농운동의 상황조사"와 같은 내용의 행동강령을 채택하여 노동자와 농민에 대한 계몽활동과 노농단체의 결성을 도모하였다. 이들은 특히 소작인 조합운동에 대해 관심을 보이면서 식민지 농민운동을 한 단계 발전시키는 역할을 담당하였다. 이어 1923년 계급의식을 보다 강조하면서 '조선노동연맹회'가 조직되었다. 소작인 조합이 면, 리 단위의 소규모 형태로 고립분산되어 조직되었던 것을 지양하고 공동투쟁의 필요에서 군 단위 지역연합체로 통합시켰다. 일상화되기 시작한 소작쟁의는 농민의 정치의식이 고양되면서 자라난 기본적인 생존권 투쟁의 결과였다. 이는 다시 1924년에 '조선노농총동맹'[159]이 발촉하면서 조선의 노동자, 농민운동이 무산계급 해방운동임이 명시되고 기층민중의 노동문제, 소작문제, 이민문제 등을 구체적으로 제기하면서 이들의 생활고 해결을 위한 투쟁의 선두에 섰다. 1927년 조선노농총동맹에서 '조선농민총동맹'이 분리, 독립하였다. 조선농민총동맹은 "단결하여 단체의 위력으로 자본가 계급과 싸우고 농민계급을 해방하여 완전한 신사회 건설을 기약한다"고 하며 대중적 차원의 농민운동의 형태로 발전하여 소작쟁의를 적극적으로 지도하였다.

여성 농민운동은 1924~1925년경 사회주

[159] 1.오인은 무산계급을 해방하여 완전한 신사회의 실현을 목적으로 한다. 2.오인은 단결의 위혁으로써 최후의 승리를 얻는데까지 철저히 자본계급과 투쟁한다. 3.오인은 노농계급의 현 생활에 비추어 복리증진 및 경제적 향상을 도모한다.

전조선노농총동맹 창립총회

의 농민, 청년, 여성단체 등이 농민 여성에게 야학이나 강연회, 강습회 등을 통해 의식을 계몽시키고 문맹퇴치운동을 실시함으로써 더욱 촉발되었다.

조선의 70 퍼센트 이상이 농촌부인이라면 이 다대수의 녀성대중을 무시하고 다른 운동 다른 문제를 먼저 운위한다는 것은 아무래도 선후착오일 것같습니다. … 과거에 잇어 전체운동의 한부분으로 밖에 더 취급되어오지 않은 이 방면의 운동은 극히 잘못된 일이 아닐 수 없습니다. 먼저 그들의 자각과 각성을 촉진케 함은 곧 농촌진흥—다시 말하면 우리들의 살림사리를 윤택케 함 …[160]

160 이정호, 농촌 여성을 위하야, 『신가정』, 286.

1930년대 본격화된 소작쟁의 형태의 농민운동은 일제의 수탈적인 농업정책을 비판하면서 여성 농민의 의식화와 조직을 중요한 과제로 다루었다. 결과적으로 가장 보수적인 집단인 여성 농민이 자신의 경제적 권리를 위한 투쟁을 전개하였다. 여성 농민은 각종 여성단체, 농민단체, 청년단체 등에 소속되어 운동 역량을 키워 나갔다. 농민조합 강령에 "국고부담의 탁아소와 무료 산파원의 설치, 농촌 여성에 대한 정치 사회적 차별대우의 철폐, 여성을 위한 야학 설치, 일제 어용단체인 여자청년단과 부인단 등의 즉각적 해체"와 같은 사항을 명시하며 여전히 농촌 지역에 잔존하여 여성을 억압했던 일체의 악법과 구태를 폐지할 것을 주장하였다. 혁명적 농민운동 단체에 부녀부가 설치되면서 더욱 여성 농민에 대한 인식에서의 발전을 보여 주었다. 특히 사회주의 여성단체는 여성 농민에게 야학이나 독서회, 강습회 등을 통해 사회주의 혁명이론에 대한 의식화에 주력하면서 관청을 습격하거나 데모를 할 때 유의할 행동방침을 교육하기도 하였다.

> 야학생은 전부가 무산아동과 학령이 넘는 성인으로 그들은 밥에 주렷으나 먹을 길이 업고 지식에 주렷으나 배울 기회가 업시 이 사회에 대하야 가득한 불평을 품은 이들이다. 그럼으로 그들의 공부하는 태도는 진지하고 열렬하며 그 정신은 어데까지 반항적이엿다. 그들이야말로 장래 농민운동의 참된 일군일 것이다. 더욱이 754인의 처녀와 부인 야학생의 향학열은 놀낼만치 극렬되엿다. 하기천의 진흥리산오에서 열닌 농촌문제 강연 갓흔때에는 부인이 15리 밧게서 일부러 청강하러 온 일까지 있었다.[161]

161 한장경(1927), 함흥농민교육자의 조사를 맛치고, 『조선농민』 제3권 12호.

농촌계몽운동에 나선 여학생

농촌 여성은 배울 기회조차 없었기에 야학에 대한 태도가 진지하였으며 상당수가 참석하였다. 소작쟁의 과정에서 대부분의 여성 농민 조합원은 교육 활동과 여성에 대한 감시가 약하다는 점을 들어 선전물을 운반하거나 배포하는 등의 역할 및 연락책을 맡았다. 설사 조직원이 아니라도 여성 농민은 혁명군 가족의 일원으로 농민운동에 참가하였다. 예컨대 1930년 단천삼림조합 반대투쟁이나 1931년 대동군 미림수리조합 지역소작인회에서 일어났던 투쟁에서 수세, 지세 등 공과금 지주부담을 위한 요구에 여성 농민도 참가하여 그들의 권리를 주장하였다. 또한 '암태부인회'[162]의 고백화나 '안동 풍산소작부인회'의 강경옥 등은 개인적으

162 전남 무안군 암태도 소작쟁의는 1923년 암태도소작회가 결성되면서 이제까지 7,8할에 가깝던 소작료를 4할로 내려줄 것을 요구하면서 타결될 때까지 소작료의 불납을 결의하면서 발생하였다. 1924년 3월 지주인 문재철이 테러단을 동원해 소작인회를 습격하여 폭행하면서 소작인들과 무력충돌이 발생하여 간부소작농이 목포경찰서에 감금되었다. 그러자 암태소작회에서는 청년회, 부녀회와 공동으로 시위를 전개하여 집단 단식농성을 하는 등 거의 1년 동안 조직적인 투쟁을 전개하였다.

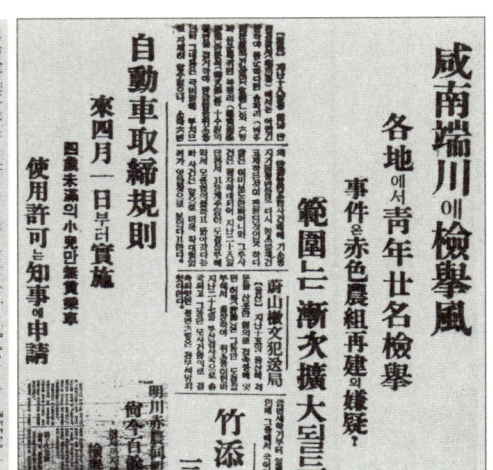

단천과 명천의 농민조합운동

로 농민단체에 참가한 대표적인 여성이었다. 1923년 암태 여성농민운동
은 암태부인회가 창립되면서 여성 농민에 대해 교육을 장려하고 미신습
관을 폐지하며 회원 간의 애경사에 대한 문상과 의복개량을 강조하였다.
또한 암태 소작쟁의에도 적극적으로 참여할 것을 권유하여 여러 여성이
지원하였다. 당시 지주와의 대결에 암태소작회, 암태청년회 대표와 함께
부인회 대표로 고백화가 참가하면서 구금 당한 농민에게 사식을 공급할
것을 결의하였고 여성 농민의 특수한 문제로 축첩 폐지와 여성에 대한
악습을 개선할 것을 주장하였다. 이처럼 여성 농민도 자신의 처한 현실
에서 작지만 변화를 모색하려는 주체가 되었다.

해녀투쟁, 그 역사적 의미　민중 여성의 생존권을 확보하려는 운동 사례
는 1930년대 제주도 해녀투쟁에서 절정에 이르렀다. 해녀투쟁은 생산자
로서 정당한 경제권을 확보하기 위해 해녀들이 공동으로 일으킨 사건이

농민운동관계 잡지

었다. 일제 식민지 시기에 발생한 최대 규모의 민중 여성운동이었다. 이는 1930년대 들어서 일제의 수탈이 심해지면서 당시 제주 어업조합장이자 제주도사島司였던 일본인 다구치가 해녀를 상대로 입어료를 받고 어획물 판매권을 독점하는 등 수탈의 강도를 높여가자, 이에 견디다 못한 해녀들이 1932년 1월 북제주군 구좌읍 주재소를 순시 나온 다구치를 포위하면서 전개되었다. 해녀들의 투쟁은 공동판매시 해산물의 가격 사정과 등급 검사에서 해녀조합의 부정이 지적되면서 시작되었다. 처음에는 300여 명의 해녀가 호미와 비창을 들고 구좌면 하도리에서 세화시장까지 시위하는 형태였으나 인근 해녀까지 합세하면서 대열이 늘어나 장날에 모인 수천 군중에게 해녀조합의 비리를 폭로하며 더욱 확대되었다. 해녀들은 해녀조합의 운영권 확보를 주장하며 자신들의 권익을 보장받고자 하였다. 이 사건은 첫 시위가 발생한 이후 제주 전역에 걸쳐 연인원 17,000여 명이 참여하는 대규모 시위로 이어졌으며 1931~32년 사이에 제주 해녀의 항쟁은 200여 차례 이상 계속되었다. 이러한 투쟁은 주모자인 해녀와 배후 세력으로 지목된 청년이 검속되면서 소강상태로 들어갔다.

> 그 원인을 캐여보면 구좌면 하도리 해녀에게는 소화昭和 5년도 이래 생복
> 을 조합에서 팔아주지안코 지정매수인인 고태영高泰英이란 사람에게 팔게 하
> 얏는데, 고태영은 먼저 본 조합과 게약할 때 정한 지정가격에서 훨신 그 갑
> 을 내려달라고 해녀들에게 강요하얏스나 해녀들은 그를 거절하얏다. 이때
> 문에 고태영은 조합에 게약금만 거러논 채 생복 매수를 중지하고 잇섯다.
> … 해녀들은 모다 호미와 비창을 들고 물속에서 일할제 차리는 그대로 사람
> 들이 물끌듯하는 시장중앙에 모혀서 그들의 불평불만을 토했다. … 그 때
> 해녀들이 제출한 요구조건은 다음과 갓헛다. 1. 감태재를 곳 팔어달라 2. 생
> 복 팔지못한 손해배상을 내노하라 3. 상인을 위한조합서기면직 4. 간상奸商
> 고태영과 이궁=宮의 지정매수권 취소 5. 40세 이상과 20세 미만의 조합원에
> 게는 조합비를 면제하라 6. 지정판매 반대 등[163]

그러나 해녀투쟁의 성과로 지정판매제의 폐지와 경쟁입찰에 의한 공
동판매가 부활되었고 부정을 저지른 조합 서기와 상인이 10년 동안 조합
을 관계할 수 없도록 했으며 50세 이상 해녀와 미성년자들이 출가시 조
합에 내는 수수료를 면제하는 등 해녀의 요구 사항이 수용되었다. 이 사
건은 해녀조합이 관제조합으로 바뀌면서 공판부정과 자금횡령이 발생하
자 해녀 자신이 생산자로서 스스로의 경제권을 쟁취하기 위해 연대 투쟁
하면서 조합의 운영권 확보를 주장한 것이었다. 이처럼 해녀들이 치열하
게 투쟁을 전개할 수 있었던 것은 그들의 생
산물인 해산물 처리 과정에서 해녀조합이나   163 유송, 해녀 떼모사건의 진상, 『비판』 1932.
상인의 부정과 횡포를 직접 목격하면서 이러   9.

한 불리한 현실을 타개하기 위해서는 힘을 모아야 한다는 것을 인식하고 있었기 때문이었다. 그들은 야학을 통해 식민지 조선문제에 대해 미약하나마 정치 의식을 갖고 있었다.

> 해녀의 권익을 지켜줘야 할 조합장이자 도사라는 사람이 자기네 일본인 뱃속만 불리는 일만 하는데 참을 수가 있어야 말이지 … 그 때 야학소의 선생님들이 가르쳐 준 민족의식이 발동한 거지[164]

이처럼 일제 식민지 사회에 최저변에 놓여 있던 해녀도 생존을 위한 치열한 투쟁을 전개하였다. 해녀의 항일투쟁을 지원하기 위해 사회주의 색채가 강했던 청년결사체인 '혁우동맹'이 가담하기도 하였다. 식민지 시기의 최대의 여성투쟁으로 해녀투쟁은 역사적·시대적 상황에 눈뜬 민중 여성이 사회 경제적 주체로서 자신을 자각하면서 발생한 것이라 하겠다.

여성운동의 굴절, 그리고 변화

일제 시기 여성운동은 자유주의와 사회주의 세력이 두 개의 축을 형성하면서 때로는 분열하고 때로는 통합하며 여성해방운동을 전개하였다. 1920~30년대까지 활발했던 여성운동은 일제 말기로 접어들면서 친일 여성단체 활동으로 변질되거나 교조적 사회주의 계급운동으로 흡수되면서 퇴색했다. 1931년 일제의 만주사변을 기점으로 준전시 체제로 돌입하면서 일체의 조직적인 사회운

164 수탈에 맞서 해녀항일투쟁 주도: 김옥련 씨 등 독립운동 유공자 광복절 훈·포장, 중앙일보 2003. 8. 13.

동이 더욱 탄압되어 여성운동도 상황적 한계에 봉착하였다. 지도급 여성의 친일화 혹은 해외 망명과 잠적으로 여성운동은 더욱 침체 국면이 가속화 되었다.

그러나 국내 여성운동의 침체와는 달리 해외의 여성활동은 주목할 만한 값진 것이었다. 여성은 항일독립운동에 적극적으로 지원하며 조선 사회의 해방을 가져오는 견인차 역할을 담당하였다. 국외에서 여성의 항일운동은 미국을 비롯해 일본, 간도 및 러시아령 중국 등지에서 활발히 전개되었다. 조선을 떠나 해외 각지에 흩어져 있던 여성은 조국의 광복을 위해 직접 독립전쟁에 헌신하거나 독립운동단체에 정신적, 물질적 지원을 아끼지 않았다. 뿐만 아니라 조선 독립을 위해 유격대활동과 같은 무장투쟁에도 적극 참여하였다. 일제 말기에 접어들면서 열악한 사회 상황으로 사실상 여성의 사회 참여는 민족독립운동의 형태로 수렴되었다.

일제 식민지 시기 모순된 사회 구조 속에서 여성은 자신의 문제를 인식하기 시작하였고 불평등한 봉건문화에 반기를 들고 공동으로 운동을 전개할 필요성에 대해 공감대가 형성되었다. 가장 열악하고 척박한 사회적 현실 조건에도 불구하고 여성은 여러 차원의 사회운동에 적극 동참하였으며 대다수의 여성은 좌절하지 않고 우리 역사를 유지시켜 온 초석이 되었다.

1. 일제 말 여성운동

여성지식인의 친일세력화 1930년대 이후 점차 여성운동은 친일 관제 여성단체 활동으로 변질되었다. 대표적인 우익 여성지도자가 일제 말기로 가면서 식민지 지배에 협조하는 형태로 일제와 타협하고 친일화 하였다. 그들은 민족개량주의를 주장하며 농촌진흥운동, 소비절약운동, 실력양성론에 입각하여 재봉강습회와 같은 실용적인 여성 교육에 주안점을 두고 여성활동을 전개하였다. 일제의 황민화 정책과 전시동원 정책이 강화되면서 우파 여성지도자들은 일제의 동화주의 정책에 추종하여 '내선일체'의 논리를 충실히 받아들였다.

> 이즘 내선일체라는 말이 비상한 활기를 되고 문제가 되어있고 또 그 행동이 실천화에까지 이르게 된 것은 참으로 반가운 일입니다만 남자측의 활동에 비하면 우리 여성측의 활동은 너무도 뒤떨어진 감이 있다고 봅니다. 최근까지 조선의 부인은 사회적 무대로부터 그 그림자를 감추고 이 문제에는 아주 침묵을 지키고 있읍니다. 과거에도 조선의 부인운동이라는데 대해서 남자는 그렇게 관심을 두지 않았다고 보거니와 지금부터는 남녀동지가 국가적 입장에서 내선일체의 사업에 단결 협력해 나아가기를 희망하야 마지 않읍니다. 현재에는 조선의 부인문제도 내선일체의 입장에서 생각하는 것이 가장 이상적이오 또 그것만이 가장 바른 현실성을 가지고 있다고 생각합니다. … 이제부터는 내선일체의 대업에 있어 참으로 현실성 있는 부인운동이 전개되리라고 압니다.[165]

그들은 조선과 일본이 생활양식과 문화를 교류하며 내선일체의 큰 역사를 만들어 가는 데 여성운동이 매진하자고 하였다. 당시 일제는 식민지 지배정책의 수단으로 내선일체론을 내세워 일본인은 일등 국민, 조선인은 이등 국민으로 치부한 것이었으나 친일 조선인은 조선의 독립은 더 이상 불가능하다고 판단하여 일본으로부터의 차별에서 벗어나 차라리 일본인으로 동화되어 일등 제국의 국민으로 생활하는 것이 낫겠다고 생각하여 내선일체

165 내선일체의 실천과 부인, 『여성』 1940. 1.

론에 동조하였다. "내선일체 운동에 있어서 '국방부인회', '애국부인회' 같은 그런 기관이 생겨 내선의 부인이 서로 만나서 이야기하는 기회를 갖게 된 것은 서로를 이해하는 데 큰 도움이 됩니다. 그러나 일본 부인들은 아직 조선 부인을 모르기에 이러한 폐를 없애기 위해서 하루 빨리 서로 만나 참으로 조선 부인을 이해하도록 서로 접촉을 갖고 조선을 이해시켜야 할 것이 무엇보다 급선무입니다"[166]라고 하였다. 이러한 생각에 바탕을 두었던 자유주의 여성지도자들은 점차 변절해갔다. 이들 친일 여성지식인은 조선인이 완전히 일본인으로 동화되어야 한다고 하며 일본인으로부터 차별대우를 받지 않으려면 무엇보다 조선 여성이 실력을 기르는 것이 급선무라고 하였다. 결과적으로 일제의 집요한 친일화 공작으로 자유주의 여성운동을 이끌어 왔던 여성지식인이 친일의 길을 걸었던 것이다.

우리는 여자된 몸이라 총을 들고 전장에 나서지는 못하나 총대 뒤에서 나라에 다하는 것이 있어야 하겠읍니다. 총을 들고 제일선에서는 용사들이 나라와 집에 마음이 안뇌이어서는 안될 것입니다. 나라와 집은 그들이 없어도 아모 염려 없도록 안정케 하는 일이 실로 어려운 일인데 이 안정이라는 것이 돈 우리 가정 여성의 크나큰 의무입니다.[167]

대표적인 친일 여성으로 모윤숙, 노천명, 최정희와 같은 문인[168]은 '조선임전보국단부

166 이숙종(성신가정여학교장), 내선일체와 부인, 『여성』 1940. 4. 16.
167 이정희, 우리는 총대의 뒤를 맡은 자들, 『여성』 1939. 5. 19.
168 복거일은 계간지 『철학과 현실』(2003.6)에 실린 "친일문제에 대한 합리적 접근"이라는 논문에서 '친일'이나 '친일 행위' 하는 표현보다는 '친체제 행위'나 '친체제파'라고 하는 것이 정확하다'고 하면서 친일파에 문인들이 많은 이유가 녹음이나 녹화가 보급되지 않았던 당시, 주된 역사적 기록은 문헌으로 남을 수밖에 없기에 글을 남긴 사람들이 친일파로 많이 지목되었다는 것이다. 동아일보 2002. 5. 29.

인대' 등을 통해 여성을 전쟁터로 동원하는 행렬에 앞장섰다. 제1차 세계대전에서 이긴 일본이 1930년대 만주까지 점령하자 독립에 대한 전망이 어두어져 간다고 본 이들은 "이제 조선인들이 할 수 있는 것은 일본에 완전히 동화되어 식민지 처지에서 벗어나 '내지'와 동일한 지위를 누리는 것뿐이라고 생각하였다.

선구적인 여성지도자였던 김활란도 조선부인문제연구회, 국민정신총동원조선연맹, 임전대책협의회에서 친일활동을 하였다. 1943년 12월 일본이 전시교육임시조치령을 발표하여 이화전문학교를 폐교하고 '여자청년연성소'라는 이름의 6개월 과정의 농촌지도자양성소를 만들었을 때에도 김활란은 매일신보를 통해 "아세아 10억 민중의 운명을 결정할 중대한 결전이 바야흐로 최고조로 달한 이때 어찌 여성인들 잠자코 구경만할 수가 있겠습니까. 그러나 싸움이란 반드시 제일선에서만 있는 것은 아닙니다. 이런 의미에서 우리 학교가 앞으로 여자 특별연성소 지도원양성기관으로 새로운 출발을 하게 된 것은 당연한 일인 동시에 생도들도 황국여성으로서 다시 없는 특전이라고 감격하고 있습니다" 라는 내용의 글을 발표하였다. 또한 전쟁 막바지에 여성의 측면 지원이 중요하다고 하며 물자를 근검절약하고 저축해야 한다고 강조하며 이것이 나라의 은혜에 보답하는 길이라고 역설하기도 하였다. 또한 '애국금채회'에 발기인으로도 참여하면서 일제의 침략전쟁에 여성이 먼저 금비녀를 뽑아 바치자고 하였다. 그리고 그가 몸담고 있었던 조선 YWCA를 일본 YWCA에 통합시키려고 하였다.

우리 일본의 세계적 지위와 실력을 재인식하고 전시체제의 확립강화에 힘써서 동아 신질서 건설, 즉 세계신질서 이라는 일대사업의 완성에 융왕마진

하지 않으면 안될 것입니다. 현하의 핍박한
세계적 위국(危局)에 직면해서 오직 실력 그것을
가지는 것이 모든 것을 해결하는 전제조건이
될 것입니다. 이러한 정세를 가정이 깊이 인
식하고 내조하는 것이 큰 힘임은 우리 이란
가정은 다시 한번 재인식하지 않아서는 않될
것입니다.[169]

애국금채회의 금모으기 활동

 이와 같이 당시 친일 여성지식인은 '창씨
개명'을 하고 일본의 진주만 공격 이후에는 전국을 순회하며 부인총궐기
촉구 강연회나 시국부인강연회, 학병권유 부인계몽독려반에서 강연 등
을 하였다. 또한 각종 잡지에 일본에 협조하는 글을 발표하였다. 이처럼
자유주의 여성운동을 이끌었던 대부분의 여성지도자가 변절하는 모습을
보여주면서 그들의 개량주의적 여성운동은 식민지 체제에 순응하는 여
성상을 교육하였다.

 교조적 계급운동으로 흡수   진보의식을 가졌던 사회주의 청년여성은 직
접 민중운동의 지도체계를 형성하면서 자유주의적인 시기적 단계론과
실력양성론으로는 상황을 유리하게 끌고 갈 수 없다는 문제의식 속에서
직접투쟁을 강조하였다. 이들은 무산민중여성을 주체로 하는 사회주의
여성운동을 통해 식민지 조선의 민족해방과 여성해방의 문제를 함께 해
결하고자 하였다. 따라서 근우회 해체 이후
좌우익의 민족협동전선보다는 노동자 농민에
의한 적색노조, 농조운동을 보다 강조하며 사

169 신동아 건설과 가정의 내조, 『여성』 1940. 9.
 25.

회변혁을 이룩하려는 투쟁을 가속화하고자 하였다.

그러나 좌파 지도부의 계급운동으로 방향 전환은 결과적으로 여성운동이 성별 관점을 유보한 채 반제 반봉건을 주장하는 계급운동에 흡수되도록 하였다. 사회주의 여성지식인은 관념적으로 사회주의 이론을 받아들여 여성문제를 교조적으로 식민지 조선 사회에 적용하고자 한 측면이 있었다. 또한 사회주의 여성운동에 앞장섰던 허정숙, 박원희, 주세죽 등 일부 여성지도자의 경우 당시 공산주의 운동의 주역이었던 김원근, 김사국, 박헌영 등에게 사상적인 영향을 받아 사회주의 운동이라는 전체 운동의 고리 속에서 여성문제를 파악하고자 하였다. 이들은 사회주의 지하운동을 하던 시기 '맑스 걸', '엥겔스 레듸'로 불리면서 사회주의 사상운동에 동참하면서 동시에 진보적인 사회 혁명을 위한 동지적 연애를 펼치기도 하였다. 민중여성 중심의 사회변혁을 기도하였지만 남성 주도의 사회 계급운동에 포함되어 조선 여성의 고유한 문제보다 점차 공산주의 계급운동에 동원되는 양상을 보여 주었다. 이들은 사회주의 여성단체를 무산계급 여성의 단결과 투쟁적 교양을 내세우며 민중의 승리를 쟁취하기 위한 전위부대로 인식하였다.

이러한 상황에서 태평양전쟁이 발발하자 더욱 엄중해진 일제 탄압체제 하에 사회주의 여성운동은 점차 조직이 와해되면서 소그룹 서클의 형태를 띠며 지하화하였다. 그나마 규모가 큰 그룹으로는 경성콤그룹, 건국동맹, 자유와 독립그룹, 공산주의자협의회 등이 있었으나 반제투쟁이 상대적으로 강조되면서 여성문제에 대한 사회주의 여성의 영향력은 줄어들었다. 일제 말기 징병, 징용, 공출과 같은 전시 약탈정책이 강화되면서 일반 민중의 불만이 높아지자 여성 대중의 자생적인 투쟁을 측면 지원하는 차원의 활동을 전개하였다.

민중 여성의 동원과 수탈, 그러나 저항　일제 식민지 구조에서 여성 농민과 여성 노동자의 현실은 성별 분업과 민족적 차별이 중첩적으로 작용하였으므로 여성은 노동운동, 농민운동을 통해 자신의 권리를 찾고자 저항하였다. 그러나 일제 말기에 들어서 여성은 더욱 식민지 국가에서 계속적인 동원과 수탈의 대상이 되었다. "전지戰地에 나서는 데 있어 부인보다도 남성이 우월한 기능을 발휘하는 동안 이 경향은 더욱 더 증가" 되었다.

> 조선에 있어서의 새로운 자본제의 산업의 발달은 대부대의 부인의 진출을 차츰 요구하게 되었다. 비로소 명실이 상부하는 부인의 근로자가 대량적으로 사회 구조의 부름에 응하여 등장하게 된 것이다. … 부녀자를 집안에 가두어 두던 낡은 사회적 관습 보다는 그들에게 생활의 자資를 도움 받아야 하는 가난한 가정의 현실이 훨씬 더 강력하였던 것이다. … 사회는 앞으로 더욱 더 부인네들께 직업을 요구하고 가정 외에서 근로하는 부인을 대망하게 될 것이다.[170]

1930년대 후반 이후 일제 탄압이 강화되면서 혁명적 농민조합이나 혁명적 노조운동과 같은 조직운동은 사실상 거의 불가능하였다. 이에 국내의 민중은 일제의 탄압망을 피할 수 있는 투쟁방식을 선택할 수밖에 없었다. 일정한 조직과 형태가 없는 상태에서 혁명적 농민조합운동은 물론 노동쟁의 역시 거의 소멸상태에 이르렀다. 그러나 일제의 황민화 선전에 맞서 민중은 학교나 관공서 등 공공건물에 일제 패망과 반전반군을 선동하는 내용의 낙서를 하거나 거리에 전단지를 뿌리며 조선 독립의 필연성과 일제 선전의 기만성을 폭로하였다. 농산물의 강제공출과 노

170 김남천, 여성의 직업문제, 『여성』 1940. 12, 26~29.

동력의 강제동원과 같은 각종 전시정책에도 비조직적이지만 반대투쟁을 멈추지 않았다. 여성은 보국대나 여자근로정신대에 동원되는 상황에서 도망하거나 저항하였다. 또한 일제의 군수물자 생산과 침략전쟁을 수행하는 데 타격을 주기 위해 수확물을 은닉하거나 공출을 기피하는 등 일제와 충돌하였다. 여성노동자들은 일제의 노동군사화정책에 반대하는 투쟁으로 태업을 선택하였다. 일제의 가혹한 식민지정책이 진전됨에 따라 민중 여성이 무차별적으로 동원되고 수탈당하면서 나타난 필연적인 현상이었다. 이렇듯 분산적이지만 일상적인 반대투쟁을 통해 여성은 소극적이나마 항일운동을 전개하였다

그러나 일제의 파쇼체제가 강화되고 대륙침략전쟁이 본격화되면서 노동착취와 가혹한 노동통제를 강화하자, 노동운동과 농민운동을 더 이상 전개하기 어렵게 되었다. 국내 노동조합과 농민조합이 각지에 흩어져 실제 세력을 모아 민중 여성운동을 통일시킬 수 있는 조직체가 부재한 상황에서 이는 더욱 어려울 수밖에 없었다. 이에 민중 여성운동은 사실상 한계를 보이면서 일제의 혹독한 탄압으로 지하로 잠입하고 활동범위가 축소되었다. 민중 여성은 낮은 교육 수준과 만성적 기근, 최저 생계도 보장받지 못하는 처절한 가난 때문에 국내를 벗어나 점차 중국 및 러시아, 미국 등 해외로 이주하는 처지에 이르렀다. 결국 일제는 여성 민중을 철저히 수탈·유린하여 최저변에 놓였던 여성이 그들의 생존을 위해 처절한 투쟁을 전개하게 만들었다.

2. 결사항전, 해외로 나가는 여성

상해임시정부에 지원과 동참 3·1운동 직후 지속적인 항일운동의 수행과 통일적인 독립활동을 위해 1919년 9월 중국 상해에 임시정부가 수립

되었다. 우익 민족주의 진영은 임시정부를 독립운동의 최고 기구로 여기고 이를 구심점으로 독립운동을 추진하고자 하였다. 상해임시정부는 민족의 대표 기구인 동시에 독립운동을 지도 통할하는 최고 중추 기구가 되었다.

여성의 사회운동 역시 일제 말기에 접어들면서 사실상 민족독립운동으로 수렴되었다. 3·1운동에서 여성의 적극적인 투쟁은 여성의 존재를 사회의 구성원으로 인식하게 해 주었으며 이후 상해임시정부에 대한 여성계의 적극적인 지원은 두드러졌다. 교사, 학생, 여성지식인층을 중심으로 비밀단체를 조직해 점차 각계 각층의 여성이 참여하는 형태로 나타났다. "연약한 여자의 몸이어서 무기를 메고 전장에 나가지 못하지만 여자의 신상에도 권리와 의무가 있는데, 이 권리와 의무를 행하지 못할 때 여자는 살아 있다고 할 수 없다. 독립 사업이 남자에게만 맡길 것이 아니라 여자도 독립의 후원에 한마음으로 힘써야 한다"고 하며 임시정부에 대한 동조와 재정지원 문제를 담당했던 것이 바로 여성단체였다.

예컨대 서울 중심의 '대한민국애국부인회'와 평양중심의 '대한애국부인회' 등은 일제의 사찰이 강화되면서 핵심관계자가 피검되거나 투옥되는 등 심한 탄압을 겪으면서도 여러 차원의 지원을 아끼지 않았다. "국민으로서 제 나라를 사랑하지 않으면 그 나라를 보존하기 어려운 것은 아무리 우부우부愚夫愚婦라 할지라도 알 수 있을 것이다. 우리 부인도 국민의 하나로서 국권과 인권을 회복할 목표를 향하여 전진해야 한다. 국민성 있는 부인은 용기를 분발하여 그 이상을 갖고 단합할 것"을 강조하면서 적극적이고 조직적인 활동을 전개하였다. 이렇듯 당시 여성은 여권 향상을 국권회복과 동일시하여 '대한민국애국부인회'의 경우 일종의 비밀독립운동단체로서 전국에 걸쳐 조직망을 형성하여 군자금을 임시정부에

송부하는 등 큰 활약을 하였다. 뿐만 아니라 상해임시정부를 비롯하여 상해 독립신문사를 지원하였으며 만주동포 구제금, 국내수재 의연금, 고아원 원조비 등을 마련하여 사회구제 사업에도 노력하였다.

한편 훈춘에서도 '훈춘애국부인회'가 결성되어 국내에서의 '애국부인회' 설립과 발맞추어 독립전쟁을 지지하며 여성 교육과 여권 확립, 상이군인을 구호하는 등의 후방지원을 아끼지 않았다. 이 단체 역시 의연금을 모집하여 독립전쟁을 지원하였고 애국을 맹세하기 위해 단지동맹까지 결성할 정도로 적극적인 항일운동을 추진하였다.[171] 여성문제만을 별도로 다루는 독자적인 여성운동을 전개할 상황은 아니었기에 임시정부를 위한 활동에 동참하는 형태로 여성은 사회문제에 참여하였다.

특히 재미 여성단체의 활약이 돋보였다. 이들은 상해에 위치한 '한국애국부인회'와 연계를 갖고 적극적으로 독립전쟁을 지원하였다. 상해임시정부의 외교 선전사업에 후원금을 기부하고 세계 열강에 조선의 독립을 청원하는 역할을 하였다. 임시정부를 위한 자금 조달만이 아니라 밀입국한 독립투사의 숙박과 안전을 보살피는 등 적극적인 후방 활동을 전개하였다. 또한 일본과 항전하는 모든 나라 모든 민족과 연대하여 공동투쟁을 전개하겠다는 의지를 표명하기도 하였다. 예컨대 중국의 승리를 격려하며 군비를 보낸다는 다음의 글에도 미주 여성의 항일독립에 대한 강한 열망과 의지를 살펴볼 수 있다. 이처럼 국가와 이념을 초월하여 일본에 대한 저항을 적극 지지하였다.

작금 중국항일전쟁에 전선장사들이 영웅스럽고 용맹스럽게 왜적을 때려잡아 왜적으로 하여금 쩔쩔매게 했고, 또 이후 오랜 시간을 가져 저항하면

171 김승일 편저(1998), 『여성독립유공자』, 도서출판 고구려, 58.

중국이 반드시 최후의 승리를 얻을 터이니 이는 한국이 독립을 회복하는 큰 기회올시다. 무릇 한인전선에 있는 자는 총을 어깨하여 전선에 참가할께고, 또 후방에 있는 자는 의연금을 모집하여 군비를 도울바 오직 미국의 재류하는 본단 여자들은 본래 수효가 많지 못하고 또 다 가입하여 이제 겨우 적은 돈을 거두어 군비를 보냅니다. 그래도 바래기는 이를 적다고 거절치 아니하고 받아서 군비로 쓰시면 감사히 여기겠습니다.[172]

1943년 상해에 조직된 '한국애국부인회'와 1941년 6월 중경에서 결성된 '한국혁명여성동맹'은 회원의 대부분이 독립투사의 부인이거나 임시정부와 정계 유명인사의 부인이었다. 이들은 전 여성이 단결하여 일제를 타도하여 해방된 독립국가를 건설하는 것을 최대의 목표로 설정하고, 그러기 위해서는 남녀가 정치·경제·사회·문화 여러 분야에서 실질적으로 동등한 권리와 자유를 지향하는 민주주의 공화국을 지향해야 한다고 하였다. 이들 역시 국내 여성의 각성과 분발을 촉구하였으며, 일선에서 활약하는 독립투사를 위문하기도 하였다.

한국 군관을 양성하던 낙양군교를 찾아보기로 했다. … 조국의 광복을 위해 몸바쳐 명실공히 유능한 군 장교가 되기 위해. … 내가 여자이기 때문에 남자들에게 져서는 안 된다는 생각이 앞섰던 것 같다. 여자가 남자에 비해 인격적으로 평등해지기 위해서는 결코 남자에 뒤져서는 안 된다는 생각이 앞섰기 때문이다.[173]

이처럼 일제 말기 여성은 어려운 상황에서

172 대한여자애국단의 항일동정금—장개석 부인 송미령여사에게 보내어, 신한민보 1937. 10. 21.

173 지복영(1997), 여성독립운동가의 증언(지청천 장군 따님의 수기)—종군편린, 『3·1여성—여성독립운동가와 그 후손의 증언』, 3·1여성동지회, 제16호, 137~139.

한국혁명여성동맹 창립기념

　도 여권 향상을 국권 회복과 동일시하고, 임정요원으로 활동하였으며, 나아가 의열단에도 참여하고, 군자금을 징수하여 임시정부에 전달하는 등 남성과 다름없는 역할을 해냈다.

　상해임시정부는 지지기반을 확대하기 위해 여성의 참여를 위한 부인 조직을 추진하였다. 1941년 11월 광복을 염두에 두고 천명하였던 '대한민국 건국강령'을 보면 삼균주의를 이론적 틀로 하여 정치·경제·교육의 평등을 실현하여 개인과 개인, 민족과 민족, 국가와 국가의 평등을 실현하자는 내용이 담겨 있다. 또한 임시정부의 대한민국 임시헌장 제3조에 "대한민국의 인민은 남녀, 귀천 및 빈부의 계층이 없고 일체 평등하다"는 조항이 명시되었다. 이는 여성의 독립운동에 대한 감사와 항일투쟁에 대한 긍정적인 평가를 반영한 결과물이라 하겠다.

임시정부가 상해에서 중경으로 옮겨간 후 1940년 9월 한국광복군 총사령부가 창설되었다. 임시정부는 대한제국의 국군을 인적 기반으로 독립군을 계승한 광복군을 자력으로 건설하여 독립운동을 위한 외교적 활동 외에도 군사적인 방침을 수립하였다. 만주 지역에서 활동하고 있던 독립군을 연계하여 임시정부 산하의 광복군으로 편제시켜 항일독립전쟁을 전개하고자 하였다. 이에 임시정부는 광복군 창설에 필요한 자금을 조달하기 위해 미주의 '대한인국민회'에 1,000달러의 지원금을 요청하였다. 대한인국민회는 두 차례에 걸쳐 후원금을 보냈으며 대한여자애국단도 1941년 임정에 500달러를 보냈다. 광복군은 군자금 외에도 의약품과 같은 전쟁필수품을 지원해 줄 것을 여성에게 요청하였다. 당시 미주 여성은 광복군의 활약에 대해 상당한 의미를 부여하여 적극적으로 지원해 주었다.

대한여자애국단은 "우리 2,500만 민족이 5,000년 문화를 가지고 일본의 속박을 이고 만겁에 떨어졌음이 무릇 얼마인고? 30년 이래 살래야 살 수도 없고 죽을래야 죽을 수도 없는 가운데 고통을 부르짖으며 구원을 기다리더니 이제 한국독립광복군이 정식 설립하여 2,500만 총동원령을 내리니 태극기 치하의 거국이 향응하도다. 늘 맞고 참기만 하다가 일어나 왜적을 치는 것이 첫째 심리상으로 통쾌하고 또 반드시 죽을 곳에서 살 길을 찾아 왜적을 박멸하는 것이 우리 자손만대의 행복의 보장이 될 것입니다"[174]라고 하며 광복군 창설을 기뻐하고 경축식을 성대히 거행하기도 하였다.

[174] 신한민보 1940. 10. 24.

한국광복군 총사령부 총무처 직원들

　　이처럼 미주 지역 여성의 항일독립운동에의 후방활동은 활발하였다. 태평양전쟁이 발발하자 대한여자애국단에서 재무를 맡았던 백낙희의 딸 백매리와 안창호의 딸 안수잔은 여성 장교로 종군하였다. 또한 투옥된 애국지사를 옥바라지하고 구속자 가족에 대한 원호활동과 임시정부 조직원 보호 및 임정의 문서를 배포하고 선전하는 일 등을 통해 해외에서 할 수 있는 모든 독립운동에 적극 참여하였다. 국내 여성운동이 퇴색되던 시기에 해외에서의 이들의 활동은 여성의 잠재력을 보여 주었다.

⋮
광복군의 환호

좌익 항일무장투쟁에 참여하다 1930년대에 들어오면서 민족주의 세력은
점차 퇴조한 반면, 공산주의 세력이 조선인 밀집 지역인 동만주를 중심
으로 성장하였다. 이 시기 노농운동을 비롯한 국내 사회주의 활동은 일
제 탄압으로 점차 위축되었던 데 비해 만주에서의 항일무장투쟁은 만주
사변 이후 더욱 강화되었다. 조중 국경지대에서 항일무장투쟁을 전개하
였던 조선인 공산주의자는 '조국광복회'를 주축으로 무장투쟁을 주요 독
립운동 수단으로 채택하여 반일민족통일전선운동을 전개하였다.

좌익 계열의 항일여성운동은 1931년 추수투쟁[175]과 1932년 춘황투쟁[176]
에 참여하면서 본격화되었다. 여성의 항일무장투쟁 전통은 이미 한말

'안사람 의병단'을 조직하여 독립운동을 추진했던 데에서 찾아볼 수 있다. 추수투쟁과 춘황투쟁을 계기로 무장채비를 하는 토대가 마련되었으며, 야학을 통해 의식화된 여성의 활동이 두드러졌다. 예컨대 여성은 결혼할 때 입었던 치마로 수건을 만들어 '악질지주를 타도하자', '단결하여 일본제국주의를 몰아내자'라는 구호를 수놓아 구국군에게 보내기도 하였다. 이들 여성은 독립의연금뿐만 아니라 양식, 의복과 의약품을 지원하였고, 유격전에 필요한 작탄 제작을 위해 철이나 놋그릇, 수저, 비녀까지 뽑아 병기공장에 보내는 정성을 보여 주었다.

만주 지역에 거주하는 조선족 여성 중에서 다수는 중국 공산당에 가입하여 보다 조직적으로 항일무장투쟁에 참여하였다. 공산당의 활동 분야에서 부녀회나 부녀위원회는 부녀야학운동과 선전조직활동을 통해 민중 여성을 각성시키고 남성의 영역으로 간주되었던 전투에 여성도 당당하게 참여하도록 독려하였다.

175 추수투쟁은 1931년 가을 동만주 각 지역에서 일제 반대, 반동지주 타도, 소작료와 이자 인하를 요구하며 일어난 대중운동이다.
176 춘황투쟁은 1932년 봄 동만특위의 지도 아래 전개된 반제 반봉건 운동이었다. 춘황투쟁은 "기민(饑民)투쟁", "기민폭동"으로 불리웠는데, 이는 지주들에게 '식량을 꾸어다' 흉년을 버텨내고자 '쌀을 빼앗는' 형태였다. 춘황투쟁은 친일반공단체였던 민생단(民生團)을 반대하는 '친일주구 민생단' 반대투쟁이기도 하였다.
177 고영일 외 (2002), 『중국항일전쟁과 조선민족: 1910~1952년 조선민족통사』, 백암, 347.

○○○은 용정에 있는 일본 총사령관과 일본군의 정보를 탐지하기 위하여 일본군들이 자주 드나드는 한 국수집의 잡일군으로 들어갔다. 주인의 환심을 산 ○○○은 점차 국수나르는 일, 손님 청하는 일까지 맡아하면서 적들의 담화에서 엿들은 정보를 제때에 유격대에 보냈다. 1933년 이론군 몇백명이 어랑촌 유격 근거지를 진공하자 ○○○은 군중들을 안전한 지대로 피신시켰고 부녀회 회원들을 조직하여 유격대와 구국군에 제 때에 밥을 보내주었으며 부상자들을 치료해 주었다.[177]

김구가 안창호 부인 이혜련에게 보내 친필서명 태극기

　이러한 여성 부녀자의 유격활동 지원과 희생적인 후방사업이 없었다면 항일혁명 활동이 효과적으로 진행될 수 없었다. 육체적인 조건에도 불구하고 항일유격대 여전사들은 유격대 전투에 힘을 보탰다. 여성은 남성과 마찬가지로 보초를 서거나 무기와 탄약을 운반하고 일제군의 병기고에서 탄약을 탈취하였다. 부녀회 책임자나 회원은 적의 정세를 살피고 동정을 탐지하면서 수집된 정보를 유격대에 보냈다. 여성이기에 오히려 활동이 자유로울 수 있어 일본 군대의 병력수, 무장 정황, 지리적 위치를 파악하여 항일연합군에 보내는 등 항일전 수행에 있어 중요한 부분을 담당하였다. 이처럼 여성은 무장투쟁의 동지를 적극 보호하는 엄호사업과 일제와의 교전이 있을 때 이들을 뒷바라지하는 일을 마다하지 않았다.

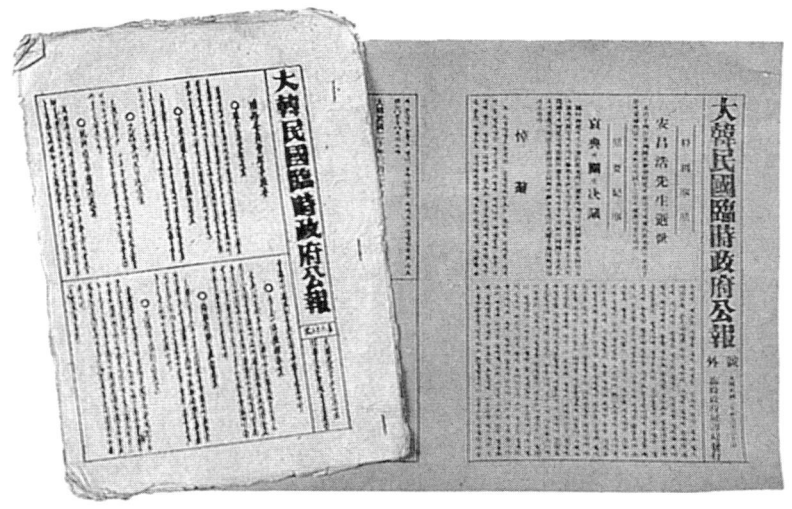

대한민국임시정부공보

유격대의 양식과 일용품을 장만하고 옷을 세탁하고 수선하는 일이나 부상자를 치료하기 위한 약품 구입과 전선에서의 원호 사업에도 있는 힘을 다하였다.

유격전과 같은 항일전에서 식량과 의복 마련은 무기와 마찬가지로 중요하였기에 여성의 전통적인 일이었던 취사, 세탁, 재봉과 같은 활동들이 혁명을 성취하는 데 중요한 부분으로 인정받았다. 이런 것들이 확보되지 않고는 전투를 성공적으로 수행할 수 없기 때문이었다. 항일혁명 활동에서 여성이 담당했던 일은 너무도 절실하고 중요한 부분이었기에 무장투쟁에서의 정치적 의미도 컸다. 평등의식과 항일투쟁의식이 투철했던 여성은 항일운동과 반봉건운동에 남자 이상으로 맹활약을 하였고 유격대에 대한 전 · 후방사업을 희생적으로 담당하였다.

항일유격전이 치열했던 경우 여전사들은 항일무력부대의 11~16% 정도를 차지한 것으로 나타났다.[178] 특히 강한 체력과 의지가 요구되는 유격활동의 특수성으로 인해 젊은 여성의 참가율이 높았다. 항일유격대의 여전사들의 활약은 여성이 치열한 역사 현장에서 중심적인 역할을 수행하였음을 보여 주었다. 이들은 봉건적인 전통 가족 안에서 요구되었던 전형적인 여성 생활에서

동북항일 제1로군 여성대원들

벗어나 사회의 당당한 일원으로 투철한 항일운동을 전개하였다. 여전사들은 혁명이념을 교육하는 부녀야학을 통해 지주, 자본가와 일본 제국주의의 침략으로 여성이 차별받고 있다고 배우며 혁명 의식을 키워나갔다. 이들은 "조국을 짓밟는 일제와 지주를 없애고 나면 유족한 경제적 평등이 이루어질 수 있다"고 믿어 무장투쟁 대열에 적극 합류하였다. 무장투쟁에 참여하였던 여성 가운데는 가족 가운데 항일혁명활동을 한 경험이 있는 경우가 많았으며, 결혼도 혁명적 의지가 서로 통하는 혁명 부부의 형태로 동지적 관계가 많았다.

항일운동에서 희생으로 후원한 수많은 부녀의 노력에 대한 평가는 '조국광복회' 강령 제7항에 "양반과 상민의 불평등을 배제하고 남녀, 민족, 종교 등 차별 없는 인류적 평등과

178 박용옥(1996), 1930년대 만주지역 항일여전사, 『한국여성항일운동사연구』, 지식산업사, 177~178.

부녀의 사회적 대우를 제의하며 여자의 인격을 존중할 것"이라는 구절 속에 간접적으로 나타나 있다. 조국광복회는 창립선언에서 "조국인 조선을 해방하고 민족을 구원하기 위하여 남녀를 불문하고 공동으로 일어나 단결, 연합하여 자유와 독립을 쟁취하기 위해 분투할 것"을 제시하여 여성의 참여를 공식적으로 인정하였다. 그리고 하부조직으로 조선민족해방동맹에 부녀부를 두고 외곽조직으로 반일부녀 그룹을 두어 유사시 항일무장봉기활동을 전개할 수 있는 유격대를 조직하였다. 이렇게 여성은 항일무장투쟁을 통해 조선독립운동에 중요한 역할을 담당하였다.

5장

주체성 정립을 향한 움직임

여성의 주체성 혹은 개성은

가부장적 구조 속에서

남성과 구별되는 집단으로서

그리고 일제 식민국가와 민족 독립을 위한

세력 간의 권력 관계 속에서,

민족 내의 균열을 경험하는 과정을 통해

혼돈스럽지만 정립되어 나갔다.

개화기 이후 여성은 일제 식민국가 및 사회체제가 형성되는 과정에서 동원과 참여를 통해 개인으로서 그리고 여성으로서 타자와 구별되는 정체성을 형성해 가기 시작하였다. 구체적으로 여성은 일제의 지배체제 속에서 구국운동과 민족운동, 계몽운동과 사회주의 운동에 적극적으로 참여 혹은 수동적으로 동원됨으로써 초보적이나마 여성에 대한 의식이 형성되기 시작했다.

개화기부터 1945년 일제 식민지배가 끝날 때까지의 시기는 혼돈의 시기로서 모든 것이 중첩되어 나타났다. 민족과 국가, 전통과 근대, 봉건과 자본제 양식 등이 혼재되면서 집단 간의 갈등과 균열은 심화되었다. 이러한 혼돈의 시기에 국가와 개인 간의 관계, 그리고 사회 속의 다양한 집단 혹은 계급으로서 여성은 어떠한 모습으로 존재했을까?

우선 일제 식민체제와 지배정책은 개인으로서 여성의 주체성 형성에 어떤 영향을 미쳤을까? 조선시대까지 부녀자로서 가족 속에서만 존재했던 여성은 일제 식민지배체제 하에서는 개인이 되기 전에 먼저 국민이 되었다. 일제 식민국가 지배체제 내의 가족은 국가의 최하위 행정단위였다. 따라서 가족은 이미 공적 영역 속에 존재하였으며 사적인 모든 영역에서 식민국가의 통제를 받았다. 일제 식민국가의 국민으로 편입된 여성은 동시에 국내의 민족주의 세력이 요구하는 여성상의 역할도 수행해야 했다. 식민국가가 조선에 이식한 독점자본주의의 성장을 위해서 여성은 값싼 노동력으로 동원되었으며, 1937년 이후의 총동원체제 하에서는 가정에서의 황국신민 재생산을 위한 역할뿐만 아니라 실제로 가정 밖의 영역에까지 동원되었다.

개성을 내세우고 개인의 권리와 남녀평등권 등 사회적인 권리, 공민권의 확보 같은 정치적인 권리를 주장하기 이전에, 여성은 국가에 의해 그리고 민족에 의해 요구되는 역할을 수행해야 했다. 이러한 과정에서 배운 여성과 계몽의 대상이 되는 농촌 여성 간의 균열, 신여성과 구여성의 갈등, 직업 부인과 가정 부인 간의 선택, 황국여성과 민족운동세력 간의 반목 등 정치, 경제, 사회적인 균열과 긴장은 극에 달하였다.

이러한 갈등과 균열의 시대를 살아간 당시 여성의 개인적인 삶에 가장 큰 영향을 미친 것은 일제의 인적 · 물적 자원의 수탈이 야기한 빈곤이었다. 특히 농촌 여성은 일제의 수탈정책에 가장 쉽게 동원된 층이었으며 가장 큰 희생자 집단이었다.

일제의 토지조사 사업, 산미증식 계획, 남면북양 정책, 농가 부업 등 각종 농업정책은 농촌 여성의 노동력을 최대한 동원하여 이용하는 것이었다. 그러나 농민에게 돌아간 대가는 빈곤뿐이었다. 1910년에 시작해서 1918년에 완성된 토지조사 사업의 결과 농민 계층의 하향 분화가 이루어지고, 그 결과 1920년대는 대다수의 농민이 토지에서 이탈되어 부랑자나 화전민이 되거나 경성으로 이주하여 토막민의 삶을 살았다. 때로는 전 가족이 이주하기도 하고 남자만 도시로 해외로 일자리를 찾아 나서기도 하였다. 1929년 세계 대공황과 일본의 대풍작, 연이어 1930년 조선의 대풍작 때문에 쌀값이 폭락하자 소작농만이 아니라 지주도 땅을 파는 상황에서 대다수의 농민은 부채를 갚을 길이 없었다. 그 결과 농민의 이농과 도시화의 물결은 1930년대까지도 지속되었다.

공업정책은 1930년대부터 농공병진정책 등에 의해 더욱 본격적으로 추진되었다. 일제의 독점자본은 지속적인 이윤을 창출하기 위해 조선에 진출하였고, 조선에서는 초기에는 주로 소비재산업 중심으로 진행되다가, 1937년 중일전쟁 이후 본격적인 군수산업이 육성되면서 중공업 부문이 발달하기 시작하였다. 이 시기에 진행된 이농 인구의 일정 부분은 도시의 공장에 흡수되었다.

그러나 전시체제가 가속화되는 1937년 이후 농촌은 본격적으로 일제의 인적·물적 자원의 공급기지가 되었다. 따라서 남성 노동력이 대거 징발·징용되고 쌀 등이 공출되면서 농촌의 인적·물적 자원의 부족은 더욱 심화되었다.

이런 상황에서 농촌에 남은 여성은 보이지 않는 노동자가 되었다. 농촌에 남은 여성은 기존의 가사일과 농사일 및 농가 부업뿐만이 아니라 일제의 노동 동원에 응해야 했으며, 남자를 대신해 가족의 생계를 부양하기 위해 부업이 아닌 본업으로서 직업을 가져야 했다. 나아가 일부 농촌 여성은 가족을 부양하기 위해 도시로 일자리를 찾아 나서는 대열에 합류하였다.

이렇듯 당시 농촌 여성은 아무리 일을 해도 빈곤을 헤어날 수 없는 구조에 놓여 있었다. 거기에다 일제의 공출은 농촌 부녀자의 노동력뿐만 아니라 미혼 여성의 성까지 그 대상으로 하였다. 이런 와중에서 농촌 여성은 가족을 부양하기 위해, 그리고 공출의 대상이 되지 않기 위해서 식민국가와 사회 구조가 허용하는 장 안에서 주체적인 선택을 하였다. 예를 들어 일제의 농업정책과 여자정신근로령 등의 동원정책과 미혼 여성의 조혼 및 농촌 여성의 도시로의 출가는 어느 정도의 연관성이 있다. 전통적인 가난으로 인한 조혼의 풍습은 공업화 과정에서 어린 여자 아이들이 공장에 취직하면서 일부 없어지기도 하였다. 그러나 전시체제 하에서 일제의 미혼 여성 공출정책이 추진될 것이 예상되자 농촌의 미혼 여성이 서둘러 결혼하는 조혼의 풍습이 다시 나타났다. 그것은 강요된 선택으로 볼 수도 있지만, 가족의 부양이라는 개인적인 목적을 위해 제한적이나마 자발적으로 선택한 주체적인 삶의 모습으로 볼 수도 있다.

또한 이 시기의 여성은 국가와의 관계만이 아니라 사회참여를 통해 한정적이지만 주체성을 정립해 나갔다. 먼저 19세기 중반 이후 여성의 사회참여 영역은 제한적이었지만 확대되어 갔다. 초기 남성 개화 지식인에 의해, 또는 일부 양반 계층에 의해 주도되었던 여성의 활동은 점차 상인층 여성, 기생, 여학생, 여공 등으로 확대되었다. 아울러 일부 지역을 중심으로 전개되었던 여성의 활동이 전국적으로 파급되는 양상을 보였다. 또한 남성이나 소수 여성에게 주어졌던 교육의 기회도 확대·증대되고 있었다. 물론 남성의 사회참여나 남성에게 주어졌던 교육의 기회에 견줄 수 있는 정도는 아니었지만, 이러한 경향은 여성도 민족의 일원임을 느낄 수 있게 하였다.

다음으로 이 시기 여성의 사회참여는 '민족'과 '가정'을 위해 존재하는 것이었지, 한 개인으로서 여성해방을 의미하는 데까지 나아가지 않았다. 이 시기에는 빼앗긴 국권을 회복하기 위해 인재의 양성이 강조되었고 이런 인재를 위한 가정교육이 강조되었다. 국권침탈이라는 국가적 위기 상황은 가정 교육의 담당자로서의 여성의 역할에 더욱 힘을 실어주는 것이었으나, 역으로 여성의 역할을 가정 내에 제한시키는 결과를 초래하였다. 따라서 여성의 의식 계몽이나 교육의 목적은 어머니로서 그리고 아내로서의 역할을 충실히 수행할 수 있도록 하기 위한 것이었으며, 따라서 교육의 내용에는 당연히 봉건적 요소가 포함되어 있었다.

아울러 이 시기 여성의 사회참여를 가능하게 했던 담론 속에 나타나는 변화를 생각해 볼 필요가 있다. 초기 개화 지식인에 의해 주장되었던 '여성담론' 속에는 천부인권설이나 남녀동권적 사고가 포함되어 있었으며, 이를 실현하기 위한 사회 개혁의 필요성이 중요시되었다. 독립신문에서 여성도 남성과 동등한 권리를 가졌다는 주장을 통해 여성 계몽과 여성 교육을 위한 여학교 설립의 필요성을 누차 강조했던 것은 여성해방의 가능성을 시사하는 것이었다. 그러나 개화 지식인이 주장했던 사상으로서의 남녀평등론은 애국계몽운동기와 국권회복운동기를 거치면서 그 강도가 약화된다. 남녀가 동등한 권리를 가지고 태어났고 여성도 국민의 일부이므로 여성에게 부여되어야 하는 인간으로서의 권리는 점차 민족의 위기 극복을 위해 수행해야만 하는 의무로 대치되었다. 여기서 여성에게 요구되었던 것은 가정에서의 어머니와 아내로서의 역할이었으며 민족을 위한 개인의 희생이었다. 여성이 민족과 가정에서의 역할에 충실하면 할수록 주체적이고 독립적인 개인의 삶에서는 멀어질 수밖에 없었다.

그러나 이러한 수동적이고 제한적인 사회참여는 3·1운동을 기점으로한 1920년대 이후부터는 계급투쟁과 사회주의 이념단체의 운동이 가세함으로써 좀 더 적극이고 다양한 참여로 전환된다. 이러한 사회운동에의 참여를 통해 여성 자신의 주체성도 좀 더 뚜렷하게 정립되어 나갔음을 볼 수 있다. 직업을 가진 여성만이 아니라 노동자와 농민 역시 역사의 중심적인 역할로 성장하였다. 1920년대 이후의 사회는 민족 문제만이 아니라 성적·계급적 모순도 어느 정도 성숙되어 가고 있었다. 이에 따라 여성운동도 여성노동운동, 여성농민운동, 해녀투쟁 등으로 계급문제와 성별문제가 혼합되어 전개되었다. 아울러 초기의 구국운동은 민족 독립운동화하여 여성문제는 민족문제 속에 가려졌지만, 일부 여성은 민족독립을 위해 국내 및 해외에서 독립운동에 직접 참여하거나 혹은 간접적으로 지원하는 양상으로 전개되었다.

이 당시 여성은 개인, 계급, 민족 등 다양한 역사의 주체로서 국가 및 사회와의 관계 속에서 동원되기도 하고 참여하기도 하며 주체성을 정립해 나갔다. 하지만 여성의 모습은 가족에서 거의 분화되지 않은 상태였다. 곧 여성 자신의 이해는 가족의 이해와 일치했다. 가족을 다시 잘 살 수 있게 하기 위해 직업전선에 뛰어들고, 민족운동과 계급운동에 참여하였다. 그것은 수동적 삶의 모습이 아니라 주체적 삶의 모습이라 볼 수 있다. 따라서 이 시기의 여성이 민족운동이나 계급운동에 참여한 것을 수동적인 객체로만 볼 것이 아니라 역사의 주체로 재설정함이 필요하다.

결국 이 시기를 살아간 여성의 주체성 혹은 개성은 가부장적 구조 속에서 남성과 구별되는 집단으로서 그리고 일제 식민국가와 민족 독립을 위한 세력 간의 권력 관계 속에서, 민족 내의 균열을 경험하는 과정을 통해 혼돈스럽지만 정립되어 나갔다. 이렇게 정립된 여성의 주체성은 해방 이후 근대국가에 여성이 적극적으로 정치적·사회적 참여를 할 수 있는 밑거름이 되었다.

| 부표 |

| 부표 1 | 농민의 계층적 분화

	자작농			자소작농			소작농		
	戶數	%	指數	戶數	%	指數	戶數	%	指數
1916	530,000	20.1	100	1,73,000	40.6	100	971,000	36.8	100
1921	533,000	19.6	101	994,000	36.6	93	1,091,000	40.2	112
1925	525,000	19.1	99	895,000	32.4	83	1,193,000	43.3	123
1931	488,000	17.0	92	353,000	29.6	80	1,393,000	48.4	143
1936	547,000	17.9	103	738,000	24.1	68	1,591,000	51.9	163
1940	550,900	19.1	104	711,400	24.7	66	1,616,700	56.2	167
1942	529,700	18.3	100	729,400	25.1	68	1,641,700	56.6	169

출처: 「조선소작년보」, 인정식 「조선농업경제론」 85~86 재인용.

| 부표 2 | 도별 남녀 인구의 사회적 이동

	1925~1930							
	인구 실증가		인구 자연증가		인구 자연 증가비	인구 실 증가비	전입증가(실증가-자연증가) • 전출초과(△)	
	남	녀	남	녀	여100 對 남	여100 對 남	남	녀
전국	742,736	792,624	797,027	712,368	111.88	93.71	△54,291	80,256
경기	69,699	68,606	60,578	51,939	116.63	101.59	9,121	16,667
충북	25,556	27,184	36,172	28,895	125.18	91.92	△10,606	△1,711
충남	47,117	53,733	60,972	55,200	110.46	87.69	△13,855	△1,467
전북	67,729	66,956	48,591	39,752	122.24	101.15	19,138	27,204
전남	81,235	92,508	97,442	85,487	113.98	87.81	△16,207	7,021
경북	29,205	54,985	96,410	81,813	117.84	53.11	△67,205	△26,828
경남	44,683	69,146	68,229	63,171	108.01	64.62	△23,546	5,975
황해	28,435	33,209	44,686	41,016	108.95	85.62	△16,251	△7,807
평남	42,207	47,721	56,127	54,641	102.72	88.45	△13,920	△6,920
평북	71,747	73,953	74,839	71,758	104.29	97.02	△3,092	2,195
강원	80,678	74,685	53,152	45,501	116.82	108.02	27,526	29,184
함남	89,474	76,021	68,690	64,749	106.09	117.70	20,784	11,272
함북	64,961	53,917	31,139	28,446	109.47	191.98	33,822	25,471

출처:조선총독부(1939), 「조선국세조사보고 1935」.

	1930~1935							
	인구 실증가		인구 자연증가		인구 자연 증가비	인구 실 증가비	전입증가(실증가-자연증가) ·전출초과(△)	
	남	녀	남	녀	여100 對 남	여100 對 남	남	녀
전국	898,978	941,755	577,035	526,017	109.70	95.46	321,943	415,738
경기	150,498	143,780	58,883	53,190	110.70	104.67	91,615	90,590
충북	27,884	31,380	23,403	18,317	127.77	88.86	4,481	13,063
충남	72,253	71,414	42,853	38,155	112.31	101.5	29,670	33,259
전북	46,671	56,870	44,287	19,191	113.00	82.07	2,384	17,679
전남	84,477	91,613	70,874	64,757	109.45	92.21	13,603	26,856
경북	75,676	70,813	49,716	39,914	124.56	106.87	25,960	30,899
경남	53,260	59,252	69,968	67,493	103.67	89.89	△16,703	△8,241
황해	75,807	74,884	45,558	43,357	105.08	101.23	30,249	31,527
평남	66,138	71,788	30,799	29,034	106.08	92.13	35,339	42,754
평북	70,787	76,774	43,627	41,362	105.48	92.20	27,160	35,412
강원	53,284	64,275	38,283	33,172	115.41	82.90	15,001	31,103
함남	67,194	75,991	40,742	39,816	102.33	88.42	26,452	36,175
함북	54,779	52,291	18,042	18,259	98.81	103.51	36,737	34,662

| 부표 3 | 전국 직업별 본업 인구

(단위 : 명)

1. 농업		2. 수산업		3. 광업		4. 공업		5. 상업	
남	녀	남	녀	남	녀	남	녀	남	녀
5,043,693	2,620,866	99,799	21,951	33,421	764	304,105	281,660	345,117	216,982

6. 교통업		7. 공무·자유업		8. 가사 사용인		9. 기타 유업자		10. 무업	
남	녀	남	녀	남	녀	남	녀	남	녀
104,937	2,604	163,640	19,044	28,966	91,911	319,386	66,683	4,320,630	6,972,161

유업자 총수	남	녀
	6,443,049	3,322,465

출처: 조선총독부(1936), 『조선국세조사보고 1930』.

직업소개소 직업 소개 현황

(단위 : 명)

	1936			1937			1938		
	구인수	구직자수	취직자수	구인수	구직자수	취직자수	구인수	구직자수	취직자수
공업	2,563	4,427	1,734	4,499	6,418	3,594	5,477	6,769	3,239
토목	678	1,146	649	1,603	1,933	1,167	1,457	1,436	1,004
상업	6,684	13,722	4,073	6,858	13,179	4,672	8,061	13,090	5,457
농림업	140	219	103	97	146	60	87	125	43
수산업	33	69	25	20	41	8	46	17	12
통신운수업	451	914	218	627	1,420	366	1,333	1,827	600
가사사용인	17,942	17,257	10,198	20,896	20,187	12,831	23,589	18,016	23,527
잡업	4,549	7,017	2,170	3,797	9,106	3,286	5,251	7,125	3,132
계	33,130	44,771	19,170	40,397	54,430	24,984	45,301	48,407	27,014

출처 : 조선총독부, 「조사월보」 1940. 2.

(단위 : 명)

	예기	창기	작부	여급
1916	586	74	348	—
1917	679	862	593	—
1918	931	987	913	—
1919	1,204	—	863	—
1920	1,224	1,400	868	—
1921	1,343	1,262	877	—
1922	1,161	1,249	926	—
1923	796	1,131	949	—
1924	767	1,091	889	—
1925	826	1,017	962	—
1926	1535	1,019	1,013	—
1927	1,746	1,022	999	—
1928	2,098	1,064	1,043	—
1929	2,263	1,262	1,219	—
1930	2,274	1,370	1,241	—
1931	2,450	1,268	1,355	—
1932	2,531	806	1,131	—
1933	2,635	1,009	1,056	501
1934	2,091	1,113	1,086	739
1935	3,933	1,370	1,290	939
1936	4,712	1,653	1,364	1,399
1937	4,953	1,654	1,330	1,691

출처 : 조선총독부, 『조사월보』 1940. 2.

| 부표 6 | 경성 시내 여학교 만세사건 공판에 관한 내용

학교별	학생총수	만세 참가수
숙명여자고등보통학교	406	전부
이화여자고등보통학교	310	전부
동덕여자고등보통학교	190	전부
배화여자고등보통학교	200	전부
경성여자고등상업학교	282	전부
경성여자예술학교	48	28
태화여자학교	103	20
경성실업전문여학교	112	전부
정신여학교	13	전부
근화여학교	265	3명 제외 전부

출처 : 이윤희(1995).

| 부표 7 | 학교 유형에 따른 학생의 성별구성비

(단위 : 명)

	공립보통(국민)학교		사립학교		서당	
	남	여	남	여	남	여
1911	92.2	7.8	90.5	9.5	99.9	0.1
1915	91.2	8.8	84.2	15.7	99.8	0.2
1920	89.0	11.0	79.9	20.1	99.4	0.6
1925	85.8 (85.3)	14.2 (14.7)	80.6 (77.7)	19.4 (22.3)	97.7	2.3
1930	83.5 (85.3)	16.5 (14.7)	74.5	25.5	96.3	3.7
1935	80.0	20.0	7306	26.4	88.1	11.9
1940	74.0	26.0	66.9	33.1	77.0	23.0

출처 : 조선총독부 『조선총독부통계연보』(1911~1942).

| 부표 8 | 사립학교의 유형별 학교수와 성별 학생수

(단위 : 개교, 명)

구분	일반				종교				전체			
	학교	남	여	계	학교	남	여	계	학교	남	여	계
1911	901	36,815	1,725	38,540	566	15,274	3,718	18,992	1,467	52,089	5,443	57,532
1915	660	28,556	1,738	30,294	422	15,000	6,430	21,430	1,082	43,556	8,168	51,724
1920	378	19,924	2,812	22,736	275	20,832	7,440	28,272	653	40,756	10,252	51,008
1925	338	27,787	2,989	30,776	245	17,049	7,797	24,846	583 (615)	44,836 (54,635)	10,786 (15,658)	55,622 (70,293)
1930	278	26,151	6,465	32,616	211	14,539	7,488	22,027	489 (513)	40,690	13,953	54,643

출처 : 조선총독부 『조선총독부통계연보』(1911~1942).

1) 1922년부터는 일반 사립 학교 수에 일인 학교 수를 포함하여 제시하고 있음. 따라서 조선인 학교 수는 정확히 알 수는 없지만, 학생 수에 있어서는 일인과 조선인을 구분하여 집계하고 있어 조선인 학생 수는 파악할 수 있음.

2) 1924년도부터의 전체 학교 수 및 성별 전체 학생 수는 1933년도 자료에 의한 것으로 각년도 자료와 수치상 차이가 있음.

3) 1927년~1932년까지 일반 사립 학교의 경우 성별 학생 수를 제시하지 않고 전체 수만 제시하고 있어 1933년도 자료에 의거해 전체 학생 수에서 종교 사립 학교 남녀 학생 수를 뺀 수치를 일반 사립 학교 남녀 학생 수로 정리하였으며, 다시 그 합계를 전체 학생 수로 삼은 것임.

| 참고문헌 |

1차 자료

조선왕조실록연구회.『고종 순종 실록』(CD-ROM). 서울시스템주식회사. 1998.

조선총독부.『간이국세조사결과표 1925』. 1926.

_____.『국세조사보고 1930』. 1934.

_____.『조선국세조사보고 1935』. 1939.

_____.『조선소화15년 국세조사결과요약』. 1940.

_____.『施政30년사』. 1940.

_____.『조사월보』 1930. 4.~1944. 10.

_____.『조선총독부통계연보』. 1911~1942.

한국법제연구원.『대전회통 연구:호전, 예전 편』. 한국법제연구원. 1999.

_____.『대전회통 연구:형전, 공전 편』. 한국법제연구원. 2002.

희야실(姬野實) 편.『조선경제도표』. 조선통계협회. 1940.

신문

(구)한국관보

독립신문

동아일보

(대한)매일신보

신한민보

제국신문

조선중앙일보

중외일보

황성신문

조선일보

잡지

Ty생. "사회운동단체의 현황:단체, 강령, 사업, 인물". 『개벽』 1926. 3.

개 벽. "일선융화에 발광된 永川?". 『개벽』 1923. 1.

개 벽. "착목할 일본의 이민 정책". 『개벽』 1926. 8.

관상자. "8도 여자평". 『조선농민』 1927. (영인본 3권 9호).

김경재. "농촌문제의 전개경향(1), (2)". 『개벽』 1926. 5, 6.

김남천. "여성의 직업문제". 『여성』 1940. 12.

김도현. "농촌문제로 본 부녀계몽의 급무". 『농민』 1933. 11.

_____ . "미가폭락시절을 당한 궁농민의 이중적 곤란과 궁핍". 『농민』 1930. 12.

김병제. "도시공장생활의 일면". 『조선농민』 1929. 10.

_____ . "白日을 못 보는 공장내에서 일혼 아츰부터 어술때까지:도시공장생활의 일면".
    『조선농민』 1929. 10.

김선비. "압호로 근우회는 엇더케 되나". 『신여성』 1931. 1.

김영천. "개정조선민사령해설". 조선금융연합회. 『家庭之友』(28). 1940. 1.

김은희. "무산부인운동론:승전(承前):4. 과거의 소위 '부인운동' 즉 불조아부인운동".
    『삼천리』 1932. 2.

김정원. "현단계 여성운동을 여시아관(如是我觀)". 『비판』 1931. 5.

김평우. "여성문제 1, 2, 3:이에 엇던 대책이 업슬가". 『조선농민』(영인본 3권 9호).
    1927.

김활란. "반도지도층부인의 결전보국의 大獅子吼". 『삼천리』 1942.1.

_____ . "조선여자기독교청년회의 자기담(自己談)". 『청년』 1926. 3.

_____ . "직업전선과 조선여성". 『신동아』 1932. 9.

나일부. "신여성과 구여성". 『비판』 1938. 11.

노좌근. "가정에서 가두로!". 『여성』 1940. 1.

농 민. "조혼에 관한 좌담회". 『농민』. 1928. 12.

단 정. "농촌여성과 사회교육". 『조선농민』 1932. 2.

동 광. "과거 일 년 간의 조선 여성운동". 『동광』(28) 1931. 12.

마달(馬達). "산미증식사업은 어째서 그만 두게 되었나?" 『별건곤』 1933. 2.

마오(馬鳴). "조선 사람의 운명을 制하는 당면의 농촌 정책 문제, 사회는 모름즉이 큰 주의를 이에 던지라". 『별건곤』. 1930. 11.

_____. "농업공황과 농민의 몰락과정". 『동광』 1931. 4.

모윤숙. "여성도 전사다". 『삼천리』 1942. 1.

박영숙. "二世국민의 전시교육". 『여성』 1940. 1.

박원진. "조선신여성잡관". 『동방평론』 1932. 3.

박은식. "문약지폐(文弱之幣)는 필상기국(必喪其國)". 『서우』(10). 1907.

_____. "여자보학원유지회취지서". 『여자지남』 1(1). 1908.

박인덕. "동아여명과 반도여성". 『삼천리』 1941. 5.

_____. "전승의 길은 여기있다". 『삼천리』 1941. 11.

박토인. "궁하의 살임살이(日誌)". 『조선농민』 1926. 11.

백두산인. "부인교육의 실제문제". 『개벽』 1921. 4.

백장미. "조선의 여성들아! 주저말고 직업전선으로!!". 『여성(女聲)』 1934. 4.

부녀. "『청년』의 말:3. 녀성운동에 대하야". 『부녀』 1927. 6.

삼천리. "가정생활 주부좌담회". 『삼천리』 1940. 3.

_____. "전시와 여성과 군사훈련:我校의 여학생 군사훈련". 『삼천리』 1942.1.

서 춘. "만인필독할 금일의 경제상식 제2과:금일의 문제 조선 사람은 웨 가난해지나". 『별건곤』 1931. 4.

雪友學人. "직업부인 언 파레트:고무공녀의 생할 이면". 『실생활』 1931. 9.

송계월. "여직공편:공장소식". 『신여성』 1931. 12.

신가정. "경성 각 여성단체의 진용:근우회". 『신가정』.

_____. "경성여성단체의 신년 신계획:직업부인협회". 『신가정』 1934. 1.

_____. "새해 첫머리에 드리는 말슴:여성지도단체의 조직". 『신가정』 1934. 1.

신동아. "여기자 좌담회:4월 2일 하오5시 본사에서". 『신동아』 1932. 5.

_____. "철학박사 김활란 양 회견기". 『신동아』 1932. 2.

신여성. "조선의 절뚝바리 교육". 『신여성』 1924. 4.

신일용. "농촌 문제 연구". 『개벽』 1925. 8.

신태익. "증수로 인한 미가폭락과 조선농촌경제의 凋落". 『별건곤』 1930. 11.

실생활. "경제조직과 여성의 지위". 『실생활』 1934. 1.

심은숙. "우리 신여성의 진로". 『여성』 1937. 2.

양 명. "부녀의 사회적 지위: 유물사관으로 본 부녀의 사회적 지위". 『신여성』 1926. 3.

양탄실. "여인논단". 『비판』 1936. 3.

여 성. "국제간호부회의에 빛날 조선 대표 이정애 씨와 일문일답". 『여성』 1937. 8.

──── . "국민정부와 여성의 힘". 『여성』 1940. 5.

──── . "내선일체의 실천과 부인". 『여성』 1940. 1.

──── . "시국과 가정교육". 『여성』 1940. 8.

──── . "신동아 건설과 가정의 내조". 『여성』 1940. 9.

──── . "여급의 남성관". 『女聲』. 1934. 창간호.

외돛생. "동아, 조선, 중외 3신문사 여기자 평판기". 『별건곤』. 1929. 12.

유 송. "해녀 떼모사건의 진상". 『비판』 1932. 9.

유광열. "농촌 여성을 전망하며(1): 농촌 청년에게 고함". 『조선농민』(영인본 3권 9호). 1927.

윤익선. "여자구속은 사람이 만든 악습일 뿐". 『개벽』 1920. 9.

윤지훈. "모던녀성십계명". 『신여성』 1931. 3.

윤형식. "1931년의 여성운동과 금후전망". 『신여성』 연도 판독 불능.

이 인. "신간회 해소와 조선운동의 금후 전망─무엇보다 경제운동". 『혜성』 1931. 7.

이대위. "금후 조선의 여자운동". 『THE CHIN SAING』. 1929. 11.

이러타. "경여상(京女商) 5월맹파(五月盟罷)의 진상". 『이러타』 1931. 창간호.

이병관. "미가폭락에 대한 농민의 하소연과 그 대책". 『농민』 1930. 12.

이성환. "농촌순회강연자료 (三): 소농민과 노동자와의 관계". 『조선농민』. (영인본 4권 6호).

──── . "조선농민 교육의 이상과 방법". 『조선농민』 1926. 11.

──── . "조선의 농촌여성: 그들은 엇더한 살림을 하고 잇는가". 『조선농민』 1927. (영인본 3권 9호).

──── . "조선의 여학생은 무엇을 배울가". 『학생』 1929. 9.

──── . "죽어가는 농촌을 안고서, 농촌 순례기 중에서". 『개벽』 1924. 5.

이숙종. "내선일체와 부인". 『여성』 1940. 4.

이여성. "여성조선의 현상과 추이(상)". 『신가정』 1936. 3.

이정희. "우리는 총대의 뒤를 맡은 자들". 『여성』 1939. 5.

이혜숙. "명잣는 어머니". 『농민』 1930. 11.

일기자. "기생". 『신민』. 1927. 10.

_____. "여인들의 직장방문기:경성 제사공장". 『여인』(1). 1933. 6(추정).

_____. "농촌여성 생활상의 관람". 『조선농민』 1930. (영인본 3권 9호).

임 연. "정조(콘트)". 『농민』 1930. 8.

임원근. "인테리 여성에게". 『만국부인』(1). 1932. 10.

임진실. "여자의 지위에 대한 일고찰". 『청년』 1926. 3.

임현극. "시골 안악네 노래". 『농민』 1930. 8.

임효정. "대전과 여성의 길". 『삼천리』 1942. 1.

적도생. "농촌여성 비통사의 대화". 『조선농민』 1927. (영인본 3권 9호).

전유덕. "여자해방운동". 『삼천리』. 1932. 1.

정광현. "조선여성과 氏제도". 『여성』 1940. 1.

_____. "조선여성의 법률상 지위". 『춘추』 1941. 5.

정래동. "닥치는대로 하지오". 『신가정』.

정응봉. "농번기의 농가부인생활". 『조선농민』 1929. 8.

조현경. "피를 노철에 흘닐진댄". 『신여성』 1931. 6.

주요섭. "구식부인을 어떠케 계몽식힐까". 『신여성』. 1931. 11.

최기영. "여성해방은 경제로부터". 『동광』 1932. 1.

최두선. "우선 여자의 인격을 존중하라". 『개벽』 1920. 9.

최옥순. "12시간 노동을 하고:병상에서 신음하는 폐병환자 여공의 하소연". 『시대공론』
        1931. 9.

최정희. "군국의 어머니". 『삼천리』. 1942. 1.

_____. "조선여성운동의 발전과정". 『삼천리』 1931. 11.

편순남. "신여성의 사명". 『부녀』 7(5). 1927. 6.

韓 順. "나의 여급 생활기". 『호남평론』. 1937. 7.

한장경. "함흥농민교육자의 조사를 맛치고". 『조선농민』 3(12). 1927.

함상훈. "조선여성에게 보내고 싶흔 말―기자로서". 『선녀(線女)』, 『부인공론(婦人公論)』,

허문일. "우리의 살님". 『농민』 1930. 8.

현대평론. "여성운동의 단일화:근우회의 창립". 『현대평론』 1927. 6.

현상윤. "조선여학생에게 보내는 글". 『신여성』 1933. 10.

혜 성. "확장되는 여자의 권리와 조선 안에서의 실제". 『혜성』 1931. 3.

호남평론. "1933년 9월 싸롱, 銀座에서". 『호남평론』(1권 1호) 1935. 4.

황신덕. "조선부인운동의 사적 고찰". 『학해』 1937.

2차 자료

가와모토 아야·川本 綾. "일본:양처현모사상과 부인개방론." 역사문제연구소. 『역사비평』 2000 가을호.

강동진. "일제 지배하의 한국노동자의 생활상―주로 한국인노동자의 노종조건을 중심으로". 『한국근대사론 III』. 지식산업사. 1978.

강만길 외. 『한국사 12:근대민족의 형성』. 국사편찬위원회. 1994.

강선미 외. "천황제 국가와 성폭력:군위안부 문제에 관한 여성학적 시론". 한국여성학회. 『여성과 사회』 (9). 1993.

강이수. "식민지 하 여성문제와 강경애의 『인간문제』". 『역사비평』. 1993 가을호.

_____ . "일제 하 면방 대기업의 노동과정과 여성 노동자의 상태." 『사회와 역사』 (28). 1991.

강정숙. "대한제국 일제 초기 서울의 매춘업과 공창제도의 도입". 서울학연구소. 『서울학 연구』 (11). 1998.

_____ . "군 위안부 여성의 몸에 가해진 일제 폭력". 『여성학회 월례발표회』. 2002. 4. 20.

_____ . "일제 말(1937~1945) 조선 여성 정책:탁아정책을 중심으로." 한림대 아시아문화연구소. 『아시아문화』 (9). 1993.

강창일. "일제의 조선지배정책:식민지 유산문제와 관련하여." 한국역사연구회. 『역사와 현실』 (12). 1994.

_____ . "일제의 조선지배정책과 군사동원". 광복50주년기념사업위원회. 학술진흥재단.

『일제식민정책연구논문집』. 1995.

고미숙.『한국의 근대성, 그 기원을 찾아서:민족, 섹슈얼리티, 병리학』. 책세상. 2001.

고영일 외.『중국항일전쟁과 조선민족:1910~1952년 조선민족통사』. 백암. 2002.

국사편찬위원회.『한국독립운동사 1』. 국사편찬위원회. 1965.

_____ .『한국사료총서 19:윤치호일기』. 국사편찬위원회. 1998.

권병탁.『이조말기의 농촌직물수공업 연구』. 영남대 경영연구. 1969.

권태억.『한국근대면업사』. 일조각. 1989.

권희영. "1920~1930년대 '신여성'과 사회주의". 한국민족운동사연구회.『한국민족운
     동사연구』(18). 1998.

김경일 "근대성과 헤게모니의 역사적 변화:식민지 시기의 경우". 한국사회사학회.『사
     회와 역사』(47) 1995.

_____ . "식민지 여성 교육과 지식의 식민지성:식민 권력과 근대성의 각축". 한국사회사
     학회.『사회와 역사』(59). 2001.

_____ . "일제 하 고무 노동자의 상태와 노동운동." 한국사회사학회.『사회와 역사』.
     1987.

_____ . "한국 근대 사회의 형성에서 전통과 근대:가족과 여성". 한국사회사학회.『사회
     와 역사』(54). 1998.

김동명. "일본제국주의의 식민지 지배체제의 개편:3·1운동 직후 조선에서의 동화주의
     지배체제의 확정." 한일관계사학회.『한일관계사연구』(9). 1998.

김문식. "식민주의를 위한 기초 조건의 구축".『일제의 경제침탈사』. 민중서관. 1971.

_____ . "일제하의 농업:농업기구를 중심으로". 아세아문제연구소.『일제의 경제침탈
     사』. 민중서관. 1971.

김민철. "식민통치와 경찰".『역사비평』. 1994 봄호.

김병화.『한국사법사』 중세편; 근세편. 일조각. 1982.

김성경.『여성 정책을 통해 본 한국 국가의 가부장적 성격』. 서강대학교 석사학위논문.
     1997.

김성례 외(1995). "일제 말기 노동력 수탈 정책:법령을 중심으로". 광복50주년기념사업
     위원회.『일제식민정책연구논문집』. 1995.

김성우.『조선 중기 국가와 사족』. 역사비평사. 2001.

김승일 편저. 『여성독립유공자』. 도서출판 고구려. 1998.

김영우 · 피정만. 『최신 한국교육사 연구』. 교육과학사. 1995.

김영희. "독립신문의 여성문제보도와 그 의미". 서재필기념회. 『서재필과 그 시대』. 2003.

_____ . "일제 말기 향촌 유생의 일기에 반영된 현실인식과 사회상". 한국근현대사학회 편. 『한국근현대사 연구』(14). 2000.

김운태 외. 『한국사 47 : 일제의 무단통치와 3 · 1운동』. 국사편찬위원회. 2001.

김운태. 『일본제국주의의 한국통치』. 박영사. 1999.

김은실. "민족담론과 여성 : 문화, 권력, 주체에 관한 비판적 읽기를 위하여." 한국여성학회. 『한국여성학』(10). 1994.

김재인 외. 『한국 여성 교육의 변천과정 연구』. 한국여성개발원. 2000.

김종성. "한국의 임금 및 노동자에 관한 연구 : 일제하의 노동자 상태를 중심으로." 경상대논문집. 1982.

김주수. "한국근대여성의 법률상의 지위." 숙명여대 아세아여성문제연구소. 『한국근대여성연구』. 1987.

김진송. 『서울에 딴스홀을 許하라 : 현대성의 형성』. 현실문화연구. 1999.

김택현. "서발턴 역사서술의 대표적 실례 : 식민지시대 인도의 농민봉기." 역사문제연구소. 『역사비평』 2000 겨울호.

_____ . "인도의 식민지근대사를 보는 시각과 서발턴 연구". 역사문제연구소. 『역사비평』 1998 겨울호.

김현미. "아시아 여성학과 탈식민주의". 철학문제연구소. 『철학과 현실』(43). 1999.

김현숙. "민족의 상징, '양공주' : 진보적 또는 대중 문화 텍스트 속의 노동계급 여성의 재현". 일레인 김 외 편저. 박은미 옮김. 『젠더와 한국의 민족주의 : 위험한 여성』. 삼인. 2001.

김현영. "호적제도". 『조선시대 생활사』. 역사비평사. 1996.

김혜경. "식민지 시기 가족에 대한 계보학적 연구 : 어린이, 모성의 형성을 중심으로." 한국사회사학회. 『사회와 역사』(58). 2000.

김혜숙. "조선시대의 권력과 성 : 禮治' 개념을 중심으로". 한국여성학회. 『한국여성학』(9). 1993.

김호일.『한국 근현대 이행기 민족운동』. 신서원. 2000.

나탈리 데이비스 외 편. 조형준 역.『여성의 역사 3(상):르네상스와 계몽주의의 역설』.
    새물결. 1994.

남윤주. "여성과 국가이론". 한국여성연구회편.『여성과 사회』(5). 1994

노병선.『여자소학수신서』(『개화기교과용도서』). 1909.

니콜 아르노-뒤크. "법의 모순". 조르주 뒤비·미셸 페로 편.『여성의 역사 4(상)』. 새물
    결. 1994.

다바타 가야.『식민지 조선에서 살았던 일본 여성들의 삶과 식민주의 경험에 관한 연
    구』. 이화여자대학교 석사학위논문. 1996.

도면회. "한국 근대사 서술에서의 민족, 국가문제". 역사문제연구소.『역사비평』. 2002
    봄호.

두르드 달럽. "개념의 혼돈—현실의 혼돈:가부장제 국가에 대한 이론적 고찰". 앤 쇼우
    스틱 사쏜 편저. 한국여성개발원.『여성과 국가』. 1989.

류영렬.『대한제국기의 민족운동』. 일조각. 1997.

마리아 미즈. "생계유지 생산, 가정주부화, 식민지화". 벨로프 외 지음. 강정숙 외 옮김.
    『여성, 최후의 식민지』. 한마당. 1987.

_____. "성별 노동분업의 사회적 기원". 벨로프 외 지음. 강정숙 외 옮김.『여성, 최후의
    식민지』. 한마당. 1987.

_____. "토지를 소유한 자가 토지에 매여 있는 여성을 소유한다:농촌의 계급투쟁과 여
    성투쟁:인도". 벨로프 외 지음. 강정숙 외 옮김.『여성, 최후의 식민지』. 한마당.
    1987.

문소정. "여성, 여성사와 이능화". 한국사회사학회.『사회와 역사』(40). 1993.

문영주. "조선총독부의 농촌지배와 殖産契의 역할(1935~1945)." 한국역사연구회.『역
    사와 현실』(46). 2000.

문정창.『군국 일본 조선강점 36년사:(상), (중), (하)』. 백문당. 1965, 1966, 1967.

미셸 페로. "울타리 밖으로".『여성의 역사 4(하)』. 새물결. 1994.

미승우.『사진증언:일제농림수탈상』. 녹원. 1983.

미즈노 나오키. 水野直樹. "조선 식민지 지배와 이름의 차이화:내지인과 혼동하기 쉬운
    이름의 금지를 중심으로".『사회와 역사』(59). 2001.

박규상.『인구문제와 인구정책』. 한얼문고. 1972.

박병호. "일제시대의 호적제도". 한국고문서학회.『고문서연구』vol. 3 no.1. 1992.

_____ . "한국 가부장권법제의 사적 고찰". 박용옥.『한국 여성 연구』(1). 청하. 1988.

박용옥. "1920년대 신여성 연구:『신여자』와『신여성』을 중심으로".『여성:역사와 현재』. 국학자료원. 2001.

_____ .『한국 근대 여성운동사』. 한국정신문화연구원. 1984.

_____ .『한국 여성 항일운동사 연구』. 지식산업사. 1996.

박재을.『한국 면방직업의 사적 연구:1876~1945년을 중심으로』. 경희대학교 박사학위 논문. 1980.

박종성.『권력과 매춘』. 인간사랑. 1996.

_____ .『조선천민사의 두 얼굴:백정과 기생』. 서울대 출판부. 2003.

박찬승. "일제 하 '지방자치제도'의 실상."『역사비평』. 1991 여름호.

박철희.『식민지기 한국 중등교육 연구』. 서울대학교 박사학위논문. 2002.

박현옥. "만주 항일 무장투쟁 하에서의 여성해방정책과 농민여성." 한림대 아시아문화 연구소.『아시아문화』. 1993.

_____ . "여성, 민족, 계급:다름과 집합적 행위". 한국여성학회.『한국여성학』(10). 1994.

박혜인. "서평:민족문화의 절반을 위한 여성생활사 연구:〈조선여속고〉:이능화, 한남서 림, 동양서원, 1927".『역사와 현실』(22). 1996.

배성준. "1930년대 일제의 '조선공업화'론 비판".『역사비평』. 1995 봄호.

小林英夫. "1930년대 조선 '공업화'정책의 전개과정".『한국근대경제사연구』. 사계절. 1983.

송연옥. "민족주의와 페미니즘의 불행한 결렬—1930년대의 한국 '신여성'.『페미니즘 연구』. 동녘. 2001.

_____ . "일제 식민지화와 공창제 도입".『한국사론』(40). 서울대. 1998.

송인자.『개화기 여성 교육론 연구』. 숙명여자대학교 박사학위논문. 1992.

신영숙 외. "일제시기 조선인 군위안부의 실태 및 특성에 관한 연구". 광복50주년기념사 업위원회.『일제식민정책연구논문집』. 1995.

신영숙. "대한제국시기 가부장제와 여성생활." 이대 한국여성연구권.『여성학논집』.

1994. 12.

_____.『일제하 한국여성사회사 연구』. 이화여자대학교 박사학위논문. 1988.

신용하. "담헌 홍대용의 사회신분관과 신분제도 개혁사상". 서울대 한국문화연구소.『한
　　국문화』(12). 1991.

실비아 월비 지음. 유희정 옮김.『가부장제 이론』. 이화여자대학교 출판부. 1990.

안연선.『한국 식민지 자본주의화 과정에서 여성노동의 성격에 관한 연구―1930년대
　　방직공업을 중심으로』. 이화여자대학교 석사학위논문. 1987.

안태윤. "일제 말기 전시체제하의 조선 여성에 대한 모성동원". 한국여성학회『제17차
　　추계학술대회 자료집』. 2000.

_____. "식민지 시기 한국 가족법의 관습문제 1:시간 의식의 실종을 중심으로."『사회
　　와 역사』(58). 2000.

_____. "한국의 호주제도:식민지 유산 속에 숨쉬는 가족제도."『여성과 사회』(10).
　　1999.

_____. "한국적 정체성의 어두운 기반:가부장제와 식민성". 창작과 비평사.『여성과 사
　　회』(10). 1999.

_____. "호주제도의 젠더 정치:젠더 생산을 중심으로."『한국여성학』(16). 2000.

여성사 연구모임.『20세기 여성사건사』. 여성신문사. 2001.

鈴木敬夫.『법을 통한 조선 식민지 지배에 관한 연구』. 고려대학교 민족문화연구소.
　　1989.

우에노 치즈코 지음. 이선이 옮김.『내셔널리즘과 젠더』. 박종철출판사. 1999.

元眞一, 사카모토 신이치. "일본:〈씨〉와 〈家〉". 역사문제연구소.『역사비평』 2000 겨울
　　호.

유길준.『서유견문』. 1885. (영인판) 경인문화사. 1969.

유용태. "거시역사와 미시분석:분업과 협업".『역사비평』 2002 봄호.

유정희. "독일:나치 정권의 여성 정책". 역사문제연구소.『역사비평』 2000 가을호.

윤명숙. "일본군 위안부와 일본의 국가책임".『한국독립운동사연구』(11). 1998.

윤택림. "민족주의 담론과 여성:여성주의 역사학에 대한 시론". 한국여성학회.『한국여
　　성학』(10). 1994.

_____. "탈식민 역사쓰기를 향하여:탈근대론적 역사해석 비판". 역사문제연구소.『역

사비평』 2002 봄호.

_____ . "한국 근현대사 속의 농촌 여성의 삶과 역사 이해". 한국사회사학회. 『사회와 역사』(59). 2001.

_____ . 『한국의 모성』. 미래인력연구원. 2001.

윤효정 "생존경쟁의 원리". 『대한자강회월보』(11). 1907/ 영인판 아시아문화사. 1976.

의암학회 편. 『의병항쟁과 국권회복운동』. 경인문화사. 2003.

이남희. "서구 여성사 연구의 형성과 전개". 『한국사 시민강좌』(15). 일조각. 1994.

이능화 지음. 김상억 옮김. 『조선여속고』. 한국명저대전집. 대양서적. 1973.

이능화 편술. 이재곤 역주. 『조선무속고』. 백록논총 4, 白鹿출판사. 1976.

이능화 · 이재곤 역. 『조선해어화사』. 동문선. 1992.

이만규. 『조선 교육사(하):신교육편』. 국학자료원. 1998.

이만열 외. "1930~40년대 조선 여성의 존재양태". 국사편찬위원회. 『국사관 논총』. 2000.

이배용 외. 『우리 나라 여성들은 어떻게 살았을까 2』. 청년사. 1999.

이배용. "일제 하 여성의 전문직 진출과 사회적 지위". 국사편찬위원회. 『국사관 논총』(83). 1999.

_____ . "개화기, 일제시기 결혼관의 변화와 여성의 지위". 한국근현대사연구회 편. 『한국근현대사연구』(10). 1999.

이상경. "식민지에서의 여성과 민족의 문제:일제 파시즘 하의 최정희와 임순득". 실천문학사. 『실천문학』. 2003 봄호.

이상의. "일제 하의 노동력 이동과 구성". 하현강교수정년기념논총 『한국사의 구조와 전개』. 혜안. 2000.

이상찬. "한말 지방자치 실시 논의와 그 성격". 『역사비평』. 1991 여름호.

이송희. "대한제국 말기 계몽운동단체의 여성교육론". 『이대사원』(28). 1995.

이순구. "여성생활". 『조선시대 생활사』. 역사비평사. 1996.

이순형. "경국대전을 통해 본 조선 초기 여성의 지위". 한국가족학회. 『가족과 문화』 13(2). 2001.

_____ . "조선조 혼인 관계의 유지원리:〈조선왕조실록〉의 이혼 사례 분석". 『한국사회학』(31). 1997 여름호.

이승일. "식민지 조선의 次養子 연구:법적 지위의 변화를 중심으로". 『역사와 현실』
　　　(34). 1999.

이승희. "국가, 자본주의, 여성문제:가부장제 국가론 비판을 중심으로". 『경제와 사회』
　　　(20). 1993.

＿＿＿. 『여성운동과 정치이론』. 녹두. 1994.

이여성·김세용. 『數字 조선연구 (1)～(5)』. 1931～1935. (영인판) 세광출판사. 1968.

이영춘. "종법의 원리와 한국사회에서의 전통". 『사회와 역사』(45). 1995.

이원경. 『초등여학독본』(개화기교과용도서). 1998.

이윤미. "근대 여성교육과 교육받은 여성에 대한 사회적 규범화 담론". 『한국교육』
　　　28(2). 2001.

이윤희. 『한국민족주의와 여성운동』. 신서원. 1995.

이은순. "일제 하 도시와 농촌 여성의 생활실태". 『광복50주년기념논문집 8:여성』.
　　　1995.

이재경. "국가와 성 통제:성관련 법과 정책을 중심으로". 한국여성학회. 『한국여성학』
　　　(9). 2000.

＿＿＿. "조선 전기 혼인 규제와 성의 정치". 한국사회사학회. 『사회와 역사』(58). 2000.

이정규. 『한국법제사』. 국학자료원. 1996.

이정옥. 『일제 하 공업 노동에서의 민족과 성』. 서울대학교 박사학위논문. 1990.

이종민. "식민지 시기 형사 처벌의 근대화에 관한 연구:근대 감옥의 이식, 확장을 중심
　　　으로."『사회와역사』(55). 1999.

이종욱 외. "한국사 연구 100년:과거ㅡ문제". 『인문연구논집』(28). 서강대학교 인문과
　　　학연구원. 2000.

이청원. 『조선사회사독본』. 동경 白揚社出版. 1936.

이화여대 한국여성사 연구회. 『한국여성사 I, II, III』. 이대 출판부. 1972.

이효재. "한국 가부장제의 확립과 변형". 여성한국사회연구회 편. 『한국가족론』. 까치.
　　　1990.

인정식. 『조선농업경제론』. 박문출판사. 1949.

임지현. "한국 사학계의 '민족' 이해에 대한 비판적 검토". 역사문제연구소. 『역사비평』
　　　(26). 1994 가을호.

장미경.『자본주의 국가에 대한 여성해방적 접근:가부장적 자본주의 국가론의 재구성』.
　　　연대 석사학위논문. 1994.

장지연.『여자독본』(『개화기교과용도서』). 광학셔포. 1908.

장필화. "결혼제도와 성".『한국여성학』13(2). 1997.

＿＿＿ . "여성정책을 위한 기초적 검토─여성학적 시각에서".『여성학 논집』. 1990.

장하진. "여류명사들의 친일행적". 역사문제연구소.『역사비평』. 1990 여름호.

전우용.『1930년대 '조선 공업화'와 중소 공업』. 서울대 석사학위논문. 1989.

정경숙.『대한제국 말기 여성운동의 성격연구』. 이화여자대학교 박사학위논문. 1998.

정연태. "1930년대 일제의 식민농정에 대한 재검토".『역사비평』. 1995 봄호.

정요섭. "3·1운동과 여성". 아세아여성문제연구소.『한국근대여성연구』. 1987.

정재철.『일제의 대한국 식민지 교육정책사』. 일지사. 1985.

정종휴 감수. 정긍식 편역.『관습조사보고서』. 한국법제연구원. 2000.

정진성 외. "일본군 위안부의 생활실태와 연구에 대한 검토".『성곡논총』. 1996.

＿＿＿ . "일제시기 여자근로정신대의 실상". 광복50주년기념사업위원회.『일제식민정
　　　책연구논문집』. 학술진흥재단. 1995.

정진성. "군 위안부/정신대의 개념에 관한 고찰". 한국사회사학회.『사회와 역사』(54).
　　　2001.

＿＿＿ . "식민지 자본주의화 과정에서의 여성노동의 변모". 한국여성학회.『한국여성
　　　학』(4). 1998.

＿＿＿ . "억압된 여성의 주체 형성과 군 위안부 동원". 한국사회사학회.『사회와 역사』
　　　(60). 1998.

＿＿＿ . "일본군위안부 정책의 본질".『한말 일제하의 사회사상과 사회운동』. 한국사회
　　　사연구회 논문집 42. 1994.

＿＿＿ . "일제하 조선에 있어서 노동자 존재형태와 저임금─1930년대를 중심으로".『한
　　　국자본주의와 임금노동』. 서울:화다. 1984.

정진영. "조선 후기 호적대장 '戶'의 편제 양상:제주 대정현 하모슬리 호적 중초
　　　(1840～1907년)의 분석". 한국역사연구회.『역사와 현실』 2002.

정현백. "새로운 여성사, 새로운 역사학".『역사학보』(15). 1996.

조 은. "모성, 성, 신분제:〈조선왕조실록〉'재가 금지' 담론의 재조명". 한국사회사학회.

『사회와 역사』(51). 1997 봄호.

_____ . "모성의 사회적, 역사적 구성:조선 전기 가부장적 지배 구조의 형성과 아들의
어머니". 한국사회사학회. 『사회와 역사』(55). 1999.

조 은 · 윤택림. "일제 하 '신여성'과 가부장제:근대성과 여성성에 대한 식민담론의 재
조명". 광복50주년기념사업위원회. 『광복 50주년 기념논문집 8:여성』. 1995.

조 형. 『양성평등과 한국의 법체계』. 이화여자대학교 출판부. 1996.

조 형 · 강이수. "일제 하 공업노동과 성별분업의 역사적 형성". 『광복 50주년 기념논문
집 8:여성』. 광복50주년기념사업위원회. 학술진흥재단. 1995.

조 형 · 이재경. "국가에 대한 여성학적 접근". 이화여자대학교. 『여성학논집』(6). 1989.

조경원. "개화기 여성 교육론의 양상 분석". 『교육과학』(28). 1998.

조규태. "천도교 내수단과 여성운동". 박용옥 편. 『여성:역사와 현재』. 국학자료원.
2001.

조혜정. "가부장제의 변형과 극복". 한국여성학회 편. 『한국여성학』(2). 1986.

주디스 월코위츠. "위험한 성". 조르주 뒤비 · 미셸 페로 편. 『여성의 역사 4(하)』. 새물
결. 1994.

지복영. "여성독립운동가의 증언(지청천 장군 따님의 수기)―종군편린". 『3 · 1여성―
여성독립운동가와 그 후손의 증언』(16). 1997.

지수걸. "일제의 군국주의 파시즘과 조선농촌진흥운동". 『역사비평』. 1999 여름호.

지승종. "신분사 연구의 쟁점과 과제:신분 개념과 신분 구조의 문제를 중심으로". 한국
사회사학회. 『사회와 역사』(51). 1997 봄호.

_____ . "조선 전기의 서얼신분". 『사회와 역사』(27). 1991.

천도교중앙총부. 『천도교의 유래와 사상』. 천도교중앙총부출판부. 1992.

최우영. "조선 사회 지배 구조와 유교 이데올로기:양반 사대부 계층의 지배적 역할을 중
심으로". 『사회와 역사』(43). 1994.

최원규 편역. 『일제 말기 파시즘과 한국사회』. 청아. 1988.

최유리. "일제 하 통혼 정책과 여성의 지위". 국사편찬위원회. 『국사관논총』 2000.

_____ . 『일제 말기 식민지 지배 정책 연구』. 국학자료원. 1997.

태혜숙. 『탈식민주의 페미니즘』. 여이연. 2001.

폐원탄. 『조선교육론』. 육맹관. 1919.

필립 아리에스 · 조르주 뒤비 편. 이영림 옮김. 『사생활의 역사 3:르네상스부터 계몽주의까지』. 새물결. 2002.

필립 아리에스 · 조르주 뒤비 편. 전수연 옮김. 『사생활의 역사 4:프랑스 혁명부터 제1차 세계대전까지』. 새물결. 2002.

한국고문서학회지음. 『조선시대 생활사 2』. 역사비평사. 2000.

_____. 『조선시대 생활사』. 역사비평사. 1996.

한국여성연구소 여성사연구실. 『우리 여성의 역사』. 청년사. 1999.

한국여성연구회 여성사분과 편. 『한국 여성사』. 풀빛. 1992.

한도현. "서평:농민운동의 사회 경제적 기반과 자원동원 분석의 세 성과". 한국사회사학회. 『사회와 역사』(52). 1997.

한영우. 『다시 찾는 우리 역사』. 경세원. 2003.

한창호. "일제하의 한국 광공업에 관한 연구". 아세아문제연구소. 일제하의 한국연구총서 II. 『일제의 경제침탈사』. 민중서관. 1971.

허수열. "조선인 노동력의 강제동원의 실태". 차기벽 엮음. 『일제의 한국식민통치』. 정음사. 1985.

헐버트 지음. 신복룡 옮김. 『대한제국 멸망사』. 평민사. 1984.

현경미. "식민지여성 교육 사례연구". 서울대학교 석사학위논문. 1998.

홍양희. "한국:현모양처론과 식민지 국민 만들기". 역사문제연구소. 『역사비평』. 2000 가을호.

황신덕. "조선부인운동의 과거 현재 및 장래". 『조선급조선민족(朝鮮及朝鮮民族)』제1집. 조선사상통신사. 1927.

황영주. "(한국)여성이 IMF 프로그램을 만났을 때:IMF 극복전략의 성차별성과 그 구조화". 『한국정치학회 2000년 하계학술회의』.

_____. "남성의 얼굴을 가진 근대국가". 한국정치학회. 『21세기 한국정치학의 쟁점과 과제』. 2000.

_____. "심청전 읽기로 본 한국에서의 근대국가와 여성". 『한국정치학회보』34(4). 2000.

『배화백년사』. 1999.

『숭의 90년사』. 1993.

| 사진출처 |

『꼬레아 꼬레아니』, 숲과 나무.

『독립유공자 인물록 및 독립운동사 총람』, 도서출판 천도문.

『사진과 그림으로 보는 독립운동 상』, 서문당.

『사진과 그림으로 보는 독립운동 하』, 서문당.

『사진으로 보는 서울 1』, 서울특별시편찬위원회.

『사진으로 보는 서울 2』, 서울특별시편찬위원회.

『생활상태조사』, 조선총독부.

『캠페인을 보면 사회가 보인다』, 서울시립대학교 박물관.

『한국사 13』, 한길사.

『한국사 14』, 한길사.

『한국사 16』, 한길사.

 * 사진 게재에 협조해주신 서울특별시 시사편찬위원회 및 각 출판사 여러분께 감사드립니다.
** 신문 및 잡지의 출처는 책 본문에 밝혀 두었습니다.